Social Work Practice

# 사회복지실천의 이해

| 노혁 저 |

학지사

머리말

　사회복지는 실천 지향의 학문이다. 사회복지를 전공하는 학생들에게 실천적이며 미시적인 접근방법 학습을 위한 주요한 과목 중 하나가 '사회복지실천론'이다. 이러한 사회복지실천론은 한국사회복지교육협의회의 교과목 지침서의 과목명이다.

　교육 현장은 나날이 변화하고 있다. 사회복지를 전공하는 학생도 시시각각으로 변하고 대학 전공의 의미도 매우 달라지고 있다. 여전히 대학이 학문적 연구와 논의의 중심에 있는 것은 사실이지만 학부 학생들에게 실천 학문의 논리성에 강조점을 둔 제목이 타당한가에 대한 고민이 깊었다. 따라서 비록 사회복지실천론으로 통용되고 있지만 몇몇 사회복지실천론과 관련한 전공 서적의 이름과 마찬가지로『사회복지실천의 이해』라는 제목이 더 타당할 것이라는 데 결론을 내렸다. 책의 제목은 단순히 이름 붙이기로 끝나지 않기 때문에 더욱 다각적인 측면을 고려했다.

　『사회복지실천의 이해』는 두 가시 큰 특징적인 성격을 갖고 있다. 첫째, 사회복지실천에 대해서 사회복지 전공 학생들의 이해를 쉽게 돕기 위해 사례를 들어 설명하려 애썼다. 아울러 기존에 제시되고 있는 사회복지실천 관련 이론과 기법 등을 그대로 수록하지 않고 사회복지실천 교과목으로서의 공통 내용을 벗어나지 않는 범위 안에서 전공 학생들에게 친숙하게 접근할 수 있도록 필자의 표현과 이야기로 구성하려고 노력했다. 이 과정에서 원래 이론과 주장, 기법 등에 대해 오해가 있을 수 있다는 위험이 있지만 그것을 감수하면 서라도 좀 더 전공 학생들에게 다가가야 한다는 현실적 문제가 더 중요하다 고 판단했다. 따라서 만일 정확한 지식과 표현을 하는 데 오역과 인용상의 문제가 있다면 모두 필자의 탓이다.

둘째, 전공 학생들의 사회복지실천의 가치와 지식 그리고 기술의 측면을 새로운 관점에서 고민하고 성찰하며 교과목 이해에 대한 다양성을 넓히기 위해 색다른 참고 자료를 제시했다. 사진과 함께 사회복지실천과 관련한 갖가지 주제와 용어에 대해 제한적이지만 생각해 볼 점과 간단한 감상을 넣었다. 앞으로 사회 변화와 그에 따른 전공 학생들의 문화와 감각에 발맞추어 학생들의 수준과 방법을 통해 전공에 대한 이해를 할 수 있도록 과감한 시도가 있었으면 하는 바람이다. 그 바람에 따른 하나의 작은 시작점으로 이해하면 좋겠다.

이와 같이 나름대로 책 집필의 이유를 두 가지로 나타내고 있지만 욕심만 앞섰지 완벽한 일관성을 지니지 못했다는 한계를 고백한다. 앞으로 사회복지실천을 이해하고 이를 토대로 깊은 학문적 · 실천적 논의가 진행되는 데 도움이 되기를 바라고, 기존의 사회복지실천과 관련된 많은 책 속에 하나의 책을 더 보태는 데 따른 변명이 되었으면 한다. 특별히 이 책을 집필하면서 적지 않은 시간 동안 사회복지실천을 학생들과 함께 공부하며 자신을 돌이켜볼 수 있는 좋은 기회가 되었다.

다시 한 번 책을 출판하면서 집필과정에서 인용을 하는 데 잘못된 점이나 중요한 내용이 누락되거나 왜곡되었다면 모두 필자의 탓이며 역량 부족임을 고백한다. 또한 오탈자 또는 문맥상의 매끄럽지 못한 문장 등이 있다면 독자의 지도편달을 받아서 지속적으로 수정해 나가고자 한다.

끝으로 이 책을 출간하는 데 자극을 주고 도와준 나사렛대학교 사회복지학부 김나윤, 최아연, 최정원 학생에게 감사한다. 그리고 함께 연구하고 교육하고 있는 나사렛대학교 사회복지학부 동료 교수들께도 늘 빚진 마음이다. 아울러 책을 출간해 준 학지사 김진환 사장님과 편집하고 수정해 준 편집부의 노고에 특별히 감사드린다.

2019년 7월
노혁

# 차례

머리말 _ 3

## 제1장 사회복지실천의 개요 • 13
-사회복지실천이란-

1. 사회복지와 사회복지실천 _ 17
2. 사회복지실천의 개념 _ 21
3. 사회복지실천의 구성 요소 및 내용 _ 24

## 제2장 사회복지실천의 발달과정 • 31
-사회복지실천이 그동안 걸어온 길-

1. 영국과 미국 _ 35
2. 한국 _ 54

## 제3장 실천 현장과 사회복지사 • 63
-누가 누구를 위하여 어디서 일하나-

1. 사회복지실천의 장(settings) _ 67
2. 사회복지사 _ 79
3. 클라이언트 _ 86

**제4장　사회복지실천의 관점과 응용 • 91**

　　－사회복지실천을 위해서 통합적으로 보는 눈과 사회복지사의 기능 및 역할－

　　1. 체계와 체계 관련 이론 _ 95

　　2. 강점관점과 임파워먼트 _ 105

　　3. 응용: 일반주의와 전문분야 실천 _ 108

　　4. 일반주의 사회복지실천의 구체적인 실천사례 _ 117

 **제5장　사회복지실천의 핵심 내용과 요소 • 121**

　　－세 가지(가치, 지식, 기술) 핵심 축의 관계－

　　1. 사회복지실천 핵심 요소의 연결을 위한 철학 기반 _ 125

　　2. 가치와 지식 그리고 기술의 관계와 조화 _ 129

**제6장　사회복지실천의 핵심 요소: 가치와 윤리 • 137**

　　－사회복지실천을 위해 소중히 여기는 것과 마음가짐－

　　1. 사회복지실천과 가치 _ 141

　　2. 사회복지실천의 핵심 가치 _ 144

　　3. 사회복지 가치 기반의 윤리 실천 _ 150

　　4. 사회복지실천 윤리 수행을 위한 자기이해 _ 160

## 제7장  사회복지실천의 핵심 요소: 이론과 모델 • 167
### -사회복지실천을 위해 필요한 지식들-

1. 심리사회 모델 _ 171

2. 기능주의 모델 _ 174

3. 문제해결 모델 _ 178

4. 임파워먼트 모델 _ 181

5. 사회구성주의 _ 185

6. 생활모델 _ 187

## 제8장  사회복지실천의 핵심 요소: 기술(Ⅰ)-관계론 • 193
### -사람과 부딪히면서 일하는 방법-

1. 인간관계와 사회복지실천 _ 197

2. 사회복지실천에서 관계 _ 200

3. 사회복지실천관계의 기본 원리: Biestek의 관계론 _ 206

4. 변화를 방해받는 관계와 처리방법 _ 216

## 제9장  사회복지실천의 핵심 요소: 기술(Ⅱ)-면담론 • 225
### -알고 소통하고 위로하고 도와주기-

1. 커뮤니케이션의 이해 _ 229

2. 사회복지실천에서의 면담 _ 239

3. 면담과 상담 _ 244

4. 면담의 기술 _ 248

5. 면담의 도전 _ 264

6. 면담 기록 _ 266

제10장  사회복지실천의 핵심 요소: 기술(Ⅲ)-과정론(1):
접수, 자료 수집 및 사정 • 273

  -클라이언트를 친절히 맞이하고, 유용한 많은 자료를 모아 잘 살펴보고
   지속적으로 판단하기-

    1. 접수 _ 277
    2. 자료 수집 및 사정 _ 281

제11장  사회복지실천의 핵심 요소: 기술(Ⅲ)-과정론(2):
계획과 목표 설정 및 계약 그리고 개입 • 299

  -도움의 목표와 내용 그리고 사회복지사와 클라이언트의 역할과 책임을
   말하기, 다양한 자원과 클라이언트의 역량, 지식 및 경험을 활용하여 돕기-

    1. 계획과 목표 설정 및 계약 _ 303
    2. 개입 _ 310

제12장  사회복지실천의 핵심 요소: 기술(Ⅲ)-과정론(3):
효과 측정 및 평가 그리고 종결 • 331

  -도움이 잘 이루어졌는지 판단하고, 클라이언트와 잘 헤어지고,
   실천과정을 통해서 습득한 경험과 방법을 스스로 잘 찾아내는 능력 주기-

    1. 효과 측정 및 평가 _ 335
    2. 종결 _ 342

## 제13장  사례관리 • 349
–다양한 사람과 상황 그리고 문제에 대한 꾸준한 보살핌–

1. 개요 _ 353

2. 사례관리의 개념 _ 354

3. 사례관리의 이론적 기반 _ 360

4. 사례관리의 유형 _ 363

5. 개입과정 _ 367

6. 사례관리의 의의와 적용 _ 373

7. 단기사례관리 _ 375


참고문헌 _ 383

찾아보기 _ 389

# 제 1 장

# 사회복지실천의 개요

∙∙∙

## 사회복지실천이란

Social Work Practice

그래, 내일부터 시작이다! 이번만은 확실하다. 기필코, 반드시, 꼭, 하늘이 두 쪽 난다 하더라도… 해 보겠다. 영어책을 펼친다. 눈에 들어오는 단어 하나. social(사회). 사회복지를 공부하고 있지? 왜 뻔한 단어가 먼저 눈에 들어올까? 도대체 영어 단어 social은 무슨 뜻일까? 인터넷을 찾아보니… 이렇게 적혀 있다.

'라틴어 'socius'이다. social은 사회의 유래 용어이다. 의미는 함께(파트너, 동맹, 공유 등)라고 해석할 수 있다. 사회복지는 함께 행복.'

갑자기 급하게 다가오는 졸음이 정신을 짓누른다. 아! 이러면 안 되는데. 참아 보자. 참아 보자. 그래도 눈꺼풀이 천근에서 만근으로 넘어간다.

맞다. 미래의 행복보다 지금의 행복을 누리면서 살라고 했지? 분명 어디서 들었다……. 그래서 내가 배우지. 그리고 'welfare'는 잘 살아가라라고 했지? 이 달콤한 잠의 유혹을 물리치는 건 잘 사는 게 아니다.

지금 행복해야 미래도 행복하지. 그렇게 되어야 다른 사람에게도 늘 웃는 모습으로 행복을 줄 수 있지. 졸려서 짜증 내면 누가 좋아하겠나…….

꿈결에…….

"자네만 행복하고 주변이 불행한 기운으로 가득차면 자네 또한 행복하지 않다. 눈과 귀는 나를 보지도 듣지도 못한다. 남에게 향한다. 입은 내가 말한다. 내가 먼저 듣고 남에게도 들려준다. 눈으로 보고 귀로 듣는 행복은 입으로 말하는 행복의 두 배이다. 사회복지는 행복을 눈에 그리며 원하는 사람들에게 손을 내미는 일이다."

그렇게 미소 지으며 달콤한 인생을 맛보려는 데 눈이 떠진다. 머리가 아프다. 사방을 둘러보니 이승과 저승의 경계에서 보이는 것은 'social'이다. 'welfare'도 읽었는데 꿈이었다.

할 수 있다. 내일부터. 시작이다. 무슨 일이 있어도, 하늘이 무너져도, 하늘이 두 쪽 나도…….
그러다가 피식 웃는다. 하늘이 무너지는 게 더 힘들까, 두 개로 나눠지는 게 더 힘들까?

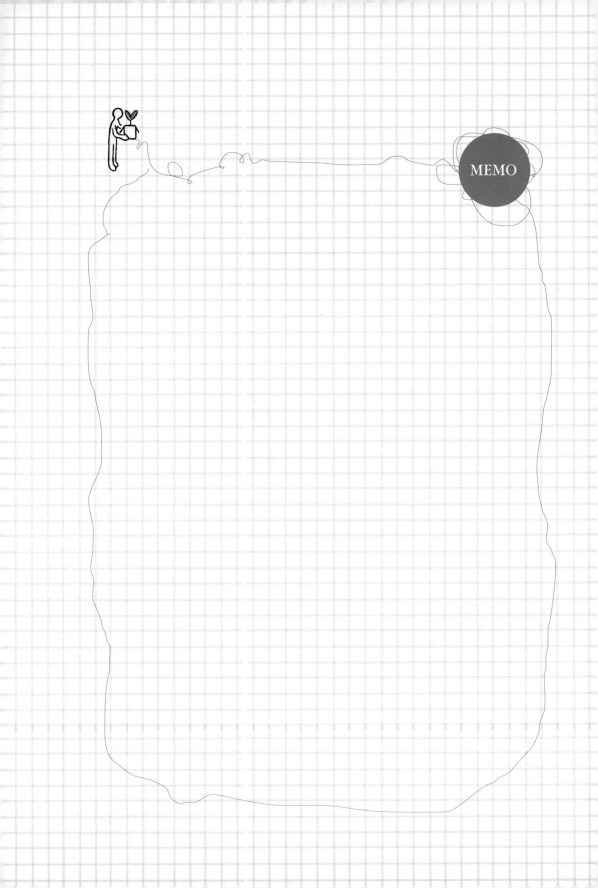

MEMO

# 1. 사회복지와 사회복지실천

## 1) 복지-행복한 상태를 찾는 여정

사회복지(social welfare)는 사회(social)와 복지(welfare)가 합쳐진 용어이지만 중점은 복지에 있다.

복지는 행복한 상태를 말한다.

그러면 행복한 상태는 무엇을 말할까? 사람들은 어떨 때 행복을 느낄까? 물론 사람마다 다를 것이다. 어떤 사람은 비오는 날에 비를 맞으면 행복하다고 하는 반면, 다른 사람은 맑고 화창한 날에 밖에 나가서 산책을 하면 행복을 느낀다고 말한다.

이처럼 사람에 따라서 행복을 느끼는 유형이 다르고, 또한 행복하다고 느끼는 정도도 차이가 있다.

그럼에도 불구하고, 사람들이 행복한 상태에 이르기 위해서는 필요한 조건들이 있다. 우선 행복하려면 기본 조건으로 의식주가 큰 어려움 없이 제공되어야 한다. 즉, 특별한 경우를 제외하고는 먹고 입고 자는 데 큰 어려움이 없어야 한다. 비록 비싼 음식과 좋은 옷 그리고 화려한 주택이 아니라도 의식주에 적절한 음식과 편하고 몸을 보호해 줄 수 있는 옷 그리고 안락한 주거 환경이 갖춰져야 행복한 상태라고 말할 수 있다. 물론 적절하고 적당한 조건이라는 말은 매우 모호하고 어려운 기준이다. 여하튼 의식주를 걱정하지 않는 상태가 행복을 말하기 위한 기본 전제라는 데 크게 다른 의견은 없을 것이다.

그런데 때로는 의식주가 행복을 위한 기본 조건을 넘어서 개인의 필요조건이 되기도 한다. 즉, 어떤 사람은 다른 사람보다 더 잘 먹고 잘 입고 편안하고 안락하게 자는 데에서 행복을 느끼기도 한다. 그만큼 의식주는 행복의 전제

조건인 동시에 많은 사람에게 행복을 느끼게 하는 중요한 요소이다. 의식주 이외에 행복의 기본 조건은 또 있다.

사람은 상상 이상으로 복잡 미묘한 존재이다. 먹고 입고 자는 문제가 해결되었다고 해도 끊임없이 더 행복하고 나은 상태를 만들기 위해서 노력한다. 행복의 조건 중 의식주 이상으로 중요한 문제가 있다. 바로 안전이다. 다른 사람들로부터 물리적 또는 정신적으로 공격당하지 않고 깨끗한 물을 마시고 불량한 음식을 먹지 않아야 하며 교통사고도 당하지 않아야 하는 등 물리적·심리적 안전이 보장되는 일도 매우 중요한 행복의 조건이다. 아울러 소득을 얻고 자아 발전을 위해서 교육과 노동을 하고, 또한 인생을 여유 있게 즐기기 위한 문화 활동을 하는 일도 행복의 조건이 될 수 있겠다. 물론 개인적 차이가 있겠지만 앞서 제시한 조건 이외에도 적어도 헌법에 명시된 인간다운 생활을 위한 전제 조건인 언론, 결사, 집회 등의 자유와 평등은 행복의 필요조건인 동시에 더 나은 사회적 행복을 위한 지향점이기도 하다.

이처럼 행복을 향한 인간의 욕구는 다양하고 또한 멈출 줄 모른다. 몹시 허기질 때에는 어떤 음식이라도 맛있게 먹지만 좀 여유가 생기면 배를 채우기 위해서보다는 만족감을 느끼려고 더 맛있는 음식을 찾게 되고, 더 새롭고 자신에게 맞는 음식을 계속해서 찾아나간다.

이와 같은 행복에 대한 욕구 또는 욕심은 인간의 본능에 가까운 마음상태이다. 한편으로 보면 이러한 복지에 대한 사람들의 끊임없는 건강한 갈망이 인류의 눈부신 발전을 이끌어 오기도 했다. 이로써 인류는 이전보다 더 풍요로워졌다고 할 수 있다. 그렇다고 엄청나게 발전하는 물질의 풍요로움이 인류를 이전보다 행복한 상태로 만들었는지에 대한 논란은 여전히 남아 있다.

## 2) 사회복지의 의미

좀더 구체적으로 사회복지의 용어를 살펴보자.

오늘날 사회복지에서 '사회'는 국가 또는 사회에 속한 사람에 대해 기본적 인권에 기초하여 복지에 대한 공공의 책임을 강조하고, '복지'는 사람이 사회 속에서 잘 살아가는 '행복(well-being)'한 상태를 추구하는 지향점을 말한다.

사회복지는 두 가지 의미를 담고 있다.

하나는 국가 또는 사회에 속한 사람이 행복한 삶을 살아가는 데 대한 사회적 즉 공적인 책임을 강조하고, 다른 하나는 사람들에게 제공하는 복지 서비스 수준이 사회적인 가치와 기준에 합당한 형태로 이루어져야 한다는 뜻이다.

사회복지는 영어로 social welfare이다. 사회는 익숙한 단어이지만 복지는 귀에 익으면서도 낯선 단어일 수 있다. welfare는 well과 fare의 합성어이다. '잘 살아간다' 또는 '잘 살고 있다' '잘 지낸다'는 뜻이다.

길거리에서 오랜만에 친구를 만나면 이렇게 말을 한다. "요즈음 잘 지내니?" 이때 친구가 "응, 잘 지내." 또는 "좋아."라고 답하면 이렇게 생각할 것이다. 이 친구가 지금 만족스럽고 행복하게 생활하고 있구나……웹스터 사전에 의하면, 복지는 '건강하고 행복하며 안락한 상태'라고 정의되어 있다. 즉, 복지란 건강하고 안락한 인간의 이상적인 상태, 즉 안녕(well-being)의 상태를 나타내는 개념이라고 할 수 있다.

그런데 영어인 welfare를 복지(福祉)라고 번역해 사용한다. 그 이유는 일본 사람들이 welfare를 복지라는 용어로 번역해서 사용했는데, 우리도 어느 순간에 외래어로 굳어 버린 탓이다. 한자어인 '복지(福祉)'는 복된 상태, 즉 행복한 상태를 말한다. 행복은 살아가는 데 있어서 이성과 감정으로 받아들이는 용어이다. 행복이 목표라고 하기는 어색하다. 그렇다고 이제 와서 복지라는 말의 뜻에 대한 시비를 새삼 할 필요는 없겠다.

그러면 사회복지라는 말은 무엇인가? 앞서 복지가 행복과 상관이 있는 단어라고 설명했다. 그렇다면 사회복지는 사회가 행복한 상태 또는 사회가 잘나가는 상태라는 뜻일까? 행복은 인간이 느끼는 이상적인 감정이다. 따라서 행복은 개인적인 것이다. 다른 사람이 아무리 행복해도 내가 행복하지 못하면 불행하다.

행복은 개인이 마음먹기에 달렸다. 그러나 앞서 복지의 조건에서 말한 대로 아무리 행복하려고 해도 외적 조건, 즉 사회가 행복을 방해하면 행복하지 못하다. 먹을 게 없거나 치안이 불안하다거나 아니면 주변에 위압적이고 겁을 주는 사람만 득실하다면 행복한 마음을 가지려 애쓰더라도 행복할 수 없다. 적어도 나를 해롭게 하는 사회는 아니어야 그 속에서 사는 내가 행복할 수 있는 기본 조건이 된다. 이처럼 사회복지는 사회적인 문제가 개인의 책임이 아닌 사회적 책임이라는 인식이 생기면서 나타났다.

사회복지는 한 사회에 살아가는 개인이 사회적으로 행복한 상태를 말한다.

우리는 함께 살아간다. 다른 사람의 불행은 나와 상관없어 보이지만 결국은 내 삶과 밀접한 관계를 가진다. 나 말고 많은 사람이 불행해서 늘 인상을 찌푸리고 기운도 없이 거리를 다닌다고 상상해 보자. 그 모습을 매번 지나치면서 보고 나하고는 상관없는 일이라고 말하기 어렵다. 그런 거리를 누가 좋다고 다니겠는가? 또한 만일 모두 가난하고 나만 부자인 경우, 내가 멋진 명품 옷과 가방을 치장하고 다녀도 아무도 그 제품이 명품인지 모르면 자기도 취말고는 자랑거리가 안 될 것이다. 남이 알아줘서 가질 수 있는 기분 좋은 상황은 생기지 않을 것이다. 그것 말고도 불행한 사람이 많아지면 사회 안정성도 위태로워질 것이다.

따라서 사회복지는 개인의 행복을 사회적 기준 정도에 맞추고, 가능하다면 개인이 갖는 독특한 행복의 정도까지 고려하여 사회 제도와 구성원 모두가 노력하려는 사회 공동의 목표이다. 사회적 기준이라는 말은 「헌법」에 명시되어 있는 '인간다운 생활'이라는 말과 거의 일치한다. 개인의 욕구를 세세하게 충족하지는 못하더라도 다른 사람의 기준에서 이 정도면 개인이 행복할 수 있는 기초가 되는 상황이라는 데까지 도우려는 노력의 표현이다.

## 2. 사회복지실천의 개념

### 1) 사회복지실천의 정의

사회복지실천은 도움이 필요한 사람(클라이언트)을 돕는 데 필요한 가치와 지식 그리고 방법과 기술을 말한다. 사회복지는 전문적 도움행위이다. 이와 같은 전문적 도움행위는 실천을 통해서 목표가 달성되어야 참 모습과 의미가 드러난다.

그렇다면 클라이언트를 돕기 위해서는 어떤 도움이 필요한지, 좀더 효과적으로 도우면서도 클라이언트가 자연스럽게 도움을 받아들일 수 있는 방법은 무엇인지, 나아가 클라이언트가 도움을 받고서 후에 비슷한 상황에 처했을 때 스스로 극복할 수 있도록 할 수 있는 방법은 무엇일지를 고려하고 파악해서 도움을 주어야 진정한 도움의 효과를 얻을 수 있다. 또한 사회복지가 궁극적으로 지향하는 개인과 사회의 행복을 실현하는 데 충실한 방법으로서 의미를 찾을 수 있다.

이렇게 사람이 행복할 수 있도록 체계적이고 전문적인 도움방법 중 하나가 사회복지실천이다.

사회복지실천은 사회복지학의 주요한 이론과 방법이다. 사회복지학은 실용적이고 실천지향적인 학문이다. 또한 사회과학의 하나로서 사회현상과 인간의 행동을 관찰하고 조사하고 분석한다. 사회복지학은 개인이 사회에서 생활해 나가는 데 있어 제기되는 충족되지 못한 욕구(need)와 개인과 사회 환경과의 부조화 등에 따른 문제를 해결하려는 실천과학이다. 즉, 사회현상과 인간의 행동을 단순히 관찰하는 데 머무르지 않고 이를 조사하고 분석하여 해결하려는 학문이다. 더 나아가 이러한 사회문제의 발생을 예방하는 수준까지도 고민하고 행동한다. 이와 같은 맥락에서 보면 사회복지실천은 사회복지학의 핵심적인 내용이고 기제이다.

　한편, 사회복지는 다양한 개인과 사회의 문제해결을 통해 복지를 이루려는 응용과학(applied science)이자 실천과학(practice science)이다. 따라서 사회복지는 순수과학과 관련 학문의 기초 위에서 세워지고 발달해 왔다. 그래서 사회복지학은 심리학, 사회학, 문화인류학, 경제학, 정치학, 철학, 생물학, 정신분석학 등 여러 학문으로부터 지식을 얻어 종합하는 학문적 성격을 지니고 있다. 그리고 이를 기반으로 사회복지를 실천하는 현장의 다양한 활동을 일반화하여 지식체계를 만들고, 이를 다시 실천 현장에 적용하는 순환 고리 형식을 가진 실천 지향의 학문이다. 이러한 과정에서 사회복지의 핵심적인 활동과 접근 방법을 사회복지실천이라 할 수 있다. 이와 관련하여 Bowers는 사회복지실천을 "클라이언트와 그들의 환경 간에 더 나은 조정을 도모하기 위해 개인의 역량과 지역사회의 자원을 활용하는 예술(art)."로 규정하였다. 이러한 사회복지실천은 다양한 부류의 사람들과 분야에서 이루어진다. 왜냐하면 클라이언트를 돕는 방법에는 직접 다가가 경제적인 지원을 하거나 마음을 어루만지거나 당면한 문제해결을 잘하도록 돕는 일뿐만 아니라 그가 살고 있는 지역사회를 좋은 사회로 만들어서 그 속에서 생활하는 클라이언트에게 긍정적인 영향을 미치도록 하는 것도 중요한 방법 중의 하나이다. 아울러 사회제도와 정책을 통해서 클라이언트의 복지를 위한 다각적인 프로그램과 사업을 수행하는 방법도 있다.

　하지만 좁은 의미에서 말하는 사회복지실천은 개인과 집단 그리고 가족을 대상으로 하는 지식과 방법 그리고 기술의 총체를 의미한다.

## 2) 사회복지학에서 사회복지실천의 위치와 의미

　사람은 누구나 행복을 원한다. 그런데 사람은 서로 다르다. 생리와 신체적 조건도 다르고, 성장배경도 다르고, 성격, 개인적 관심사, 취미, 취향 등 많은 것이 너무 다르다. 그래도 행복하고 싶은 욕망은 누구에게나 있다. 그렇다고 해서 이렇게 서로 다른 모든 사람을 행복하게 해 줄 수 있는 사회는 없다. 이것은 너무 어렵다. 그렇기 때문에 사회에서는 그 기준을 마련한다. 예를 들면, 최저생계비를 정하거나 법과 제도로서 한 사회(국가)에 속한 구성원의 행복 기준을 제시하고 정책을 펼치는 일 등이 해당된다. 사회복지의 출발은 여기서부터이다. 사회에서 이 정도 조건과 상황이면 인간으로서 최소한의 행복을 누릴 수 있을 것이라는 최소의 필요조건에 대한 합의를 만든다. 이를 기준해서 그 기준에 못 미치는 사람을 도와서 사회적 수준에 도달할 수 있도록 돕는 일로부터 시작했다. 이를 위해 사회복지는 사회적 합의의 틀 안에서 복지적 욕구가 필요한 사람들에게 다양한 제도와 정책을 추진한다. 이러한 사회복지의 관심과 활동은 더 나아가 모든 국민이 질적으로 높은 수준의 생활을 할 수 있도록 사회 환경과 조건을 만드는 데까지 이르렀다. 그러나 법과 제도 그리고 정책으로 사람들에게 최소의 행복을 담보하기는 충분하지 않다. 사람은 물리적 조건도 중요하지만 또한 사람과 사람의 부딪힘 안에서 행복의 조건을 찾는 일도 무척 중요하다. 따라서 사람이 사람(집단, 지역) 또는 사람들 속에서 그들의 개인적 욕구와 형편을 파악해서 최대한 사회적 복지로 허락된 범위 안에서 돕는다면 그 행복감은 더욱 높아질 것이다. 즉, 똑같은 빵을 주더라도 그것을 받는 사람이 오른손잡이인지 왼손잡이인지 알아서 그들에게 적합한 위치로 주는 것은 받는 입장에서는 많은 차이가 난다. 다시 말해서, 같은 가격의 빵을 제공하더라도 어떤 사람은 팥이 들어간 빵을 좋아하고 다른 사람은 크림이 가득차 있는 빵을 좋아한다면 취향에 맞게 제공해야 더 큰 도움의 의미가 있다. 동일한 자원이라면 전문적으로 돕는 사람에게 자원의 일부를 할당해서 받는 사람이 더 큰 만족과 행복을 얻게 하는 노력도 필요하다. 그렇기 때문에 전문적인 사회복지실천은 효율적이고 효과적이며 윤리적인 동시에 최대한 클라이언트 중심의 전문성이 확보되어야 한다. 이것이 사회복지학에서 사회복지실천의 의미와 위치라고 말할 수 있다.

사회복지는 불행한 사람들을 행복하도록 돕는 직업이었다. 오늘날에는 여기에 더하여 사람들이 더 나은 행복을 누릴 수 있도록 돕는 직업으로 발전하였다. 사회복지의 범위는 넓어지고 있다. 대상도 확대되고 서비스의 질에도 관심을 가진다. 현대의 사회복지는 가정과 시장 경제에서 실패한 사람들을 돕는 시각(보충적 관점)에서 점차 가정과 시장 경제가 더 이상 사람들의 행복을 보장해 주는 데 한계가 있다고 보고(제도적 관점) 하나의 제도로서 인간과 사회의 행복을 위해 적극적으로 개입하는 방향으로 바뀌고 있다.

## 3. 사회복지실천의 구성 요소 및 내용

　　사회복지실천은 크게 세 가지 요소로 구성되어 있다. 가치(value)와 지식(knowledge) 그리고 기술(skill)이다. 사회복지 전문직을 수행하기 위해서 이와 같은 세 가지 요소를 이해하고 내재화하여 실천 활동에 적용시켜야 할 것이다.

### 1) 가치(윤리)

　　사회복지에서 가치는 인간의 존엄성을 바탕으로 한다.

　　이와 같은 가치는 사회복지실천에서 클라이언트의 기본적 인권을 최대한 옹호하고 보장하는 한편, 그들의 개별적 성향과 환경을 이해하는 기초가 된다. 그리고 인간이 자율적 존재라는 인식 아래 클라이언트가 자립해서 스스로 삶과 생활을 영위해 나갈 때가 가장 행복하다고 판단하고 그를 목표로 최적의 지원을 한다.

　　가치 기반의 윤리는 인권의 옹호, 자립을 위한 도움의 중요성, 비밀 유지의 책무, 인간 중심의 가치관 등을 말한다. 사회복지에서는 모든 인간을 경제와 노동의 가치로 판단하지 않고 인간이 갖고 있는 생리적 · 신체적 · 심리적 · 사회적 모습을 있는 그대로 주체적인 존재로 본다. 그리고 독특하고 개별적인 한 사람으로 이해한다. 그 바탕에는 인간 존엄의 인간관을 갖고 있다.

인간 생명에 대한 상호 존중과 자율성에 바탕을 둔 사회복지는 인간을 대상으로 행하는 지극히 윤리적인 활동이다. 즉, 사회복지는 나 아닌 타인의 자립, 인격적 성장 및 심리적 · 신체적 · 사회적 건강, 이를테면 인간이 살아가는 데 있어 스스로 인격에 대한 존엄을 지키도록 돕고 함께하는 전문직으로서 자기를 온전히 인격적으로 몰입하는 행위라 할 수 있다.

## 2) 지식

사회복지에서 전문지식은 역사, 사회복지실천과 관련한 이론과 지식, 공적 그리고 사적인 사회복지제도, 다양한 사회복지 인접 학문에 관한 지식 등을 포함한다. 특히 오늘날의 전문지식은 복지 활동의 준거가 될 뿐만 아니라 사회복지실천 이외에 보건, 의료, 보육, 상담 등 인간복지(human well-being)를 실현하는 다양한 실천과학과 상호 소통하는 데 중요한 수단이 된다. 또한 사회복지 지식은 갖가지 사례 경험을 이론으로 구성하고 심리학, 정신의학, 사회학, 경제학 등 인접 학문의 전문지식과 끊임없는 소통을 통해서 인간을 돕는 기술(helping-skill)을 객관적이고 합리적으로 정교하게 만들어 나간다. 실천 지향 지식으로서 사회복지 지식은 사회 변화에 따라 탄력적인 모습을 가진다.

## 3) 기술

사회복지기술은 하나의 기법(techniques)을 넘어서는 개념의 용어이다. 사회복지 고유의 실천 방법과 기법을 포괄하는 한편, 하나의 예술적 의미까지

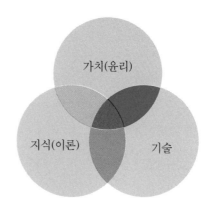

[그림 1-1] 사회복지실천에서 가치, 지식, 기술의 관계

내포하고 있다. 사회복지실천은 기본적으로 사람을 대상으로 직접 도움을 준다. 따라서 인간의 다양한 속성과 사회 환경 등을 다루는 행위는 사물이나 물질을 관리하는 일과는 사뭇 다르다.

사람이 갖는 가능성과 상황에 따른 변화는 하나의 이론과 기법으로 대응하기에는 한계가 있다. 따라서 사회복지기술은 예술적 기술(artful skill)이라고도 할 수 있다. 따라서 사회복지 고유의 실천적 기술은 응용과학으로서 다른 학문과 이론, 지식, 기술에 영향을 받는다. 이런 관점에서 보면 사회복지가 전통적으로 학문적 융합과 통섭으로 대표되는 학문이라 할 수 있겠다.

가치(윤리), 지식, 기술 등의 세 가지 요소는 상호 영향을 미친다. 따라서 잘 짜여진 커리큘럼(교육과정)을 통하여 지식을 학습하고 체험적 실천을 해야 한다. 이와 함께 사회복지전문가로서의 실천적인 도움기술을 체득하고 전문직으로서의 자기성찰을 통해 늘 성숙한 자아로서의 자신에 대한 경계를 늦추지 않고, 전문적 통제(professional control)능력을 높여야 한다.

더불어 궁극적으로 인간의 심리와 사회성에 관한 관련 지식을 중심으로 일반교양, 다양한 생활경험을 가져야 하며, 풍부한 인간관계 역량이 있어야 한다. 이를 토대로 자기주체성인 자립성과 함께 살아가는 삶으로서의 공존 등이 가치와 생활 속에 뿌리내려야 한다.

사회복지와 사회사업

사회복지와 역사적으로 깊은 관계가 있는 용어가 사회사업(social work)이다. 흔히 사회복지와 사회사업을 동일한 용어 개념으로 사용하기도 한다. 그러나 대체로 사회복지는 인간의 행복을 추구하는 상태 또는 목표의 개념을 추구하는 법과 제도 그리고 정책 프로그램으로서 이해하는 반면, 사회사업은 이러한 사회복지를 구현하는 전문적인 직업 활동으로 보는 경향이 강하다.

Skidmore 등(2000)에 의하면 사회사업은 사람들이 개인, 가족, 집단 그리고 지역사회 문제를 해결하고 또한 개인, 집단, 그리고 지역사회의 관계를 만족스럽게 얻어 나가도록 돕는 하나의 예술(art)인 동시에 과학(science)이면서 전문직이다. 또한 NASW에 따르면 사회사업은 개인, 집단 또는 지역사회의 사회적 기능을 향상시키고 이들의 목적에 우호적인 사회적 조건을 만들기 위해서 개인, 집단, 그리고 지역사회를 돕는 전문적 활동이다(Zastrow, 2007). 이처럼 사회사업은 사회복지를 목표로 실천하는 하나의 방법인 동시에 활동으로 해석할 수 있다.

또한 사회사업은 사회복지의 소프트 웨어(software)적 성향이 강하다고 볼 수 있다. 즉, 도움이 필요한 사회복지 대상에게 성격과 성장배경, 가족 상황, 사회적 여건 등을 개별적으로 이해하면서 변화하는 상황 등에 맞추어 탄력적으로 도와주는 방법을 말한다.

사회사업과 사회복지실천

사회사업은 사회복지실천과 같은 이름인 동시에 다른 의미도 갖는다. 사회사업 용어는 사회복지 발전의 역사에서 보면 개별사회사업을 모태로 하고 있다. 사회복지를 실천하기 위한 전통적인 세 가지 방법론(개별사회사업, 집단사회사업, 지역사회조직사업) 중에 하나가 개별사회사업이었다. 이러한 개별사회사업의 전문성이 강조되고 아울러 개인의 문제가 내적 곤란과 어려움뿐만 아니라 사회 상황과도 밀접한 관련이 있다는 인식으로 인해 '상황 속의 인간(person in situation)'이라는 독특한 개념이 만들어졌다. 1970년 후반부터 1980년대에 이르면서 미국을 중심으로 사회사업(특히, 개별사회사업)의 실천성을 강조하는 의미에서 사회사업 대신에 사회복지실천(social work practice)이라는 용어를 사용하기 시작했다. 정확한 번역은 '사회사업실천'이라는 표현이 맞다. 그러나 'social work'을 번역한 '사회사업'이라는 용어는 일본식 번역을 그대로 차용한 것으로, work라는 단어가 주는 의미를 충분히 반영하지 못하고 있다고 해서 우리나라에서 전문적 용어로서 받아들여지지 않고 있다. 또한 학계나 사회복지 현장에서 사회복지라는 용어로 통일해서 사용함에 따라 'social work practice'를 '사회복지실천'으로 번역하는 것이 일반적이다. 이와 더불어 사회복지의 주요한 요소인 지식, 가치, 기술과 맞물린 사회 변화 현상을 사회복지실천 개념에 포함시키려는 노력이 꾸준히 이어져 왔다. 최근에는 빈곤, 사회 · 경제 정의, 인권과 다양성 등에 대한 진보적인 변화를 담으려는 시도를 하고 있다. 이를 통해서 그동안 제기되어 왔던 인간의 삶의 질 향상에서 요구되는 사회적 조건의 개선을 사회복지가 외면하고 있다는 인식으로부터 벗어나려 애쓰고 있다.

사회복지는 순수한 과학적 현상과 지식을 탐구하여 인간에게 도움을 주는 학문이 아니다. 오히려 다른 많은 부문의 학문적 성과에서 도움을 받고 응용하여 사람들의 삶을 행복하게 하려는 실천 중심의 학문이다. 이와 같은 맥락에서 보면 사회복지실천은 사회복지의 핵심적인 요소이다.

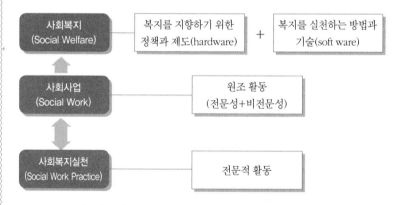

[그림 1-2] 사회복지와 사회사업 그리고 사회복지실천

사회복지실천(social work practice)은 사회사업(social work), 임상사회복지(clinical social work), 일반적 또는 통합적 사회사업(generic social work) 등을 대체해서 사용하기도 하는 용어이다. 사회복지실천은 1970년대에 Meyer에 의해 처음으로 사용된 것으로 알려져 있다. 그러나 사회복지실천의 의미는 이미 1915년에 Richmond에 의해서 행해진 케이스워크(social case work)의 정의를 보면 잘 구분되어 있다. 케이스워크의 어머니라고 불렸던 '리치몬드의 시대'에는 케이스워크가 사회사업을 대표하고 있었다.

Richmond는 케이스워크(social case work)를 "다양한 사람을 위해서 다양한 사람과 함께 그 자신의 복지와 사회 개선을 동시에 달성하기 위하여 그의 협력으로 다양한 것을 행하는 기술."이라고 하였다. 그리고 "인간과 인간, 인간과 사회 환경 간에 개별적 · 의식적인 적응 노력을 통해 인성(personality)을 발달시키려는 제 과정."이라고 정의하였다. 여기서 '다양한 사람을 위해서'는 케이스워크의 대상을 지칭하는데, 생활문제를 가지고 있는 사람이 다양하기 때문에 복잡한 존재라는 것을 시사하고 있다. 또한 '다양한 사람과 함께'라는 것은 케이스워크가 여러 직종의 사람과 팀을 이루어 수행하는 것이라는 것을 강조하고 있다. 그리고 '그 자신의 복지와 사회 개선을 동시에 달성하기 위하여'에는 케이스워크의 목적을 나타내고 있다. 개인의 문제해결을 통하여 그 사람을 행복하게 하는 것과 함께 사회구조적인 문제도 개선해야 한다는 것을 강조하고 있다. 이것은 나중에 '인간과 사회 환경 간(間)'이라는 말로서 구체화된다.

이후 2000년대에 들어서서 사회복지실천에서 인권과 사회정의 실현의 원리가 강조되기 시작했다. 사회복지사국제연합(IFSW, 2000)에 따르면 "사회복지실천 전문직이란 세 가지 부문의 향상을 위한 노력이다."라고 정의했다. 첫째, 약자의 권익 증진을 위해 사회 변화를 촉진하는 것, 둘째, 인간관계 내의 문제해결을 촉진하는 것, 셋째, 개인의 복지 증진을 위해 개인의 역량 강화와 함께 개인을 차별과 억압으로부터 해방시키기 위해 노력하는 것으로 언급하였다. 이러한 노력을 통해서 사회복지사는 인간의 행동과 사회체계에 대한 지식을 활용하여 사람들이 그들의 환경과 교류하는 지점들에 개입한다(엄명용 외, 2010). 또한 사회복지실천 활동은 상담, 임상사회사업(clinical social work), 집단사회복지실천(social group work), 가족치료(family therapy), 지역사회 주민들로 하여금 지역사회 내 서비스와 자원을 획득하도록 돕는 노력을 포함한다.

제2장

# 사회복지실천의 발달과정

:

사회복지실천이 그동안 걸어온 길

Social Work Practice

편한 세상에 산다. 돈만 있으면 뭐든지 구할 수 있다. 특히 물질적인 것은 거의 다 돈으로 구할 수 있다. 그래서 돈이 중심인 사회이다. 또 그래서 자본주의이다. 자본은 돈이다. 문화도, 예술도, 능력도, 성품도 자본이 될 수 있다고 하지만 결국은 돈으로 바뀌지는 정도에 따라서 그 수준이 결정되는 것은 아닐까?

돈이 없으면 살기 힘들다.

복지는 가난과의 싸움인가? 복지는 가난과의 싸움이다.

모두 잘 살아보자고 자본을 중심으로 하는 사회를 만들었는데, 역설적으로 돈이 없는 사람은 늘어나고 힘들다고 아우성이다. 이전부터 지금까지 말이다.

그러면 복지는 진정 그동안 가난을 탈출하려는 몸부림을 돕는 지렛대와 디딤돌이 되어 왔나? 그렇다면 복지는 적어도 부자는 아니어도 가난하지는 않아야 하는데…….

함께 잘 살자고 외치는 까닭은 그렇지 않은 현실을 수긍하는 일이다. 복지가 필요 없는 인류 역사의 그 날은 언제 올까? 그때가 되면 복지는 부자가 되어 있을지도 모르겠다.

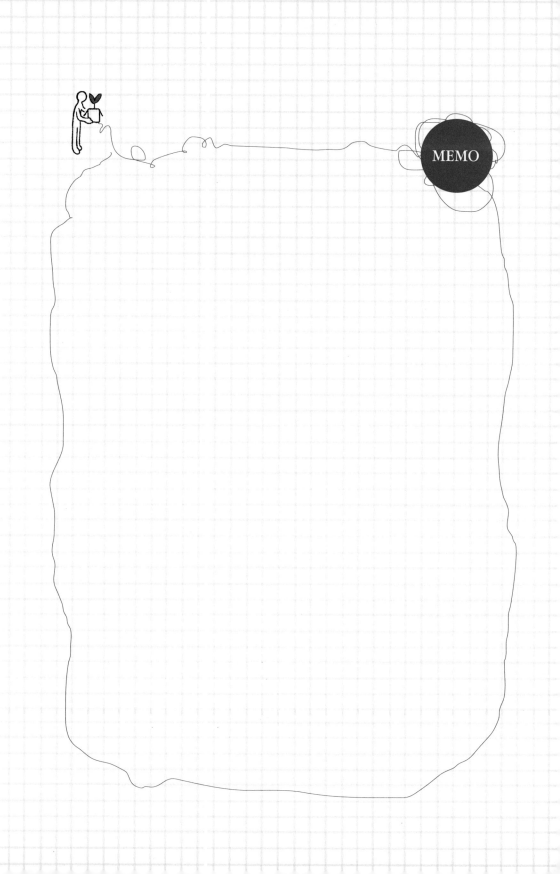

MEMO

# 1. 영국과 미국

사회복지실천의 역사는 사회복지 학문의 발달과정과 거의 일치한다. 학문으로서의 사회복지는 서구 자본주의 사회 발달의 산물이다. 그중에서도 영국과 미국의 사회복지 발달은 현대 사회복지 정책과 실천 그리고 학문을 정립하는 데 기틀이 되었다고 볼 수 있다.

이 장에서는 영국의 사회복지 역사와 사회복지를 실천하는 데 기반을 다진 미국의 발달과정 그리고 미국으로부터 강력한 영향을 받아 온 한국의 역사를 중심으로 사회복지실천의 발달과정을 살펴본다.

## 1) 기독교 사랑의 정신 실천

사회복지실천의 기초는 기독교 사상에서 비롯된다. 현대 사회복지의 기원은 서구 기독교의 사랑과 떼려야 뗄 수 없는 관계를 갖는다. 이 사랑은 '아가페(Agape)', 즉 인간에 대한 신의 무조건적 사랑을 말한다. 좀더 들여다보면 신의 아가페 사랑과 함께 유대교의 공의(公義, tesdaqah)도 연결되어 있다. 종합하면 기독교의 사랑의 개념과 유대교의 신이 행하는 공의로부터 사회복지실천이 갖는 가치의 기본 뿌리를 찾을 수 있겠다.

아가페는 신약 성경에 나타난 신의 절대적이고 특별한 사랑(charity)으로, 세속적인 사랑과는 구별된다. 이와 관련해서 사회복지실천의 역사를 볼 때 주목해야 할 용어는 '자선(charity)'이다. 'charity'는 그리스어의 아가페를 영어로 번역한 것이다. 하지만 현대에서는 사랑을 charity 대신 'love'로 대체해서 표현한다. 이 어원에서 알 수 있듯이, 자선(慈善)으로 번역하는 charity라는 말은 그냥 베푸는 것이 아니라 본질적으로 신의 사랑을 실천하는 사랑의 행위인 것이다. 이 의미를 떠올리는 이유가 있다. 사회복지실천의 역사에서 보면 자선이 간혹 자비의 정신을 가진 사람이 도덕적 의무를 다하기 위해서 베푸는 행위로 받아들여지기도 한다. 하지만 엄격한 뜻에서 자선은 신의 무조건적인 인간의 사랑을 보편적으로 베푸는 행위이고, 이것을 인간이 대신하기 때문에 하나의 시혜로 보기보다는 현대에서 말하는 권리(rights)로서 이해하는 것이 그 의미를 더욱 정확히 새기는 일이 될 것이다.

결국 '기독교의 사랑과 공의의 정신', 즉 아가페 사랑은 사회복지실천의 초기 발달과정에서 핵심 활동이라 할 수 있는 자선조직협회와 인보관운동을 펼쳐나가는 데 사상적 배경이 되었다.

---

### 공의

공의는 히브리어로 체다카(tesdaqah)라고 한다. 공의, 정의, 자선, 의로움 등 복합적인 뜻을 담고 있으며, 기독교 하나님의 속성으로 사랑과 자비의 속성까지 포함하는 용어라고 할 수 있다. 법률적 정의의 개념을 넘어서는 용어이다. 소위 '사랑 장'으로 일컫는 신약성경의 고린도 전서 13장 4절부터 7절에는 "사랑은 오래 참고… 자기의 유익을 구하지 아니하며 성내지 아니 하며 악한 것을 생각하지 아니하며… 불의를 기뻐하지 하니하며 진리와 함께 기뻐하고 모든 것을 참으며……."라고 표현함으로써 구약성경에 나오는 공의의 속성을 구체적으로 나타내고 있다. 즉, 자선은 공의를 베푸는 행위의 기준이다. 구약성경에 나오는 공의는 법적 정의이기보다는 불쌍히 여김이 포함되어 있는 사랑 표현의 다른 모습인 동시에 기준인 것이다. 사랑은 공정에서부터 시작한다. 사랑은 차별을 두지 않는다. 부자와 가난한 자, 권력을 가진 자와 그렇지 못한 자, 지식이 많은 사람과 그렇지 않은 사람 사이에 차별을 두지 않는다. 즉, 신 앞에서는 하나의 동일한 인간 생명체이기 때문이다. 그렇기 때문에 자선으로 번역하고 있는 charity는 시혜이기 보다는 공의를 행동으로 실천하는 사랑의 행위이다. 따라서 베푸는 측과 베풂을 받는 측 모두가 하나의 상황과 여건에 따른 사람으로서 갖는 기본적 사랑의 실천으로 이해하는 것이 기독교로부터 출발한 사회복지의 기본 정신인 것이다.

## 2) 「구빈법」과 「신구빈법」

사람은 혼자 살 수 없다. 사람은 서로 도움을 나누며 살아야 한다. 그래서 '도움'의 정신을 기초로 출발한 사회복지의 원형은 인류의 역사와 시작을 같이했다고 볼 수 있다.

그런데 국가와 사회 제도가 형성된 이후 사회복지는 가난과의 끊임없는 투쟁 속에서 자리매김했다. 이러한 과정을 통해서 사회복지는 더욱 정교해지고 체계를 잡기 시작했다.

중세봉건 유럽 사회에서는 교회 및 수도원이 대부분의 자선 구제를 담당해 왔다. 다른 한쪽에서는 봉건영주들이 영지(領地)에 있는 사람들에게 치안 유지 등의 목적으로 보호적인 시책이 이루어져 왔다. 더욱이 산업혁명의 영향이 극대화되면서 헨리 1세는 교회의 자산을 몰수하고 교구(敎區) 내의 자선 시행 기구를 폐지함으로써 정부가 그 역할을 대신하였다.

그 후 엘리자베스 1세 시대에 와서 그동안 이루어졌던 갖가지 구제(救濟) 시책을 정리하여 1601년에 「구빈법(Elizabethan Poor Law)」을 만들었다. 이 법은 빈곤한 사람에 대한 구제를 국가가 체계적으로 행하는 한편, 체제 정비도 함께 이루는 계기가 되었다. 또한 구빈과 관련한 다양한 법률이 계속 제정 되었다. 그러나 산업혁명 이후 가난한 노동자계층이 급격히 증가함에 따라서 그들을 통제하려는 목적 아래 구제를 엄격히 제한하는 「신구빈법」(1834년)이 시행되면서 빈곤한 사람들에 대한 구제는 축소되고 구빈 정책은 혼란에 빠졌다.

그렇지만 일련의 「구빈법」 등은 제도로서 사회복지를 모색하는 데 큰 의의를 가진다. 사회복지는 두 개의 큰 방법으로 사회복지가 지향하는 목적을 이루려 노력한다. 하나는 사회복지안전망(보장, 복지제도, 복지 관련 법률)이며, 다른 하나는 사회복지의 실천이다. 사회복지를 실현하는 두 가지 방법 중 하나인 사회복지의 실천은 자선조직협회와 인보관운동에 의해서 두 갈래로 나누어져 큰 흐름을 이어 간다. 이 활동 등은 빈민의 복지에 대한 국가적 개입이 이루어지는 다른 한편으로 민간 차원에서 출발했으며, 오늘날 사회복지의 전문성을 형성하는 중요한 계기가 되었다.

### 3) 자선조직협회

서구 사회의 정신적 근원의 하나라 할 수 있는 아가페의 사랑의 개념은 역사의 변천과 사회 변화에 따라 숙성되는 한편, 근본 의미는 조금씩 퇴색하는 모습도 보였다. 하지만 이 정신은 사회복지실천 역사의 한 획을 그은 자선사업의 핵심적 기반이 되었다. 자선사업활동은 종교적 동기 등에 의해서 촉발하여 개인의 자발적 활동으로 활발하게 이루어졌지만, 도움을 주는 사람들의 상당 부분이 자신의 만족을 얻기 위한 활동으로 나타났다.

하지만 산업혁명이 일어난 이후 새롭게 나타난 자본주의와 산업화에 따른 구조적 모순과 사회 불평등으로 인해 빈곤한 많은 사람이 생겨나면서 자선사업으로는 충분히 대응하기 어려운 현실에 이르게 되었다. 이러한 인식은 그동안 사람의 빈곤이 개인의 도덕적 결함에서 주된 원인을 찾았던 당시의 시대상과는 다른 사실을 제시하는 모습을 보였다. 예를 들어, Booth와 Rowntree(1889년)는 빈곤조사를 통해서 빈곤의 사회적 원인을 명확하게 나타냈다. 조사 결과, 대량으로 넘쳐나는 실업 등에 의해서 발생하는 빈곤에 대해서는 개인 차원의 대응은 거의 불가능하다는 인식이 생겨났다. 이와 같은 상황 속에서 이전에 전개했던 주로 개인 수준의 자선을 합리적으로 조직화하려는 시도가 일어났다.

이에 따라서 1869년에 런던에서 처음으로 자선조직협회(Charity Organization Society: COS)가 생겨났다. 이 자선조직협회의 탄생은 사회복지실천의 조직화와 전문화를 위한 첫걸음을 디딘 것으로 해석할 수 있겠다. 이러한 자선조직협회는 보호를 필요로 하는 사람들에 대한 개별방문조사, 그들의 다양한 사례(case)을 기록한 모음, 자선단체 간의 연락과 조정을 통한 상호 협력 강화 등의 활동이 주를 이루었다.

그런데 자선조직협회는 이후 처음 출발한 영국에서보다도 미국에서 더 큰 발전과 진전을 보였다. 이처럼 영국보다 미국에서 자선조직협회가 급속히 발전했던 이유는 여러 가지가 있겠지만 크게 세 가지 중요한 배경을 들면 다음과 같다.

첫째, 미국이라는 나라는 신생국가로서 공공 차원의 구호가 약했기 때문에 자원봉사자(volunteer)에 의존할 수밖에 없었던 점이다. 1776년에 건국한 미국은 1929년 경제대공황에 따른 뉴딜정책(공공구호사업과 사회보장)으로 공공 차원의 본격적인 복지체계가 출발되었다고 볼 수 있으며, 이후 1935년의 「사회보장법」을 기점으로 사회복지와 보장제도가 확립되기 시작했다. 따라서 19세기에는 공공부조 활동이 미약할 수밖에 없었다.

둘째, 미국은 영국의 식민시대를 끝내고 독립을 선언한 후 남북전쟁을 치르고 나서 급속히 자본주의를 발전시켰다. 이러한 자본주의 사상은 정치나 경제 그리고 생활 전반에 영향을 미쳐서 독자적인 실용주의 철학을 발생시켰다. 합리성과 과학성 등으로 대표되는 실용주의 사상은 자선조직협회 활동을 활성화하는 데 영국보다 더 많은 기질과 환경을 조성했다.

셋째, 자선조직협회를 만들고 활동했던 사람들의 다수는 여성이었다. 당시 여성들은 능력에 상관없이 성직자, 정치가, 의사 등과 같이 전문적이고 공공의 역할을 할 수 있는 직업에 진출하는 길이 거의 폐쇄되어 있었다. 따라서 자선조직협회를 통해 복지라는 새로운 직업을 선택할 수 있었던 것도 큰 이유가 되었다고 본다.

이와 같이 자선조직협회에는 '우애방문자(friendly visitor)'라고 불리는 자원봉사자가 초기 영국에서 각 교구별로 순회했고, '시혜(施惠)가 아닌 우정(友情)을'이라는 정신을 갖고 빈곤가정 등을 지원했다. 이러한 활동은 점차 교회와의 연대를 넘어서 사회와 이어지기 시작했고, 각 지역마다 비슷한 조직이 만들어졌다. 그리고 1890년대에 와서는 자원봉사자였던 우애방문자가 급여를 받기 시작했다. 이렇게 유급화가 되면서 전문적인 직업으로서 성장하는 밑바탕이 되었다.

유급 우애방문자(봉사자)는 오늘날 사회복지사의 시초라고 볼 수 있다. 이러한 가운데 1897년에 미국의 전국자선교정회의(National Conference of Charities and Correction)에서 '케이스워크(case work)'의 어머니라고 불리는 Mary Richmond가 등장했다. 그녀는 지속적이고 체계적인 자선 활동을 해 나가기 위해서는 서비스를 제공하는 사람에게 특별한 훈련이 필요하다고 주장하면서 '응용박애학교의 필요성(The Need of a Training School in Applied Philanthropy)'을 호소했다. 그리고 다음해에 여름 강좌로 임시로 개설되었다. 이 강좌는 교육과 훈련에 의해 사회복지사를 양성해 나가는 발상의 시작이 되었다. 즉, 사회복지실천의 역사에 있어서 하나의 전환기가 마련된 것이다. 이 학교는 1899년에 임시가 아닌 뉴욕의 자선박애학교로 설립되어 나중에 사회복지사 양성학교의 기초가 되었다.

결과적으로 자선조직협회는 사회복지실천의 핵심적인 역사적 뿌리일 뿐만 아니라 그 협회가 가졌던 서비스의 조직화와 합리화의 정신은 오늘날 사회복지실천에 있어서 그대로 계승되고 있다.

## 4) 인보관 운동

산업혁명을 주도한 영국은 18세기 말에 자본주의 제도의 대두와 함께 산업 생산의 급격한 증가와 이로 인한 부의 팽창을 가져왔다. 그러나 이와 같은 급속한 성장 이면에는 실업자의 증가와 도시화 등으로 인한 사회문제가 심각하게 발생했다. 특히 인구의 도시집중은 슬럼문제와 많은 환경문제를 일으켰다. 이러한 가운데 일어난 운동이 인보관 운동(Settlement House)이고, 빈민들을 위한 인보관을 설립하게 되었다. 이 운동을 주도한 Barnett 목사와 젊은이들은 빈민들을 위해 봉사하다 죽은 Arnold J. Toynbee를 기념하여

1884년에 영국 동부의 빈민 지역인 화이트 채플 지구에 '토인비 홀(Toynbee Hall)'이라는 최초의 인보관을 설립하였다.

　이후에 인보관 운동은 미국으로 건너가면서 더욱 활기를 띠었다. 영국의 토인비 홀을 방문하였던 Addams는 동료인 Starr와 함께 1889년에 시카고 빈민지역에 인보관인 헐 하우스(Hull House)를 세웠다. 이후 미국의 인보관은 전역으로 확산되어 1915년에는 300개 가까운 인보관이 대부분의 큰 도시에 건립되었다(Trattner, 1989).

　이러한 인보관 운동이나 자선조직협회 운동 모두 산업화, 도시화 등으로 인해 발생하는 사회문제를 해결하고 대처하기 위해 시작되었으나 문제를 바라보는 시각과 분석 그리고 활동 방향은 서로 달랐다. 자선조직협회 운동과는 달리 인보관 운동은 사회 조건 개선과 사회 개혁에 주안점을 두었다. 특히 이들은 중산층 부인이 주류를 이루었던 자선조직협회 운동과는 달리 주로 빈

**표 2-1**　자선조직협회와 인보관 운동 비교

|  | 자선조직협회 | 인보관 운동 |
|---|---|---|
| 목적 | • 구호 활동의 효율성 | • 지역사회 문제의 해결 |
| 기능 | • 구제등록제<br>• 구제기구 간의 연락 조정 | • 고용주에 의한 빈민 착취 방지 및 해결<br>• 환경 개선 운동으로 자립 지원 여건 마련 |
| 활동주체 | • 중산층 여성 중심의 자원봉사자(우애방문자-나중에 유급으로 발전하여 사회복지사의 시초가 됨) | • 대학생 등 젊은이와 지식인 층이 중심 |
| 사회문제에 대한 인식 | • 빈곤 등의 문제를 개인적 원인에서 비롯되는 문제로 인식 | • 다양한 도덕적 관점을 인정<br>• 빈곤 등 열악한 환경을 일부 사회구조적 문제로 인식 |
| 사회복지 실천의 영향 | • 개별사회사업 발전 | • 집단사회사업 및 지역사회조직사업이 모태 |
| 활동 내용 | • 우애방문자에 의한 가정방문, 면담, 사례연구<br>• 중산층의 기독교적 도덕성 강요 | • 빈곤 지역사회에서 빈민층과 함께 생활 여건 개선 |

민들의 삶 속에 뛰어들어 함께 생활하려 노력한 젊은 남녀들이 대부분이었다. 흔히 인보관 운동의 모토와 목표를 3R로 나타낸다. '거주(Residence)/조사(Research)/개혁(Reform)'이 그것이다. 즉, 연구와 조사를 통해 사회제도를 개혁해야 한다는 기본 신념을 갖고 있으면서 빈민들과 함께 생활하지 않으면 빈민과 그 주변을 이해할 수 없다는 데에서 이 개념이 비롯된다. 인보관 운동은 집단사회복지 발전에 많은 영향을 끼쳤다(Skidmore, 1994). 헐 하우스 등 인보관을 통한 집단 활동이 미국 전역에 확산되었다. 또한 보이스카우트와 걸스카우트 등의 집단 활동을 실시하는 집단 활동 기관과 단체가 활성화되기 시작했다.

## 5) 사회복지실천의 전문화

자선조직협회 운동과 인보관 운동 중에서 특히 주목해야 할 것은 자선조직협회 운동이다. 19세기 후반 자본주의 산업사회로 발전하면서 빈곤은 더 큰 사회적인 문제로 등장하였다. 그런데 이와 같은 빈곤문제를 대응하는 데 있어서 '공공구빈의 낭비와 비효율, 사적인 자선사업의 혼란'이 일어나고, 지속됨에 따라 자선조직협회가 다양한 자선사회 및 자선기관의 상호 연락을 꾀한 데에서 비롯되었다. 빈곤한 사람을 구제받는 빈민으로 전락되지 않도록 각 도시마다 자선조직협회를 설치하고 원조 활동을 전개하는 일련의 운동을 전개하였다. 특히 미국 뉴욕을 중심으로 한 자선조직협회 운동은 사회복지실천의 기틀을 다지는 데 큰 공헌을 하였다.

### (1) 미국 사회복지실천의 출발

미국의 사회복지는 전적으로 영국의 영향을 받았다. 그렇지만 미국의 사회복지실천 활동은 영국과는 다른 모습을 보인다. 1860년에서 1890년의 미국은 산업화와 공업화의 한복판에 서 있었다. 이처럼 산업화가 절정에 다다르게 되는 데 결정적인 공헌을 한 사람들이 있다. 그들은 바로 1865년부터 1900년까지 유럽 대륙에서 미국으로 이민을 한 사람들이었다(Todd & Curti, 1972). 1901년부터 10년간 이민의 절정기에는 약 880만 명에 이르는 이민자가 있었다. 1821년에서 1940년까지 이민자의 총수는 약 3,800만 명이었다. 그런데 유럽으로부터 이민은 그 국가와 민족에 따라 시대적으로 다른 차이를 보이고 있다는 특이한 점이 있다. 1880년대에 이주한 사람들은 주로 북유럽 사람들(영국, 아일랜드, 스칸디나비아제국, 독일, 네덜란드)이었지만 1890년대에는 남유럽과 동유럽 사람들로부터 이민자가 증가하였다(Todd & Curti, 1972). 이와 같이 1900년경의 미국은 산업화 및 공업화의 풍랑 속에서 유럽에서 이주한 사람들로 넘쳐났다. 그 사람들은 나라와 민족, 언어, 문화, 종교 등이 달랐다. 미국은 자연스럽게 다양한 민족, 언어, 문화, 종교를 갖고 있는 사람들의 집합소가 되었다.

사회복지도 이와 같은 흐름을 자연스럽게 받아들였다. 다양한 계층과 문화 그리고 민족의 유럽 사람들이 모인 미국의 사회복지는 영국과는 다른 형태를 갖게 되었다. 그 핵심의 하나가 사회복지실천의 전문성에 대한 요구가 높아진 것이다. "이것은 영국 등 국가 주체에 의해 사회보장과 사회복지의 발전의 방향과는 다른 모습을 낳게 되는 하나의 요인이었다."라고 지적하였다(Tranttner, 1989). 국가의 형성을 위해서는 입법, 행정에 있어서 법률 및 제도를 제정하는 데 최저 필요조건인 공통의 언어로 국어가 있어야 하며, 의무교육을 통해서 국민이 기본적인 공통지식과 이해를 습득하고 공유할 수 있어야 한다. 또한 국가의 정체성과 하나의 통일된 국민으로서의 주체적 인식이 필요하다. 이것은 하루아침에 이루어지지 않는다. 오랜 역사적 체험을 공유함으로써 체득되는 것이다. 그런데 새로운 대륙인 미국으로 이민 온 사람들 사이에는 이러한 최저조건이 구비되어 있지 않았다. 다양한 인종과 언어가 넘쳐났던 미국에는 지역별로 동일한 인종과 민족이 모여 살게 되었다. 뉴욕 근처의 빈민가(슬럼, slum)가 그 대표적인 예이다. 이렇게 모인 사람들은 무엇이든 어떻게 해 나가지 않으면 아무것도 할 수 없다는 절박함이 있었다. 국가의 제도와 법률에 의지하려 해도 필요한 법률과 제도는 충분히 정비되지 않은 상태였다. 당장 직면한 문제를 해결하고 보다 나은 삶을 성취하기 위해서는 재정과 인력이 필요했다. 따라서 국가를 대신하여 당연히 민간 주도의 비공식적인 복지프로그램과 활동이 작동하기 시작하였다. 이러한 민간 주도의 활동은 자연스럽게 영국에서 시작한 자선조직협회 운동과 인보관 운동을 도입하면서 발전하게 되었다. 자선조직협회(COS)가 1877년에 뉴욕의 버펄로에 최초로 설립되었다. 그리고 1889년에는 Adams와 Starr가 '헐 하우스(Hull House)'를 창설했다.

사실 초기의 자선조직협회에서 일했던 우애방문자는 빈곤한 사람들을 멸시하는 태도가 있었고, 빈곤한 사람을 도덕적으로 문제가 있거나 사회의 낙오자로 인식하였다. 그래서 도덕적으로 고귀한 품격을 갖춘 우애방문자가 빈곤한 사람들에게 도덕관을 몸에 익히도록 모델이 되는 활동을 해야 한다는 생각이 팽배해 있었다. 이것은 종교적 또는 도덕적인 자선 활동의 하나로 여겨져 왔던 것으로부터 의미 있는 변화를 유도하게 되었다. 즉, 새로운 과학적이고 전문적인 방법의 필요성이 제기된 것이다.

## (2) Richmond와 개별사회사업

자선조직협회는 협회마다 규모와 활동 내용이 달랐다. 그런데 Richmond는 이처럼 다른 활동 등을 하나의 방향으로 정리하였다. 그녀는 구제를 신청한 사람을 조사하고 구제 계획을 전담하는 직원을 두고는 그것을 토대로 각 지구에서 도움을 주도록 했다. 한 사람이 담당하는 사례(case)를 2~3개로 제한하여 지속적인 가정방문이 가능한 환경을 만들었다. 아울러 시혜가 아닌 우애를 신념으로 자선조직협회 활동을 펼쳐 나갔다. 이에 따라 자선조직협회는 많은 우애방문자를 확보하고 원조의 수준을 향상시키는 것이 큰 과제가 되었다. 이와 같은 과제를 해결하기 위한 노력은 지속되었고, Richmond는 자선조직협회 활동을 통해 얻은 경험을 집약해서 1899년에 『가난한 사람들의 우애방문―자선워커를 위한 핸드북―』을 간행했다. 이 책은 당시 전문적인 행위로서 사회복지사의 실천적인 업적을 보여 주는 획기적인 문헌이 되었고, 이 책을 토대로 그녀는 가정방문을 통한 가정방문 개별 사례활동을 엮은 『사회진단(social diagnosis)』(1917)을 발간했다. 그 후 Richmond는 『케이스워크란 무엇인가?(What is Social Case Work?)』(1922)등을 집필하였고, 이와 같은 그녀의 활동은 케이스워크(case work)를 체계화하여 사회복지실천방법의 기초를 세웠을 뿐만 아니라 오늘날 의료사회복지 및 학교사회복지의 기반을 형성하는 데 큰 공헌을 하였다.

이후 미국이 제1차 세계대전에 참전하면서 전쟁의 공포와 후유증에 고통받는 군인과 그 가족에 대한 개입의 필요성이 높아지면서 케이스워크의 요청이 많아지고 자연스럽게 사회복지실천의 중요한 방법론으로 점차 정교하게 다듬어졌다. 나아가 케이스워크는 여러 학문(특히, 심리학, 정신의학, 사회학)의 도움과 영향을 받아 '인간과 환경' 간의 역동적 상호관계를 이해하는 전문직으로 발돋움하였다.

또한 의료사회복지사가 정식 채용됨으로써 사회복지실천 전문가로서의 입지를 다지게 되었으며, 학교와 아동상담소에서 사회복지사를 채용하게 되었다.

### (3) 대공황과 두 가지 접근방법

1930년에 접어들면서 미국을 비롯한 전 세계는 호황이던 경제 상황이 급격히 나빠지면서 불황을 넘어서 대공황 상태로 들어갔다. 이로 인해 사회복지실천은 또 다른 도전을 받았다. 그동안 주로 '심리사회' 역동성을 바탕으로 개인을 개별적으로 돕는 미시적인 실천방법에서 방향을 전환하여 대공황으로 인해 발생하는 빈곤과 실업 등 사회문제해결을 위한 공공 복지정책과 사업 등 거시적 접근방법으로 눈을 돌리게 되었다.

이 영향으로 그동안 미시적 실천의 두 가지 큰 접근방법이었던 진단주의학파(diagnostic school)와 기능주의학파(functional school) 간의 우월성과 효율성을 두고 했던 치열한 논쟁이 무색하게 되었다. 그럼에도 불구하고, 경제 대공황을 지난 이후에도 여전히 사회복지실천은 두 가지 이론적 뒷받침을 가진 이들 학파의 건설적인 논의는 오랫동안 지속되었다.

---

### 진단주의와 기능주의

동일한 문제 또는 사례에 대해서 진단주의와 기능주의는 서로 다른 접근방법을 보인다. 이러한 접근방법은 문제를 보는 시각의 차이에서 비롯된다. 진단주의학파는 Sigmund Freud의 정신분석의 영향을 받아 개인(클라이언트), 즉 하나의 인간을 기계적·결정론적 관점에서 바라보며 그들이 가진 문제를 해결하는 중심에는 사회복지사(워커)가 있다고 보고 '치료'라는 표현을 사용한다. 반면, 기능주의학파는 문제를 사회복지사가 주도적으로 치료하는 것보다는 클라이언트 개인의 성장을 위한 원조를 강조한다. 즉, 클라이언트가 자아를 활용하여 성장을 도모할 수 있도록 원조관계를 유지하는 것에 초점을 둔다. 흔히 진단주의학파의 입장에 대해서는 '질병의 심리학', 기능주의학파의 관점에 대해서는 '성장의 심리학'이라고 부르기도 한다.

---

그런데 제2차 세계대전 이후 이 두 가지 접근방법은 사회복지실천의 주된 이론에서 밀려나기 시작했다. 그리고 1970년대 전후부터 전문직으로서 사회복지실천의 통합화를 추진하는 과정이 지속적이고 격렬한 논쟁 속에서 이루어졌다. 사회복지실천에서 이 진단주의·기능주의 관점과 접근방법이 끼친 영향은 매우 크다. 그리고 상호 보완적인 부분도 많아서 앞으로도 끊임없는 논의와 그 속에서 각각의 장점이 실천 현장의 필요에 따라 활용되고 통합되는 과정으로 이어져 나갈 것으로 전망된다.

### (4) 사회복지실천 전문교육의 시작과 세 가지 방법론

사회복지실천의 흐름 속에서 사회복지실천 전문교육은 크게 세 가지 가닥으로 발전해 나왔다. 소위 초기에 사회사업의 세 가지 주요한 방법적 접근방법이라고 불리던 개별사회사업(social case work), 집단사회사업(social group work), 그리고 지역사회조직사업(community organization)이다.

『사회진단』을 출간한 Richmond의 노력은 실제 사회복지교육의 기틀을 마련하게 되었다. 1897년 뉴욕의 자선조직협회에서는 6주 과정의 계절학교를 개설하였다. 이후 1904년에 1년 과정의 뉴욕박애학교(New York School of Philanthropy)가 문을 열었다. 뉴욕박애학교는 자선조직협회에 기반을 두고 설립되었으며, 특히 케이스워커(case worker) 양성학교로서의 정체성을 유지하였다. 이와 같은 사회기관과의 연대는 사회사업교육에 있어서 실습교육을 제도화하는 계기가 되었다. 이러한 맥락에서 뉴욕박애학교는 자선조직협회 모델에 의거한 사회복지실천을 가르쳤다(이원숙, 2008). 이후 뉴욕박애학교는 뉴욕사회사업학교로 명칭을 바꾸었고, 1940년에는 미국 컬럼비아대학교와 제휴하게 되었으며, 나중에 사회사업을 위한 정규 대학과정으로 정착하게 되었다.

한편, 1936년에 '집단사회사업연구협의회(The National Association for the Study of Group Work)'가 조직되었고, 미국에 광범위한 지부로부터 약 100명의 대표위원이 구성되었다. 이와 동시에 집단사회사업으로서 전문직화가 진전되었다. 1939년에는 '미국집단사회사업연구회(American Association of Sonal Group Workers: AASGW)'로 명칭을 변경하였고, 1946년에는 '미국집단워커협회(American Association of Group Workers: AAGW)'로 변경하면서 전문 집단체로 발전하게 되었다.

또 다른 사회복지실천의 축인 지역사회복지사업은 개별사회사업과 집단사회사업이 확립된 후에 생겼다. 즉, 1920년대에는 케이스워크가 사회복지의 전문방법으로서 그 지위를 갖고 있었고, 1930년대에는 집단사회사

업이 사회복지실천의 방법으로서 인정되었으며, 1930년에는 '사회복지전
국회의(National Conference of Social Work: NCSW)'에 의해서 '지역사회조직
(Community Organization)'이 Social Work의 전문분야로서 또한 전문방법으
로서 논의되고 정립되었다(Skidmore et al, 2000). 1944년에는 사회사업대학
(School of Social Work)의 다수가 지역사회조직사업의 교과목을 도입했다.
1946년에는 버펄로에서 개최된 '사회사업전국회의' 연간정례회에서 '지역사
회조직사업연구회의(The Associaton for the Study of Community Organization)'
가 창설되었다. 이 후에 이 세 가지 방법론으로서 사회사업은 각 방법별로 그
전문성이 분화하고 발전하면서 사회사업(사회복지실천) 이론과 방법이 심화
되고 그 전문교육 내용이 확립되었다.

　　Friedlander(1955)는 『사회복지개론(Introduction to Social Welfare)』초판에
서 사회사업의 내용과 영역을 개별사회사업(social case work), 집단사회사업
(social group work), 지역사회조직사업(community organization), 사회복지행
정(social welfare administration), 사회복지조사(social welfare research), 사회행
동(social action)이라는 6개로 제시하였다. 사회복지실천 이론의 방법 확립과
그 전문교육 내용이 정비된 것이다(Popple & Leighninger, 1996).

## 6) 사회사업의 전문성의 발전과 괴리

　　Wilensky와 Lebeaux(1965)는 『사회사업 전문가의 출현(Industrial society and
social welfare)』에서 사회복지사의 전문 분야와 전문교육의 정도를 나타냈다.
그들에 따르면 개별사회사업이 전체 80% 이상을 점하고 있으며, 나머지는 집
단사회사업과 지역사회조직사업 분야라고 한다. 또한 개별사회사업 중에서
도 정신의료사회복지와 의료사회복지 분야에 있어 대학원 교육을 받고 있는
비율이 다른 분야에 비교해도 높은 것으로 보고하였다. 이것에 대해 "사회사
업(social work)은 곧 개별사회사업(social case work)을 의미하는 것이 대부분

이고, 사회사업가(social worker)는 개별사회사업가(social case worker)로 전문적 정체성이 변화하고 있다."라고 지적했다. 정신의료사회사업가(psychiatric social case worker)는 '작은 정신과의'라고 불리고 있는 상황이었다. 특히 개별적인 도움이 필요한 클라이언트는 개별사회복지사(case worker)가 담당하고, 집단사회복지 활동이 필요할 때에는 집단사회복지사에게 클라이언트를 의뢰하는 등 전문적 분화가 일어나게 되었다. 한편 지역사회조직사업도 지역사회조직가(community organizer)가 담당하고, 그들은 사회행동가로서의 역할까지 담당하기도 하였다.

이와 같이 각각의 영역에서 사회사업은 전문성을 갖추어 가고 개별 전문가들도 구체적인 고유성(specific)을 전문적으로 갖게 되었다. 자신이 받은 전문적인 교육 및 훈련에 따라서 스스로 특정한 이론 및 방법에 맞게 사회복지실천 분야 및 클라이언트를 선택하는 일도 일어나게 되었다. 이것은 사회복지사(social worker)라는 기본적이면서도 전문적인 정체성(identity)을 잃어버렸다는 말이 되기도 한다. 각 전문직 단체 및 전문가협회의 발전과 함께 각각의 사회복지사는 그 단체 및 협회에 소속되고, '나는 case worker이다' '나는 group worker이다' '나는 community worker이다'라고 각각의 전문화된 정체성을 요구하게 되었다.

때로는 자기의 단체 및 협회의 이익과 정체성을 우위에 놓고 다른 단체 및 협회에 배타적인 모습을 보이는 일도 자주 일어났다. 이에 따라 미국 사회복지사의 전문직 간에는 전문성에 있어 괴리가 발생하였다. 또한 개별사회사업가 사이에서도 그 이론 및 기법을 달리 주장하고 각 '파(派)'가 나타나기도 하였다.

우리는 사회복지 전문직 단체 및 협회가 자신의 전문성만을 높이는 데 관심을 갖고 또한 소속된 단체 및 협회의 이익 및 동일성을 우선시하는 등 본래의 사회복지사의 정체성을 상실해 갔던 미국의 사회복지실천 역사를 통해 적지 않은 시사점을 발견할 수 있다. 사회복지사, 임상사회복지사, 정신보건사

회복지사, 의료사회복지사, 학교사회복지사, 청소년복지사 등 각 단체가 독
자적으로 전문성을 추구하는 것이 한편으로는 바람직할 수도 있겠지만, 자칫
또 다른 부작용을 일으키지는 않을지에 대해서 역사를 통해서 다시 한 번 생
각해 보아야 할 것이다. 따라서 앞으로 사회복지사와 전문영역에 따른 다양
한 사회복지실천 현장 및 협회 등 간에 끊임없는 상호 소통과 협력이 지속적
으로 요구된다.

## 7) 사회복지실천의 통합화

Johnson(1995)은 『사회복지실천(Social Work Practice: A Generalist Approach)』
에서 세계 공황시대와 새로운 빈곤시대를 지나가면서 가졌던 사회복지사의
대표적인 생각을 서술하였다. "빈곤은 사회에서 채택해야 하는 중요한 문제
가 아니었다. 사회복지사의 에너지는 전문직의 조직과 전문교육의 발전에
주목하고 있었다. 사회복지의 대상인 클라이언트 중에서 빈곤한 사람은 없
었고 다만 사회적응문제를 안고 있는 중산층 사람들만이 존재했다."

전문 교육 및 훈련에 의한 높은 전문이론 및 전문기술을 몸에 익히는 것이
사회복지사의 의무이자 책임으로 사회복지실천 현장과 교육의 관심이 되었
다. 사회복지사로서 전문가가 되기 위해서는 개별면접방법에 따른 임상적
전문기술의 습득이 최선의 길이라고 생각하게 되었다. 이에 미국에서는 사
회복지사의 이러한 전문성의 분화와 심화가 일어나는 한편, 전문직 간에 괴
리가 진행되고 있었다. 이와 더불어 사회복지사로서의 기본적인 정체성이
모호해지려 한 그때에 전문성에 대한 반성도 생기고 있었다. 첫 번째 유형의
반성은 전문 방법과 기술이 높아짐에 따라서 분화되고 괴리된 사회복지 방
법(methods) 및 기술(skill)에 대한 것으로서, 이들의 통합이 무엇보다 필요하
다고 생각했다. Specht와 Vickery(1977)는 '사회복지실천방법의 통합화'를 다
음과 같이 제시했다. "사회복지실천은 실천분야에서 전문적 분화가 일어났

다. 예를 들면, 병원, 아동, 정신보건 등의 분야에서 사회복지실천이 분화되었다. 또한 하나의 실천방법과 실천기술 등에 있어 전문적 분화가 있었다. 그것은 개별사회사업, 집단사회사업, 지역사회조직사업 등으로 분화된다. 이 실천방법을 통합하고 그 통합화된 실천이론과 실천방법에 관해서 '전문지식(professional knowledge)'을 공유함으로써 '나는 사회복지사이다'라고 말해야 한다." 두 번째 유형의 반성은 사회복지의 실천방법, 실천기술 및 실천분야에서의 통합뿐만 아니라 사회복지사가 본질적으로 함께하는 공통의 기반으로서의 전문가치(professional value)에 대한 공통의 윤리 및 가치 정체성을 찾는 일이다. 즉, 다른 전문직과는 다른 전문적 방법 및 기술이 있다는 것을 알아야 한다는 것이다. 이를테면, 이론과 방법 및 기술이 같더라도 그 기법이 갖고 있는 다른 면을 파악할 수 있어야 한다. 또한 '나는 사회복지사이다'라고 말할 때 사회복지사가 갖는 정체성이 그 사회의 문화 안에서 의미 있는 사명과 가치를 담당할 때 당당하다는 것이다. 이에 따라 사회복지사의 전문성은 자신이 높은 전문지식을 갖고 있고 그에 상응하는 방법 및 기술을 습득하는 것으로 완결되지는 않는다. 자기 자신이 높은 전문 지식과 기술을 습득하는 것과 함께 보다 더 본질적인 것은 그 사회가 그 전문가에 대해 전문가로서의 가치를 인정해 줄 수 있는가이다. 따라서 사회복지사는 끊임없이 자신의 전문 지식과 방법 그리고 기술을 전문가치와 사회적 상식에 준거해서 효과적으로 실천하고 있는가를 물어야 한다.

## 8) 일반주의 사회복지실천의 발전

Bartlett(1970)는 미국사회복지사협회를 통해 출판한 『사회복지실천의 공통 기반(The common base of social work practice)』에서 사회복지사의 전문지식과 전문가치를 탐구한 결과에 대해 설명했다. 여기서 그는 지식과 가치의 우위성에 대해 강조했다. 그리고 지식과 가치를 기반으로 실천 방법과 기법이 규정되어야 한다고 말했다. 과학의 역사에서는 가치와 방법, 기술의 문제를 항상 논의해 왔다. 예를 들면, 원자력 이용의 방법 및 기술과 가치의 문제가 있다. 그 방법과 기술도 원자폭탄이 만들어지면 그것을 이용하여 전쟁을 일으키거나 평화적으로 이용하는 것은 가치의 문제가 된다. Bartlett는 "사회복지의 가치는 바람직한 것을 가르치는 것이다. 이것이 사회복지사가 지향하는 목적과 목표가 되어야 한다."라고 주장했다. 여기서 주목할 것은 사회복지의 방법과 기술의 '통합이론'을 초월하여 사회복지사가 사회복지의 가치(values)를 공유하는 공통기반(the common base)을 제시하는 것이다. 전문방법, 전문기술 및 전문분야가 비록 다를지라도, 사회복지의 가치를 공통기반으로 삼는 사람들은 '나는 사회복지사이다'라고 확신을 갖고 말을 하는 것이 가능하다고 말했다. 이러한 사고를 통해서 결국 '일반(general)' 및 '일반적(generic)'으로 불리는 사회복지사가 탄생되었다. 그렇다면 사회복지의 가치는 무엇인가? 현재 사회복지의 가치는 각국의 사회복지사 단체가 전문적 정체성의 핵심으로 제시하는 '사회복지사 윤리강령(code of ethics)'을 중심내용으로서 구체화하여 제시한다. 예를 들면, '전미사회복지사협회'의 윤리강령은 1996년에 승인되었고, 1999년에 개정된 이후 현재까지 유지되고 있다(NASW, 1999). 그 전문에는 6개의 기본적 가치(a set of core values)에 기초한 사회복지의 전문성의 사명(the mission of the social work profession)이 명기되어 있다.

## 9) 전문화와 일반화

1990년대에 들어서면서 전문직으로 사회복지실천은 복합적이면서도 새로운 도전과 과업에 직면하고 있는 것으로 보인다(Boyle et al., 2006). 단기치료모델과 강점관점에 입각한 임파워먼트, 옹호 등 사회복지실천모델의 개발은 사회복지실천을 미시적 접근에만 머무를 수 없게 만들었다. 다시 말해서, 그동안 통합적 접근에 대한 필요성을 느끼고 지속적으로 시도해 왔지만, 여전히 개별사회사업 중심의 실천 지식과 접근방법이 주류를 이루고 있었다. 그러나 사회복지가 피부로 사회 정책 및 프로그램 등과 동떨어질 수 없다는 사실을 인지하게 되었고, 이에 따라 거시적인 접근방법에 대한 관심과 통합적 논점이 이루어지게 되었다.

한편으로는 점차 일반주의 실천과 전문적 실천으로 분화가 심화되고 있었다. 그리고 그 대상과 방법의 측면에서는 개별사회사업, 집단사회사업 그리고 지역사회조직사업에서 통합적 방법론으로 발전했다가 다시 주로 개인을 대상으로 하는 미시적 실천(micro practice), 가족과 집단을 그 범위로 하는 중범위적 실천(mezzo practice), 그리고 조직과 지역사회를 대상으로 하는 거시적 실천(macro practice)으로 나아가고 있다. 이러한 거시적 실천에는 사회 행동, 사회 정책, 옹호 활동 등 클라이언트를 직접 대면하지 않는 간접서비스도 포함된다(Boyle et al., 2006). 이와 함께 여성주의적 사회복지실천 및 임파워먼트 그리고 사회구성주의적 시각 등 클라이언트와 그를 둘러싼 가족 및 지역사회뿐만 아니라 국제적 흐름의 변화와도 연관해서 문제를 해결하려는 노력이 이루어지고 있다.

결국 사회복지실천은 빈곤과 사회정의 등 포괄적인 사회 환경과 관련한 개인의 문제에 대한 사례관리적 측면에서 일반화되는 반면, 사회 변화에 따른 다양한 사회계층과 발달과업 이행의 어려움으로 인해 보다 세심하고 세밀한 전문화 방법과 기법에 대한 요구도 함께 강조되어 간다. 이와 같은 상황에서 사회복지는 다른 많은 전문직과의 연계가 불가피해짐에 따라서 그 영역까지 모호해지고 있다. 이것은 자칫 사회복지실천 현장과 사회복지사들에게 배타성을 요구하는 이유가 될 수 있다. 그러나 사회복지실천이 타개해 나가야 하는 방향은 결국 사회복지 스스로 인간관계 전문직으로서 또한 불행과 문제를 겪는 사람 자체에 초점을 맞추는 전문가로서의 전문적 정체성을 확보하는 데 끊임없이 노력해야 한다.

## 2. 한국

### 1) 현대 국가 이전-민간과 국가의 자선

삼국시대 이전에도 환과고독(鰥寡孤獨), 즉 홀아비, 과부, 고아, 그리고 독거노인 등을 포함한 빈민을 구제하는 일이 있었다. 그러나 국가체제가 정비되기 시작했던 삼국시대부터 사회복지제도의 역사적 기록이 남아 있다. 특히 고구려, 백제, 신라의 삼국 중 고구려 고국천왕 16년(194년)에 실시한 진대법(고구려의 재상인 을파소가 만든 것으로, 춘궁기에 관곡을 대여하였다가 추수기에 납입케 하는 제도)을 의미 있는 사회복지제도로 볼 수 있는데, 이 제도는 고려가 이어받았다. 고려는 고구려 진대법을 모방하여 성종 때 흑창을 의창으로 개칭하였고, 이어 곡식의 매매를 통한 물가 조절 기능과 구빈사업 등을 함께하는 상평창을 만들었다. 또한 환자의 치료와 빈민구제를 담당하는 동서대비원, 혜민국 등이 있었다.

조선시대에 들어서면서 흉년에 대비해서 미리 준비를 해 두는 비황(備荒) 제도가 있었는데, 상평창 등의 기관을 통하여 진휼(賑恤) 및 진대(賑貸) 사업을 시행하였다. 그리고 향약(鄕約)과 계(契)는 잘 알려진 대로 조선시대 사회복지제도로 볼 수 있다. 향약은 지배계층의 사회 안정과 질서를 위한 방법으로 사람(백성)의 교화와 구휼의 두 가지 목적을 갖고 있었으며, 반면 계는 지역사회 수준의 민간협동조합을 통한 상부상조의 활동이었다. 이렇게 오랜 기간 동안 이어져 온 근대국가 이전의 사회복지제도와 활동은 우리나라가 일본에 의해 강점 당함에 따라서 사라졌지만, 계 등이 변형된 형태로 개인 간의 상부상조의 정신과 형태가 남아 있다.

## 2) 일제 강점기-현대 사회복지실천이 시작된 암울한 사실

민족적으로는 불행한 시기였다. 더구나 일본의 잔인하고 교활한 식민정책에 따라 그동안 우리나라가 가지고 있었던 정치, 경제, 문화 등 생활 전반에서의 독자성이 송두리째 공중에 날아가 버린 40년 가까운 세월이었다. 그러나 흥미로운 것은 비록 타의에 의해서이지만 이 시기에 왕권국가가 물러나면서 싫든 좋든 현대의 사회제도를 도입하기 시작했다는 사실이다. 우리보다 빨리 국제화된 일본이 유럽 등의 복지제도를 받아들이면서 그 일부를 우리에게도 적용한 결과였다. 대표적인 것이 조선구호령(1944년)이다. 물론 일본의 강점이 끝날 무렵에 만들어진 것이기는 하지만 이것은 그동안 우리나라에서 실시해 왔던 구호 활동을 집약한 칙령으로「생활보호법」의 성격을 갖는 것으로 볼 수 있다. 그 이전 시기인 1928년에는 '조선사회사업협회'가 '조선사회사업연구회'를 이어받아 법인으로서 개편했다. 이 협회에서는 사회사업 연락과 통일 사회사업의 조정과 연구 등의 업무를 추진하였다. 그러나 이 협회는 오늘날처럼 순수한 민간단체가 아니라 당시 총독부의 관리들이 망라되어 있는 관 주도의 단체였다.

그렇지만 일제 강점기에 제정된 법령과 구호 활동은 해방 이후 우리나라의 사회복지 관련 법령을 만드는 데 기초가 되었다는 사실을 부인할 수 없다. 노인보호사업으로는 1931년에 전국에 6개소의 양로원이 설치·운영되었으며, 아동복지사업, 특수아동보호사업 등도 빈민 구호사업과 함께 적지 않은 의의를 갖는 것으로 볼 수 있다(김기태 외, 2007). 이와 동시에 사회복지실천 현장도 미미하지만 태동하고 있었다. 1888년 명동의 천주교회에서 고아원을 설립했으며, 1906년에는 이심화(李芯和)에 의해서 경성고아원이 설립되었다(구자헌, 1984). 1921년에는 우리나라 최초의 사회복지관인 태화여자관이 설립되었다.

### 3) 해방과 한국전쟁-현대 사회복지실천의 기틀

해방 이후에는 사회복지실천 현장의 다양화와 함께 특히 한국전쟁의 상흔으로 인한 고아원이 급속히 증가하기 시작했다. 1953년 휴전 직후 전국적으로 전쟁으로 인한 요보호아동을 수용하는 시설은 440개소에 이르렀고, 그곳에 수용된 아동은 5만2천 명이 넘었다(구자헌, 1984). 또한 외국 원조 단체들이 우리나라에서 활발한 구호사업과 자선사업을 전개하였다. '월드비전, CCF, 기독교세계봉사회, 캐나다유니테리언봉사회' 등이 대표적인 단체이며, 이들 단체는 1952년에 7개 외국의 원조단체가 모여서 '외원단체협의회(Korea Association of Voluntary Anencies: KAVA)'를 결성하였다. 1960년대에는 이 협회에 130여 개의 단체가 가입하였다(엄명용, 2000). 우리나라 사회부(현 보건복지부)에도 자문관을 두어 자문을 하는 등 우리나라에서 사회복지가 자리매김하는 데 큰 역할을 담당하였다. 이들 외원단체는 우리나라가 경제적 발전을 하기 시작했던 1970년대 중반부터 활동이 줄어들면서 각기 본국으로 철수하기 시작했다. 1980년대부터 KAVA는 명맥만 유지하다가 1995년에 해체되었다. 1967년에는 사회복지사들의 모임인 한국사회복지사협회가 생겨났다.

한편, 사회복지의 직접적 실천에서 주목할 것은 정신의료사회복지를 시작으로 서구 사회복지의 실천적 기법과 기술에 대한 도입 및 적용이 이루어졌다는 것이다. 주로 미국의 사회복지사들을 중심으로 미군의 상담 등을 목적으로 시작된 사회복지실천 활동은 대학을 중심으로 이루어진 사회복지실천 교육을 통해 급속히 확산되었으며, 우리나라의 사회복지실천 이론과 방법 그리고 기법이 형성되는 데 큰 토대가 되었다.

1947년 우리나라 최초로 이화여자대학교에 기독교사회사업학과를 출발로 해서 1953년에는 중앙신학교(현 강남대학교)에 사회사업학과가 생겼고, 1959년에는 서울대학교에, 그리고 1960년대에 들어서 중앙대학교, 성심여자대학교(현 가톨릭대학교), 서울여자대학교, 숭실대학교, 부산대학교 등에 사회사업학과가 설립되었다. 이들 대학은 1970년대까지 사회사업학과로 명칭을 사용해 오다가 1980년대 이후 몇몇 학교를 제외하고는 모두 사회복지학과로 변경하였다. 이것은 1980년대에 들어서면서 사회복지라는 용어가 보편적으로 인식되기 시작한 사회적 변화에 부응하기 위한 일이었으며, 또한 사회사업이 너무 자선의 이미지를 갖고 있다는 인식이 높아진 이유도 반영된 결과이다. 그리고 1966년에는 '한국사업학교협의회(현 사회복지교육협의회)'가 나타났다 (한국사회복지교육협의회, 2012).

## 4) 제5공화국의 탄생과 문민정부 이전-사회복지실천의 명과 암

1981년에 탄생한 제5공화국은 사회복지의 입장에서는 새로운 의미를 갖는 시기였다. 군사정권이라는 태생적 한계가 있었지만 우리나라에서 정권이 수립된 이후 처음으로 국정의 목표에 복지사회구현이라는 표현을 사용하였다. 제5공화국의 4대 국정지표 중 하나가 '복지사회건설'이었다. 비록 슬로건이고 실체 없는 구호로 끝난 면이 있으나 적어도 복지라는 용어가 국가 정책 비전의 개념으로 문자화된 주목할 일인 것만은 틀림이 없었다. 이처럼 비록 선언적 구호인 측면이 강하였고 그동안 지속적인 경제발전으로 인해 국민생활이 절대적 빈곤에서 벗어남으로써 가능했겠지만 이 시기에 복지제도의 기틀을 마련하고 복지시설의 확충을 가져왔다.

우선 사회복지관은 1970년대까지만 해도 크게 활성화되지 못했다. 1983년에 「사회복지사업법」이 처음으로 개정되면서 사회복지관사업이 법정사업으로 구체화되었고, 이에 따라 사회복지관사업을 활성화할 수 있는 기반이 마련되었다. 이 후 1990년을 전후해서 사회복지관의 수가 급속히 증가하여서 2004년에는 전국에 370개소가 설치·운영되었다. 또한 1989년에는 사회복지법인으로 한국사회복지관협회가 정식 출범하였다. 그동안 사회복지 서비스가 수용시설을 중심으로 전개되어 온 사실을 감안할 때 이용시설인 사회복지관의 확대는 커다란 의미를 갖는다. 즉, 지역사회 내에서 지역주민과 직접 접촉을 통해 각종 서비스를 제공하면서 사회복지실천의 방법과 기술을 발전시키는 계기가 되었다(엄명용 외, 2010).

한편 현대 정부 수립 이후에 유명무실했던 지방자체제도가 1989년 「지방자치법」 입법으로 도입되면서 지방의회가 생기는 등 본격적인 지방자치제도로 접어들었다. 이에 따라 사회복지도 일정 부분 불가피하게 지방정부가 떠맡게 되었고, 이와 함께 지역의 복지문제에 대한 관심도 증가하였다. 이 시기에는 제5공화국에서 시작되었던 탁아사업이 활성화되고 노인복지 및 장애인복지에 대한 사업도 발전하게 되었다.

이러한 사회복지사업의 확대에 맞추어 1987년부터 사회복지의 공공부문을 담당하는 사회복지전문요원이 탄생하였고, 1999년에는 별정직 공무원에서 일반직 공무원으로 전환되면서 사회복지전담공무원으로 명칭이 변경되었다. 그리고 1997년에 「정신보건법」 시행으로 법정 정신보건사회복지사도 생겨났다.

## 5) 문민정부와 IMF

1993년에 들어선 김영삼 정부는 문민정부의 시작이라 불린다. 이 시기는 국제적으로 볼 때 강하게 불어닥친 유럽의 신자유주의 물결 아래 복지의 규모는 축소되었고, 생산적 복지에 대한 논의도 제기되었다. 한편, 우리나라는 국민소득 1만불 시대를 맞이해서 복지의 양적 성장 못지않게 삶의 질에 대한 고민도 제기되었다. 이에 따라 국민들의 복지 욕구와 수준도 점차 높아지고 있었고, 공공부조의 국가 책임도 한층 더 강화되었으며, 주거 환경의 개선에도 눈을 돌리게 되었다. 또한 수익자부담의 유료복지서비스체계를 도입하고 예방적 복지 서비스에도 관심을 갖게 되었다. 그러나 1998년에 다가온 경제위기로 인해 IMF 국제구제금융을 받게 됨에 따라 삶의 질 제고라는 복지정책은 순식간에 빈곤에 빠진 사회중산층과 빈민계층에 대한 사회안전망의 확충이라는 현실에 직면하게 되었다. 복지적 관점에서 보면 그동안 잔여적 복지와 제도적 복지의 이론적 논쟁에서 비교적 우위를 점했던 보수적 입장에서 가졌던 잔여적 복지에 대한 결함이 보였고, 따라서 제도적 복지의 필요성을 체감하는 기회가 되었다고 볼 수 있다.

## 6) 2000년대 이후−삶의 질과 복지실천의 다양성

국가가 경제적 어려움을 겪었음에도 불구하고, 지속적인 경제성장으로 인해 국민소득 2만불 시대가 되었다. 반면, 복지에 대한 국민들의 눈높이도 높아졌고 저출산 고령화로 인한 복지적 수요가 급증하고 있는 실정이다. 이에 따라 2005년에 「노인장기요양보험법」이 제정되었고, 이와 함께 건강한 삶에 대한 관심이 높아지면서 요양서비스 및 의료서비스에 대한 수요도 증가하고 있다.

그러나 국가복지 재정 수요의 증가와 정보 및 경제적 격차에 따른 부익부 빈익빈에 따른 사회계층 간의 박탈감의 심화, 여성의 사회 참여 증가로 인한 보육의 문제, 그리고 특히 노년기의 건강한 삶에 대한 욕구는 복지의 범위를 새롭게 확산시키고 있다. 이와 함께 복지전달체계의 다각화와 효율성도 점차 관심을 보이고 있다. 사회복지실천도 빈곤문제부터 국민의 정신건강의 어려움 그리고 자립과 자활까지 그 범위를 넓혀야 하는 현실에 직면하고 있다. 더불어 자원봉사의식의 확대로 인해 봉사활동의 활용방안, 노인복지와 영유아 복지 서비스 등 다양한 상황에 부딪혀 있다.

이러한 환경에서 사회복지실천은 특수한 문제(정신건강, 군대 생활, 발달상의 정서적 문제 등)에 대한 전문 지식과 기법의 심화를 통한 관련 전문가와의 협력적인 팀(team) 접근방법을 모색해야 한다. 한편, 빈곤 등으로 인해 상대적 박탈감을 갖는 사람들을 위한 정책 및 서비스와 함께 보건, 여가, 문화 등 다양한 발달연령의 여러 욕구를 통합적으로 접근하고 조정하는 일반적인 역량 또한 필요하다.

## 7) 앞으로의 전망

사회복지실천은 앞으로 직접개입 및 간접개입이 균형을 맞추는 효과적인 사회복지실천 개입방법으로 전개될 것이다. 개입의 목표가 미시적(micro), 중범위적(mezzo), 거시적(macro)이라는 시스템의 경우에 '언제, 어디서, 누가, 무엇'을 위해서 활용하고 개입할 수 있는 기법을 창조해야 할 것이다. 특히 사회복지실천이론의 타당성은 실제의 현장에서 타당한지 검증해야 한다.

사회복지실천의 기반이 단단하려면 클라이언트의 생활 전체성과 계속성을 폭넓게 보아야 하고, 사회복지실천의 역사적 유산을 이어 가야 한다. 이런 과정에서 그동안의 현상(現狀)에 적합했던 사회복지실천의 패러다임을 과신하기보다는 정당하게 평가해야 한다. 그래야 사회복지실천이 인간의 실제 생활을 풍요롭게 하는 데 초점을 맞추는 한편, 인간과 환경의 상호작용의 중심에서 전개될 것이다.

**용어와 개념 설명**

「구빈법」(1601년)

• 최초로 빈민들에 대한 국가 책임을 강조한 법률이다.

• 빈민을 구제하는 행정기관을 설립하고 구빈세를 부과했다.

• 빈민을 세 종류로 구분(빈민을 통제하는 데 주된 목적을 가졌다)했다.

　－노동력이 있는 빈민: 강제노동

　－노동력이 없는 빈민: 구빈원에 수용

　－빈곤아동: 도제제도에 편입

「정주법」(1662년)

• 빈민들이 잘 사는 교구로 이동을 막기 위해 가난한 사람들의 이동을 금지하고 거주지를 제한하였다.

- 빈곤문제를 각 교구 단위로 해결하도록 유도하였다.
- 지주의 노동력을 확보하고 구빈세가 증가하는 것을 방지하는 데 주된 목적을 가졌지만, 결국 빈곤계층에 대한 자유를 침해하고 교구의 노동력 확보에도 어려움을 가중시켰다.

## 「길버트법」(1782년)

- 빈민을 작업장에 수용하여 강제노동을 하도록 한 1772년에 제정된 「작업장법」을 개선하기 위해서 만든 법률이다.
- 빈민들을 위한 공장을 설립하여 빈민이 거주지에서 출퇴근하면서 노동을 할 수 있도록 바꾸었다.

## 「스핀햄랜드법」(1795년)

- 최저생계비를 설정하여 최저생활수준에 미치지 못하는 사람들에게 부족한 임금을 보조(아동과 가족 수당 등)하였다.
- 도덕적 해이와 자립심의 저해 그리고 노동능률의 문제가 지적되었다.

## 「신구빈법」(1834년)

- 구빈 행정을 전국적으로 통일하고 열등처우의 원칙(빈민이 구제 받는 수급 수준이 최하층 노동자의 생활 수준보다는 높지 않아야 함)이 제시되었다.
- 작업장 제도의 원칙으로 원외 구제를 금지하여 자립 환경을 조성하려 했다.
- 또한 처우를 통일하고 교구 간의 차별을 없애며 임금보조제를 철폐하여 균일하게 처우하려는 원칙을 세웠다. 하지만 결과적으로 구빈세가 증가하고 빈민들의 근로의욕이 낮아지는 부작용도 지적되었다.

제 **3** 장

# 실천 현장과 사회복지사

:

## 누가 누구를 위하여 어디서 일하나

Social Work Practice

　세월은 빠르다. 그 빠른 세월 앞에 서 있는 노년은 서럽다.

　ATM기계 앞에서 노인 분이 어쩔 줄을 몰라 한다. 돋보기도 안 갖고 온데다가 누가 잘못 작동하였는지 화면은 영어로 전환되어 있다. 옆의 기계도 마찬가지이다. 급히 돈을 찾아야 한다. 물론 젊은이들이야 현금이 급할 이유가 별로 없다. 카드나 아니면 스마트 폰으로 결제해서 물건을 사면 되지 뭐가 문제일까?

　옆에 젊은이가 "도와드릴까요?"라고 묻는다.

　이럴 때 어떤 노인은 "에고, 고맙네. 도와주면 좋지." 그런데 또 다른 노인은 "필요 없네. 이 형편없는 세상 내가 해 보다가 안 되면 말지. 신경 쓰지 말게나."라고 퉁명스럽게 답한다.

　둘 다 도움이 필요한 노인이다.

　도움을 부탁하는 사람은 도와주는 사람에게는 다 친절할 거라 생각한다. 착각이다. 사람이 다른 만큼 자존심이 강하거나 그 순간 불편한 감정이 생기면 분명 도움이 필요하면서도 완강히 거절한다.

　원래 복지는 도와달라는 사람만 도와주면 된다. 왜냐하면 단순히 도와달라는 사람들만 도와주기도 벅차기 때문이다. 그런데 고민에 부딪힌다. 실제 도와달라는 사람보다 더 도움이 필요하지만 이런저런 이유와 사정으로 도와달라는 소리조차 내지 못하는 사람들은 어쩌나?

　그래서 복지실천은 기계적 행위가 아니다. 기술이자 예술이다. 사람과 함께하는…….

MEMO

# 1. 사회복지실천의 장(settings)

## 1) 사회복지실천 현장의 정의

도움이 필요한 개인(사람)과 장소는 모두 사회복지 현장이라고 볼 수 있다. 사회복지실천 현장은 사회복지실천이 이루어지는 장(場)과 문제(problem) 및 대상 집단인 클라이언트(client)를 포괄하는 개념이다(Kamerman, 1999). 즉, 광의로 보면 사회복지실천 현장과 관련한 영역과 분야를 말한다고 할 수 있으며, 좁은 뜻으로 보면 사회복지사가 클라이언트의 문제해결과 사회적 기능 회복을 도모하기 위해 활동하는 장소를 뜻한다. 이러한 장소 중 대부분은 사회복지기관(이용시설)과 시설(생활시설) 그리고 학교와 병원, 교도소, 군, 산업현장 등이다.

사회복지실천 현장은 사회 발전에 따라서 범위가 넓어지고 있다. 우리나라의 경우 초기에는 생활시설(보육시설과 양로시설 등)을 중심으로 실천 서비스가 이루어지다가 1980년대에 사회복지관이 다양해지고 확대되면서 장애인복지관, 노인복지관, 지역사회복지관 등 이용시설로 확장되었다. 나아가 학교와 군, 산업시설 등 특별한 복지서비스가 요구되는 장소와 시설과 함께 각 지역을 돌아다니면서 활동하는 이동서비스까지 실천의 폭이 넓어지고 있다. 이외에도 다문화, 도서지역, 다양성과 관련한 시민사회 단체로까지 사회복지실천은 여러 장소와 분야에서 포괄적으로 이루어지고 있다.

## 2) 사회복지실천 현장의 특성

전통적으로 사회복지실천 현장은 대상 중심으로 이루어져 왔다. 아동과 노인 그리고 장애인과 배우자를 잃은 여성 등이 대표적인 경우이다. 우리나라는 1945년에 독립하고 1948년에 정부가 수립된 이후 사회복지의 이념과 문화가 형성되기도 전에 1950년에 한국전쟁의 참화를 겪었다. 전쟁의 후유증으로 나타난 고아와 장애를 입은 제대군인 그리고 남성 배우자를 잃은 여성과 노인 등 사회취약계층에 대한 긴급하고 현실적인 서비스 실천을 시작으로 발달해 왔다.

오늘날에는 보편적 사회복지에 대한 관심이 확대되면서 사회복지실천 현장도 인간의 삶의 질을 높이는 데 따른 다양한 분야와 대상도 포함하고 있다. 학교, 군, 병원 등을 그 예로 들 수 있다. Kamerman(1999)은 사회복지실천 분야의 특성을 이해할 수 있는 사정틀(frame of assessment) 일곱 가지를 제안하였는데, 이 일곱 가지의 사정틀을 통하면 실천 분야의 특성을 이해하기 쉽다고 주장하였다.

① 개입의 초점(대상, 문제, 현장)
② 이전의 역사적 대응방식
③ 관련 법규와 정책
④ 전달체계와 프로그램
⑤ 개입방법과 실무자 유형
⑥ 연구, 평가 및 성과
⑦ 주요 이슈, 동향 및 쟁점

## 3) 사회복지실천 현장의 분류

복지에 대한 사회적 관심이 증가하면서 자연스럽게 사회복지 영역이 확대되고, 이에 따라 사회복지사가 일하는 기관의 성격도 다양해지고 있다. 이렇게 다양한 기관 성격의 분류와 관련하여 오래 전에 Bartlett(1970)는 네 가지의 분류방식으로 사회복지실천 현장을 구분하였다. 첫째, 기관의 설립 주체나 자금의 조달방식에 따라 공공기관과 민간기관, 둘째, 서비스의 직접 또는 간접 제공 여부에 따라 행정기관과 서비스 기관, 셋째, 기관의 운영목적에 따라 일차현장과 이차현장, 넷째, 제공되는 서비스의 내용에 따라 이용시설과 생활시설로 분류하였다. 이를 기준으로 우리나라 사회복지실천 현장을 분류하면 다음과 같다.

### (1) 공공기관과 민간기관

사회복지서비스 기관은 공공의 정책을 추진하는 기관부터 민간이 자발적으로 조직하여 활동하는 기관까지 다양하다. 이러한 공공기관과 민간기관 간의 구분은 위탁과 계약관계를 통한 정부 정책과 프로그램을 제공하는 민간 사회복지기관이 증가하면서 그 의미가 점차 약해지고 있다.

#### ① 공공기관

정부 지원에 의해 운영되며 사회복지사의 업무도 정부의 규정이나 지침에 의해 지도, 감독된다. 사회복지사업을 총괄하는 공공기관은 중앙정부로는 보건복지부이다. 지방정부에는 광역자치단체인 시와 도, 기초자치단체인 시군구 및 읍면동에 사회복지 관련 국과 과 등이 편성되어 있다. 공공기관은 주로 사회보장과 관련한 공공부조(public assistance) 프로그램을 운영한다. 「국민기초생활보장법」에 의한 수급권자에 대한 조사와 수급자 선정 및 급여 실시 등의 업무와 함께 사회복지사업에 관한 업무를 수행하고 있다. 또한 이들 공공기관은 서비스를 계획, 관리, 지원하는 행정체계와 소득보장이나 아동보호, 여성보호와 관련된 프로그램을 직접적으로 제공하는 집행체계로 나뉜다.

#### ② 민간기관

사회복지사업과 활동을 목적으로 사회복지법인이나 재단법인, 종교 및 시민사회단체 등이 운영하는 비영리기관을 총칭한다. 이들 기관은 기부금이나 후원금 또는 서비스 이용료 등을 주된 재원으로 한다. 그렇지만 공공과 협력하여 사회복지 활동을 하는 기관들은 정부 보조금 등도 주요한 재원이 된다. 이들 민간기관은 직접적인 서비스를 제공하는 사회서비스기관과 간접서비스나 행정 지원을 위해 조직된 협의체로 나뉜다.

사회복지실천과 관련한 민간기관으로는 한국사회복지협의회(비영리법인, 15개 시도, 지방 사회복지협의회)가 있다. 한국사회복지협의회는 민간사회복지 증진을 위한 단체 간의 협의 조정, 사회복지 관련 조사연구 및 정책건의, 사회복지기관 종사자의 교육훈련, 자원봉사활동 진흥, 정보화 사업 등을 담당하고 있다. 또한 사회복지공동모금회와 한국사회복지사협회, 한국사회복지관협회 등이 민간사회복지영역에서 사회복지서비스의 지원과 조정 업무를 담당하고 있다.

### (2) 행정기관과 서비스 기관

행정기관은 사회복지서비스 전달체계상의 문제점을 개선하고, 기획, 감독, 조정 등 체계의 효율적 발전을 목표로 하는 행정 업무와 기관들 간의 연계 및 협의 업무를 담당한다. 반면, 서비스 기관은 클라이언트에게 직접적으로 서비스를 제공하는 것을 목적으로 하며, 주요 대상이나 문제영역에 따라 서비스 분야를 나눈다.

### ① 행정기관

사회복지정책을 효율적으로 전달할 수 있는 공적 전달체계를 감독하는 한편, 전달체계 간의 상호 협조와 연계를 도모하는 업무를 담당한다. 중앙정부에 사회복지 주무부서인 보건복지부가 있으며, 교육과학기술부, 문화관광부, 여성가족부, 고용노동부 등이 관련되는 기관이다. 또한 민간행정기관(조직)으로는 한국사회복지협의회 등을 들 수 있다.

### ② 서비스 기관

사회복지실천 대상 계층에게 직접 서비스를 제공하는 기관이다. 대상과 문제영역에 따라 다양하게 구분될 수 있다. 아동상담소, 노인복지관, 노인요양원, 종합사회복지관, 보육시설, 청소년회관 등이 해당된다.

## (3) 일차현장과 이차현장

### ① 일차현장

기관의 일차적인 기능이 사회복지서비스의 제공을 위한 것으로, 사회복지사들이 중심이 되어 활동하는 실천 현장이다. 예를 들면, 종합사회복지관, 노인복지관, 장애인복지시설, 정신장애인사회복귀시설 등이다.

### ② 이차현장

사회복지실천을 전문적으로 수행하기 위해 설립된 기관은 아니나, 필요에 따라 사회복지서비스가 기관의 운영 및 서비스에 바람직한 영향을 미친다고 판단하여 부분적으로 사회복지실천 활동이 이루어지는 현장을 뜻한다. 여기에는 학교(학교사회사업), 병원(의료 및 정신보건 사회사업), 교정시설(교정복지), 기업체(산업 및 기업 복지), 군(군사회복지) 등이 있다.

이처럼 일차현장과 이차현장을 구분하는 주된 기준은 기관의 주기능이 사회복지서비스의 제공이냐 아니냐에 따라 결정된다.

## (4) 생활시설과 이용시설

### ① 생활시설

생활시설은 가족을 부양할 능력이 없거나 혼자서 생활하기 어렵거나, 또는 특수한 환경에 처해 있는 클라이언트에게 숙식을 포함한 다양한 사회복지서비스 프로그램을 제공하는 시설(기관)을 말한다. 여기에는 아동보육시설, 청소년쉼터, 노인전문요양시설, 미혼모시설, 각종 그룹 홈 등이 있다.

### ② 이용시설

가정에서 숙식을 하는 클라이언트들에게 주로 지역사회를 중심으로 관련된 복지서비스 프로그램을 제공하는 시설(기관)을 말한다. 여기에는 지역사회종합복지관, 노인복지관, 장애인복지관, 청소년회관, 청소년상담지원센터, 자활후견기관, 영유아보육시설, 각종 상담기관 등이 있다.

## 4) 주요 사회복지 기관 및 시설

### (1) 생활시설 및 이용시설

### ① 아동복지시설

| 유형 | 내용 |
|---|---|
| 아동양육시설 | 보호대상아동을 입소시켜 보호, 양육 및 취업훈련, 자립지원 서비스 등을 제공하는 것을 목적으로 하는 시설 |
| 아동일시보호시설 | 보호대상아동을 일시보호하고 아동에 대한  향후의 양육대책수립 및 보호조치를 행하는 것을 목적으로 하는 시설 |
| 아동보호치료시설 | 불량행위를 하거나 그런 우려가 있는 아동으로서 보호자가 없거나 친권자나 후견인이 입소를 신청한 아동 또는 가정법원, 지방법원 소년부 지원에서 보호 위탁된 아동을 입소시켜 이들을 선도하여 건전한 사회인으로 육성하는 것을 목적으로 하는 시설. 또한 정서적 · 행동적 장애로 인하여 어려움을 겪고 있는 아동 또는 학대로 인하여 부모로부터 일시 격리되어 치료받을 필요가 있는 아동을 보호 · 치료하는 시설 |
| 공동생활가정 | 보호대상아동에게 가정과 같은 주거 여건과 보호, 양육, 자립지원 서비스를 제공하는 것을 목적으로 하는 시설 |

| 자립지원시설 | 아동복지시설에서 퇴소한 사람에게 취업 준비 기간 또는 취업 후 일정 기간 동안 보호함으로써 자립을 지원하는 것을 목적으로 하는 시설 |
|---|---|
| 아동상담소 | 아동과 그 가족의 문제에 관한 상담, 치료, 예방 및 연구 등을 목적으로 하는 시설 |
| 아동전용시설 | 어린이공원, 어린이놀이터, 아동회관, 체육·연극·영화·과학실험전시시설, 아동휴게숙박시설, 야영장 등 아동에게 건전한 놀이·오락, 그 밖의 각종 편의를 제공하여 심신의 건강유지와 복지증진에 필요한 서비스를 제공하는 것을 목적으로 하는 시설 |
| 지역아동센터 | 지역사회 아동의 보호·교육, 건전한 놀이와 오락의 제공, 보호자와 지역사회의 연계 등 아동의 건전 육성을 위하여 종합적인 아동복지서비스를 제공하는 시설 |
| 아동학대예방센터 | 신체적, 성적, 정서적으로 학대받거나 방임된 아동을 보호하는 기관 |
| 영유아복지시설 | 어린이집 또는 놀이방이라 불리는 곳으로, 6세 미만의 취학 전 아동(12세까지 연장 가능)을 대상으로 함. 「영유아보육법」에 의해 국공립시설, 민간보육시설, 직장보육시설, 가정보육시설로 구분 |
| 입양시설 | 아동에게 새롭고 영구적인 가족을 제공하는 기관 |

출처: 「아동복지법」 제52조 제1항 참조.

## ② 노인복지시설

| 유형 | 세부유형 또는 사업 | 내용 |
|---|---|---|
| 노인주거복지시설 | 양로시설 | 노인을 입소시켜 급식과 그 밖에 일상생활에 필요한 편의를 제공함을 목적으로 하는 시설 |
| | 노인공동생활가정 | 노인들에게 가정과 같은 주거 여건과 급식, 그 밖에 일상생활에 필요한 편의를 제공함을 목적으로 하는 시설 |
| | 노인복지주택 | 노인에게 주거시설을 임대하여 주거의 편의·생활지도·상담 및 안전관리 등 일상생활에 필요한 편의를 제공함을 목적으로 하는 시설 |
| 노인의료복지시설 | 노인요양시설 | 치매·중풍 등 노인성질환 등으로 심신에 상당한 장애가 발생하여 도움을 필요로 하는 노인을 입소시켜 급식·요양과 그 밖에 일상생활에 필요한 편의를 제공함을 목적으로 하는 시설 |

| | | |
|---|---|---|
| | 노인요양<br>공동생활가정 | 치매·중풍 등 노인성질환 등으로 심신에 상당한 장애가 발생하여 도움을 필요로 하는 노인에게 가정과 같은 주거 여건과 급식·요양, 그 밖에 일상생활에 필요한 편의를 제공함을 목적으로 하는 시설 |
| 노인여가<br>복지시설 | 노인복지관 | 노인의 교양·취미생활 및 사회참여활동 등에 대한 각종 정보와 서비스를 제공하고, 건강증진 및 질병예방과 소득보장·재가복지, 그 밖에 노인의 복지증진에 필요한 서비스를 제공함을 목적으로 하는 시설 |
| | 경로당 | 지역노인들이 자율적으로 친목도모·취미활동·공동작업장 운영 및 각종 정보교환과 기타 여가활동을 할 수 있도록 하는 장소를 제공함을 목적으로 하는 시설 |
| | 노인교실 | 노인들에 대하여 사회활동 참여욕구를 충족시키기 위하여 건전한 취미생활·노인건강유지·소득보장 기타 일상생활과 관련한 학습프로그램을 제공함을 목적으로 하는 시설 |
| 재가노인<br>복지시설 | 방문요양서비스 | 가정에서 일상생활을 영위하고 있는 노인으로서 신체적·정신적 장애로 어려움을 겪고 있는 노인에게 필요한 각종 편의를 제공하여 지역사회 안에서 건전하고 안정된 노후를 영위하도록 하는 서비스 |
| | 주야간<br>보호서비스 | 부득이한 사유로 가족의 보호를 받을 수 없는 심신이 허약한 노인과 장애노인을 주간 또는 야간 동안 보호시설에 입소시켜 필요한 각종 편의를 제공하여 이들의 생활안정과 심신기능의 유지·향상을 도모하고, 그 가족의 신체적·정신적 부담을 덜어 주기 위한 서비스 |
| | 단기보호서비스 | 부득이한 사유로 가족의 보호를 받을 수 없어 일시적으로 보호가 필요한 심신이 허약한 노인과 장애노인을 보호시설에 단기간 입소시켜 보호함으로써 노인 및 노인가정의 복지증진을 도모하기 위한 서비스 |
| | 방문목욕서비스 | 목욕장비를 갖추고 재가노인을 방문하여 목욕을 제공하는 서비스 |
| 노인보호전문기관 | | 학대받는 노인의 발견·보호·치료 등을 신속히 처리하고 노인학대를 예방하기 위한 보호기관 |

출처: 「노인복지법」 제31조, 제32조, 제34조, 제36조, 제38조, 제39조의5 참조.

### ③ 장애인복지시설

| 유형 | 내용 |
|---|---|
| 장애인거주시설 | 거주공간을 활용하여 일반가정에서 생활하기 어려운 장애인에게 일정 기간 동안 거주·요양·지원 등의 서비스를 제공하는 동시에 지역사회 생활을 지원하는 시설 |
| 장애인지역사회 재활시설 | 장애인을 전문적으로 상담·치료·훈련하거나 장애인의 일상생활, 여가활동 및 사회참여활동 등을 지원하는 시설 |
| 장애인 직업재활시설 | 일반 작업환경에서는 일하기 어려운 장애인이 특별히 준비된 작업환경에서 직업훈련을 받거나 직업생활을 할 수 있도록 하는 시설 |
| 장애인 의료재활시설 | 장애인을 입원 또는 통원하게 하여 상담, 진단·판정, 치료 등 의료재활 서비스를 제공하는 시설 |

출처: 「장애인복지법」 제58조 제1항 참조.

### ④ 청소년복지 관련 시설

| 유형 | 내용 |
|---|---|
| 청소년쉼터 | 가출청소년에 대하여 가정·학교·사회로 복귀하여 생활할 수 있도록 일정 기간 보호하면서 상담·주거·학업·자립 등을 지원하는 시설 |
| 청소년상담복지센터 | 청소년에 대한 상담·긴급구조·자활·의료지원 등의 업무를 수행하기 위한 시설 |
| 청소년자립지원관 | 일정 기간 청소년쉼터 또는 청소년회복지원시설의 지원을 받았는데도 가정·학교·사회로 복귀하여 생활할 수 없는 청소년에게 자립하여 생활할 수 있는 능력과 여건을 갖추도록 지원하는 시설 |
| 청소년치료재활센터 | 학습·정서·행동상의 장애를 가진 청소년을 대상으로 정상적인 성장과 생활을 할 수 있도록 해당 청소년에게 적합한 치료·교육 및 재활을 종합적으로 지원하는 거주형 시설 |

출처: 「청소년복지지원법」 제29조, 제31조 참조.

⑤ 가족복지 관련 시설

| 유형 | 내용 |
| --- | --- |
| 모자가족<br>복지시설 | 모자가족에게 기본생활지원, 공동생활지원, 자립생활지원의 어느 하나 이상의 편의를 제공하는 시설 |
| 부자가족<br>복지시설 | 부자가족에게 기본생활지원, 공동생활지원, 자립생활지원의 어느 하나 이상의 편의를 제공 실시하는 시설 |
| 미혼모자가족<br>복지시설 | 미혼모자가족과 출산 미혼모에게 기본생활지원, 공동생활지원의 어느 하나 이상의 편의를 제공하는 시설 |
| 일시지원<br>복지시설 | 배우자가 있으나 배우자의 물리적 · 정신적 학대로 아동의 건전한 양육이나 모의 건강에 지장을 초래할 우려가 있을 경우 일시적 또는 일정 기간 동안 모와 아동 또는 모에게 주거와 생계를 지원하는 시설 |
| 한부모가족<br>복지상담소 | 한부모가족에 대한 위기 · 자립 상담 또는 문제해결 지원 등을 목적으로 하는 시설 |

출처: 「한부모가족지원법」 제19조 제1항 참조.

⑥ 기타 복지시설

- 여성회관: 지역사회에 거주하는 여성들의 능력 개발과 기술 · 기능 교육으로 자립을 도모하고, 여성의 사회 참여 기회를 확대함으로써 지역 내 저소득층 여성의 복지 증진과 건전한 가정 육성을 목표로 하는 복지관
- 정신장애인사회복귀시설: 정신의료기관이나 정신요양시설에 입소하여 치료 및 보호를 받는 정신장애인이 어느 정도 병세가 회복되었다고 판단될 때 사회에 원활히 복귀할 수 있도록 다양한 사회기술훈련 및 직업훈련을 시키는 것을 주목적으로 하는 시설
- 성폭력피해자 보호시설
- 가정폭력피해자 보호시설
- 청소년활동시설
  - 청소년수련관: 다양한 수련거리를 실시할 수 있는 각종 시설 및 설비를 갖춘 종합수련시설

- 청소년수련원: 숙박 기능을 갖춘 생활관과 다양한 수련거리를 실시할 수 있는 각종 시설과 설비를 갖춘 종합수련시설
- 청소년문화의집: 간단한 수련 활동을 실시할 수 있는 시설 및 설비를 갖춘 정보 · 문화 · 예술 중심의 수련시설
- 청소년특화시설: 청소년의 직업체험, 문화예술, 과학정보, 환경 등 특정 목적의 청소년 활동을 전문적으로 실시할 수 있는 시설과 설비를 갖춘 수련시설
- 청소년야영장: 야영에 적합한 시설 및 설비를 갖추고 수련거리 또는 야영 편의를 제공하는 수련시설
- 유스호스텔: 청소년의 숙박 및 체재에 적합한 시설 · 설비와 부대 · 편익 시설을 갖추고 숙식 편의 제공, 여행청소년의 활동 지원 등을 주된 기능으로 하는 시설

## (2) 지역사회복지시설

### ① 사회복지관

사회복지관은 지역사회의 특성과 지역주민의 복지 욕구를 고려하여 서비스를 제공하는 등 지역복지 증진을 위한 사업을 실시하는 시설이다. 사회복지관은 모든 지역주민을 대상으로 사회복지서비스를 실시하지만, 특히 기초생활수급자 및 차상위계층, 장애인, 노인, 한부모가족 및 다문화가족, 직업 및 취업 알선을 필요로 하는 사람, 영유아 및 청소년 등에게 서비스를 우선 제공한다.

### ② 재가복지서비스

재가복지서비스는 주로 두 가지 수준에서 이루어진다. 하나는 도움이 필요한 노인, 장애인, 아동 등이 자신의 가정에 거주하면서 파견되어 온 요양보

호사나 가정봉사원들에게 일상생활에 불편함이 없도록 서비스를 받는 것이고, 다른 하나는 재가복지센터로 낮 동안에 다니면서 일상생활을 위한 서비스와 자립할 수 있는 프로그램을 제공하는 것을 말한다.

재가복지서비스는 주로 집안청소, 가사서비스, 병간호 수발, 병원 안내 및 동행 등의 간병서비스, 말벗 등의 정서적 서비스, 결연서비스, 방문 진료 등의 의료서비스, 취업 알선 등의 자립지원서비스 등을 내용으로 하고 있다. 국가나 지방자치단체는 보호대상자가 다음 각 호의 어느 하나에 해당하는 재가복지서비스를 제공받도록 할 수 있다.

- 가정봉사서비스: 가사 및 개인 활동을 지원하거나 정서 활동을 지원하는 서비스
- 주간·단기 보호서비스: 주간·단기 보호시설에서 급식 및 치료 등 일상생활의 편의를 낮 동안 또는 단기간 동안 제공하거나 가족에 대한 교육 및 상담을 지원하는 서비스(「사회복지사업법」 제34조의 5, 제41조의 2 참조)

### (3) 기타 사회복지 관련 현장

① 병원: 의료 및 정신보건 복지 활동
② 학교: 학교사회복지사업
③ 교정시설: 교정사회복지사업
④ 군: 군사회복지사업
⑤ 기업(산업)체: 기업사회복지사업
⑥ 농어촌 및 도서의 복지사업
⑦ 사회 다양성 실천 현장
⑧ 사회적 경제와 사회적 기업 및 협동조합 등

## 2. 사회복지사

### 1) 사회복지사의 자격

사회복지사는 주로 다양한 사회복지실천 현장에서 사회복지와 관련한 전문 지식과 기술(skill)을 갖고 복지서비스 활동을 하는 사람이다.

따라서 전문 지식과 기술을 갖고 국가로부터 사회복지사 자격증을 부여받은 사람이 현장에서 활동하고 있다. 사회복지사 자격증은 1급, 2급, 3급으로 구분하며, 보건복지부 장관이 교부한다. 「사회복지사업법」은 사회복지사를 '사회복지에 관한 전문 지식과 기술을 가진 자'로 규정하고, 자격증을 2등급으로 구분한다.

> • 1급 자격은 「사회복지사업법」 규정에 의해 국가시험에 합격한 사람에게 부여된다.
> • 2급 자격은 대학원, 대학, 전문대학 등을 통하여 「사회복지사업법시행령」에 규정된 소정의 과목을 이수한 뒤 졸업한 사람 등에게 부여된다.

### 2) 사회복지사의 역할

앞서 보았듯이 사회복지사는 아동, 노인, 장애인, 청소년, 여성 등 다양한 대상과 학교, 산업체, 병원, 군 등 여러 분야에서 활동을 한다. 따라서 사람들이 행복한 생활에 도움이 될 수 있는 다양한 역할을 포괄적으로 수행한다.

(1) 기본 역할

### ① 치료자에서 역량강화자로

개인 수준의 사회복지실천에서 보면 전통적으로 사회복지사는 치료자의 역할을 주로 해 왔다. 초창기의 사회복지실천은 조사-진단-치료의 의료모델의 관점을 갖고 도움이 필요한 클라이언트와 직접 만남(상담과 면담 등)을 통해서 그의 인성(personality)의 변화를 꾀하는 일이었다. 또한 클라이언트가 갖고 있는 문제를 해결하기 위해서 그의 행동을 변화시키는 역할이었다. 마치 클라이언트를 질병을 가진 사람처럼 이해해서 사회복지사의 전문적 지식과 기술을 갖고 해결방법을 지시하는 일이었다.

하지만 1970년대 이후 치료자의 역할보다는 오히려 클라이언트 스스로 문제와 욕구를 충족할 수 있는 힘을 가질 수 있도록 함께 돕는 역할을 해 오고 있다.

### ② 매개자에서 조정자로

사회복지실천의 또 하나의 초점은 개인과 환경 간에 문제가 되는 부분의 상호 맞닿은 점을 찾아 절충하고 상호 연계하며 도와주는 일이다. 초기에 그 핵심은 매개자의 역할을 통해 감당해 왔다.

매개자는 사회복지사가 클라이언트와 사회 환경 사이에 상호작용을 촉진하는 일을 한다. 매개는 중간에서 둘 사이의 촉매적인 기능까지 뜻한다. 즉, 촉매는 화학반응과 관련한 용어로서 촉매 자체는 화학적 변화를 하지 않으면서 다른 물질에 화학 변화를 주는 것처럼 클라이언트와 환경 간의 중간자의 입장에서 매개 역할을 하는 것이다. 따라서 사회복지사는 중립적인 기능을 강조했다.

하지만 오늘날에는 매개 기능에 더하여 적극적인 조정자로서 클라이언트와 환경의 관계를 조정하고 방향성을 탐색하는 일까지 한다.

### ③ 대변자에서 옹호자로

사회정의 실현은 대다수의 사람에게 뿐만 아니라 사회적으로 억압받고 차별 당하는 소수의 계층에게는 반드시 필요하다. 사람이 사회를 구성하면서 사는 중요한 이유 중 하나는 상호협력과 돌봄 때문이다. 왜냐하면 사람은 다양하고, 그 속에는 사회 환경에 적응하지 못하는 구조와 기능을 가진 사람들도 존재하기 때문이다. 이처럼 사회적 취약계층을 위한 사회복지실천의 노력은 결국 모두 함께 잘 살고자 하는 목표를 가진 사회복지를 지향하는 주요한 토대가 될 수 있다.

대변자는 클라이언트를 대신해서 그들이 처해 있는 상황이나 의견을 말해주는 역할을 한다. 마치 변호사처럼 클라이언트의 입장을 대신해서 권력을 가진 사람이나 사회에 대해 옹호하고 변호해 주는 역할을 한다.

하지만 오늘날에는 이에 더하여 적극적으로 약자인 클라이언트를 두둔하고 편들며 그들을 위해 투쟁하는 한편, 사회 환경을 긍정적으로 변화시키려는 노력까지 포함하는 데까지 옹호자의 역할이 더 많이 요구되고 있다.

이외에도 사회복지실천에서 사회복지사의 주요한 역할은 다음과 같다.

### ④ 가능하게 하는 자(enabler)

사회복지사는 사회 기능의 도전(문제)을 해결하려는 개인이나 집단, 지역사회 등이 기회를 찾아가도록 돕는다. 이 역할은 그들이 직면하고 있는 문제와 욕구를 분명하게 하고 해결방안을 찾는 등 문제를 보다 효과적으로 다룰 수 있도록 클라이언트의 능력을 발달시켜 주는 것이다.

### ⑤ 중개인(broker)

사회복지사는 중개인이 되기도 해야 한다. 즉, 클라이언트가 지역사회 내에 있는 서비스나 자원을 활용하도록 안내하는 역할을 해야 한다. 적지 않은 경우 클라이언트는 필요한 서비스나 자원이 어디에, 어떤 형태로 존재하는지 모르거나 접근할 수 있는 방법을 알지 못한다. 따라서 이들이 자원과 서비스를 활용하는 데 어려움이 없도록 중개를 해 주는 역할을 말한다.

#### ⑥ 행동가(activist)

사회복지사는 사회행동가로서의 역할을 해야 한다. 사회정의를 향상시키기 위하여 불평등과 사회적 박탈에 관심을 가지고 클라이언트의 욕구를 충족시켜 주기 위해서 사회 환경의 변화에 초점을 맞춘다. 이를 위해서 이들의 욕구를 분석하고 조사하고 사람들을 조직하며, 서비스와 자원 할당에 영향을 미치는 집단을 상대로 로비와 함께 관련 법률 제정과 개정을 촉구하는 행동을 하기도 한다.

#### ⑦ 교육자(educator)

클라이언트의 문제 중 상당수가 생활과업상의 어려움에서 비롯된다. 이에 대한 해결을 위해서 사회복지사는 클라이언트에게 생활과업의 효과적인 수행 방법 및 역할에 따른 정보를 제공하고 교육을 시켜야 한다. 또한 현재의 문제해결뿐만 아니라 앞으로 클라이언트에게 다가올 수 있는 유사한 문제를 해결하도록 강화시켜야 한다.

#### ⑧ 협상가(negotiator)

사회복지사는 사람들 사이의 갈등을 조정하여 화해하고 수용하여 합의점을 찾아가도록 돕는 역할을 한다. 협상가로서 사회복지사는 중립적인 입장에서 협상을 하기도 하지만 때로는 의견을 가지고 적극적으로 개입할 수도 있다.

⑨ 조사연구자(researcher)

사회복지사는 조사연구자이다. 사회복지는 실천학문이기 때문에 끊임없이 현장에서 얻어진 지식을 검증하고 개발해야 한다. 또한 통합적 학문으로서 사회복지실천은 관련 분야의 자료에 대한 조사, 다양한 측면에서의 실천 결과 평가, 프로그램의 장단점 사정, 지역사회 욕구사정 등이 매우 중요하기 때문에 적극적인 조사연구자의 역할을 해야 한다.

⑩ 계획가(planner)

사회복지사는 사회 조사와 계획을 통해서 클라이언트를 위한 프로그램을 조정하고 새로운 정책을 개발하는 역할도 강조된다.

## (2) 사회복지사의 기본 자세와 태도

① 냉철한 머리

우선 사회복지 관련 이론과 지식을 기초로 하여 문제나 욕구 상황을 객관적이고 냉정하게 판단하기 위해서는 냉철한 머리를 필요로 한다. 이와 함께 가치 판단과 윤리에 대한 지식과 지혜도 필요하다.

왜냐하면 사회복지실천 활동은 주로 사회복지사 자신을 도구로서 사용하는 실천과학이기 때문에 서비스의 질은 사회복지사 각자의 가치와 지식에 따라서 크게 좌우될 수 있다. 사회복지사는 자신의 지식과 가치를 바탕으로 한편으로 치우침이 없이 중립성과 객관성을 유지하고 항상 자기통제를 지속적으로 해 나가야 한다.

사회복지사가 실천 활동을 할 때에는 항상 중립성과 객관성을 유지하고 적절한 판단을 하기 위해 사회복지학과 관련한 이론과 지식을 풍부하게 습득해야 한다. 또한 사회복지 전문직으로서 활동할 때에는 윤리강령을 잘 숙지하고 항상 윤리강령에 기초하여 업무를 수행하는 데 힘써야 한다.

② 뜨거운 가슴

클라이언트를 도울 때 목표를 설정하고 그것을 달성하는 데 있어서는 생각을 실행하는 데 필요한 자기확신과 열정이 있어야 한다. 이를 위해서는 뜨거운 가슴이 필요하다. 예컨대, 대학을 졸업한 신참 사회복지사가 기초생활보장수급가정을 방문하는 경우 자신의 꿈을 펼치기 위해 애쓰는 그의 열정이 클라이언트에게는 어느 지식이나 이론의 적용보다도 감동적으로 다가온다. 교과서에 나오는 문자 교육만이 전부는 아니다. 경험도 중요하지만 인간에 대한 끊임없는 애정에서 나오는 동정심과 이타심은 귀중한 재산이 된다. 때로는 너무 정확히 계산하지 않고 돕고자 하는 뜨거운 가슴이 시키는 대로 도전하고 개척하는 정신이 필요하다. 그리고 인간에 대한 무한한 애정과 적극적인 태도와 열정적인 마음은 사회복지실천 활동을 하는 데 있어 어떤 말로도 표현할 수 없는 귀한 자산이 될 것이다.

③ 숙련된 손과 발

사회복지실천 활동은 사회복지사가 가치와 지식을 기반으로 돕는 기술을 활용하고, 클라이언트가 갖고 있는 문제 상황을 처리하는 것이라고 할 수 있다. 이러한 실천 활동을 펼칠 때에는 다양한 돕는 기술을 적절하게 사용하기 위한 숙련된 손과 발이 있어야 한다.

도움기술은 여러 가지 기술을 실제 돕는 활동에 적용하는 방법을 말한다. 사회복지실천에 있어 도움기술은 클라이언트를 직접, 간접적으로 돕는 기술이 중심이지만 최근에 와서는 다양화, 복잡화되고 있는 사회복지 욕구와 사회문제에 대처하기 위해서는 관련된 갖가지 도움기술이 적극적으로 요구된다. 이를 사회복지사가 직접 발로 뛰면서 현장에서 체득한 경험을 제공함으로써 사회복지서비스의 효과를 최대한으로 높일 수 있을 뿐만 아니라 클라이언트가 만족할 수 있는 서비스를 제공할 수 있다.

그렇기 때문에 보다 효과적인 사회복지실천 활동을 위해서는 다양한 영역과 분야를 배우고 협력하는 방법 등 여러 기술을 숙련시키는 작업이 필요하다. 전문가로서 가치와 지식 그리고 윤리강령을 기반으로 하여 숙련된 돕는 기술을 사용할 때 비로소 전문 사회복지사로서 클라이언트와 사회로부터 인정받게 될 것이다.

### 3) 실천현장 분류별 역할

#### (1) 공공기관(사회복지전담공무원)

사회복지전담공무원은 공공 전달체계의 최일선에서 일하는 중요한 최종 실행체계이다. 일차적 업무는 국민기초생활보장제도에 따른 수급대상자를 발굴하고 관리하는데 있다. 그렇지만 이러한 업무와 연계시켜서 빈곤계층을 위해서 직접적인 서비스 및 자원을 개발하고 연계한다. 또한 지역주민들의 복지 욕구를 조사하고 관련 프로그램을 개발하기도 한다. 이외에 지역 내의 다양한 복지대상자(아동, 노인, 장애인 등)를 조사하고 보호하는 역할도 수행한다.

#### (2) 민간기관

##### ① 생활시설

사회복지사는 생활시설에서 생활하는 아동, 노인, 여성, 장애인 등의 클라이언트의 개별적 욕구를 파악하며, 클라이언트의 기능에 적합한 서비스와 활동을 체계적으로 관리 및 조정한다. 기본 일상생활 서비스는 물론 클라이언트의 개별적 욕구에 맞는 전문적인 서비스를 제공하기 위해 사회복지사는 대상의 특성과 문제 유형에 적합한 다양한 생활훈련 및 사회적응 프로그램을 개발한다. 또한 생활시설과 관련하여 필요한 인적ㆍ물적 자원을 확보하는 기관 차원에서의 중개자 역할을 하며, 생활시설에서 생활하는 클라이언트의 권익 옹호에도 중점을 두어야 한다.

② 이용시설(지역사회복지관 등)

이용시설에서 활동하는 사회복지사의 역할은 매우 다양하다. 주로 이용시설의 사회복지프로그램을 운영하고 관리하며, 시설을 이용하는 클라이언트를 비롯하여 이용자 개인이나 가족을 대상으로 직접적인 서비스를 제공 및 연결한다. 그리고 기관 내 인적 자원의 개발과 관리를 위한 훈련가 역할을 담당하고 다양한 복지서비스 기관과의 협력 및 연계를 수행한다. 아울러 지역사회 조직 또는 개발, 지역문제 해결을 위한 주민 참여와 공동체 의식을 증대시키기 위한 계획을 짜고 실천하는 역할도 하고 있다.

## 3. 클라이언트

### 1) 도움을 주는 사람과 도움을 받는 사람

전문적 서비스 이용자와 도움을 주는 사람은 평등한 입장에서 호혜적으로 교류해야 한다. 넓게 생각하면 우리의 삶은 상황과 환경에 따라서 도움을 주고받는 입장 자체가 얼마든지 바뀔 수 있다. 즉, 서비스 이용자와 도움을 주는 사람을 절대적으로 구분할 수 없다는 것이 도움관계의 중요한 측면이다. 도움은 '사람을 돕는' 것이 아닌 '사람이 본래 가지고 있는 권리의 행사를 지원'하는 것이다. 이와 같은 인식은 도움을 받는 사람만을 고려한 측면이 아니다. 도움을 주는 입장에서도 필요한 부분이다. 예를 들어, 어떤 종교적 소명 때문에 사회복지 전문직을 선택하였다면 도움을 주는 입장에서 모든 것을 완벽하게 하는 데 한계가 있다. 왜냐하면 그가 가진 종교적 소명으로 인해 너무 완벽성을 추구하다 보면 결국 자신의 에너지가 소진(burn-out) 될 가능성이 크기 때문이다. 이것을 막기 위해서라도 무조건적인 희생과 헌신은 자제해야 한다. 따라서 직업적으로, 또한 사회에서 도움을 주고 도움을 받는 관계라는 상호 교류적 도움관계처럼 행동하는 것이 필요하다. 인간은 언제든지 도움을 구하는 상황에 처할 수 있다. 그렇게 때문에 기본적으로 도움을 주는 사람이든 받는 사람이든 인간이 갖는 자존의 감정과 자기평가를 해치지 말아야 한다. 인간은 기본적으로 자율적이고 스스로 행복을 추구하는 존재라는 사실을 명심해야 한다.

## 2) 전문적 서비스의 전제

사회복지실천과 같은 전문적 서비스에서는 '누가, 누구를 위해서, 누구의 의지로, 어떻게 실시하는가'에 대한 명확한 이해를 하는 것이 필요하다. 또한 전문적 서비스를 줄 때 감정을 극대화하고 자기평가를 높이기 위한 도움이거나 교육적인 효과 및 사회적 영향성만을 생각하는 도움은 바람직하지 않다. 더불어 인간의 전체성을 보는 전문적 서비스이어야 한다. 이를 위해서는 인간 및 인간생활에 관한 이해가 가능하도록 전문적인 지식이 전제되어야 한다.

**표 3-1** 사회복지실천의 영역별 지식

| 영역 | 세부적인 내용 |
| --- | --- |
| 인간의 이해 | 인간 심리, 발달, 행동, 정신면 등에 관한 지식 |
| 대상자의 이해 | 노인, 장애인, 아동, 청소년, 여성, 빈곤한 사람, 외국인 노동자 등에 관한 지식 |
| 실천 현장의 이해 | 지역, 기관, 시설, 가족 등에 관한 지식 |
| 실천 영역의 이해 | 사회복지의 역사, 법률, 제도, 정책 이론 등에 관한 지식 |
| 인접 영역의 이해 | 의학, 법률, 사회학, 심리학, 요양보호, 재활 등에 관한 지식 |

### 3) 클라이언트의 의미

클라이언트(client)는 '고객' '의뢰인'으로 번역한다. 클라이언트라는 말은 여러 분야에서 쓰인다. 상점의 고객을 일컫기도 하고, 변호사에게 법률적 문제를 의뢰한 사람을 지칭하기도 한다. 또한 사회복지기관에서 서비스를 받는 수혜자를 뜻하기도 한다. 하지만 사회복지실천에서 클라이언트는 단순히 수혜자라고 부르기에는 많은 뜻이 내포되어 있다. 앞서 상점의 고객과 변호인의 클라이언트는 서비스 공급자인 상점 판매인과 변호사와 대등한 계약관계에 있지만 수혜자라는 개념은 서비스 대상자로서 자칫 사회복지기관의 서비스를 그대로 받아야 하는 일방적 관계로 이해될 수 있다. 하지만 클라이언트는 비록 해결해야 하는 문제와 욕구를 갖고 공공사회 서비스를 주로 이용하지만 서비스를 일방적으로 시혜 받는 대상이 아니라는 것이다.

사회복지실천에서 클라이언트의 개념은 사회복지의 가치인 인간의 존엄성과 밀접한 관계가 있을 뿐만 아니라 자기결정의 권리와 주체성과 연관된다. 즉, 전문적 서비스를 찾아서 제공받지만 자신도 서비스의 과정에 참여하여 자신의 문제를 함께 해결하는 동반자적인 의미도 내포한다. 더구나 의사와 환자와의 관계와는 달리 사회복지기관과 사회복지사의 전문적 서비스에 자신이 갖는 경험과 지식 그리고 능력까지 끄집어 내어 궁극적으로 현재 서비스를 넘어서 자립을 목표로 지속적으로 추구해야 하는 권리와 책임을 동시에 갖는 존재로서 이해해야 한다.

실제 사회복지실천에서 클라이언트는 두 가지 수준에서 사용된다.

하나는 일반적으로 현재 욕구 또는 문제가 풀리지 않아 사회복지기관이나 사회복지사에게 도움인 전문적 서비스를 요청하거나 서비스가 필요한 사람으로 파악되는 경우이다. 즉, 전문적 서비스가 필요한 사람들을 말한다. 사회복지의 전문적 도움을 필요로 하는 사람들을 총칭하는 이름이다.

다른 하나는 사회복지사와 전문적 도움관계를 이루어 도움과정에 함께하는 사람들이다. 즉, 사회복지실천에서 도움에 따른 계약을 성립한 관계에서 도움을 요청한 사람이다. 이 경우 클라이언트는 실천과정 전반에 권리와 책임을 지게 된다. 법률적·윤리적·사회적 범위에서 도움을 받을 권리 주장과 함께 자신의 문제와 욕구를 해결하는 데 있어 적극적이고 능동적으로 참여하고 솔직하게 자신과 주위의 자원과 환경을 설명하고 드러내야 하는 책임도 뒤따른다.

　중고등학교에서 학생들이 우리 반 친구라고 표현할 때 반에서 함께 공부하는 모든 학생을 지칭한다. 하지만 반 친구 중 돈독한 친분을 쌓고 싶은 친구가 생겼을 때에는 서로 뜻을 맞추어 새로운 친구관계를 만든다. 이때 친구는 서로에 대한 신뢰와 책임 그리고 뜻이 통하면서 다양한 의사소통을 통하여 친구로서 인정한다. 수준은 다르지만 앞서 두 경우 모두 친구라고 볼 수 있다. 하지만 보다 정확한 친구는 나와 개인적 관계를 설정하고 내 공간에 들어와서 친구로서의 역할과 교류를 승인할 때 생기는 것처럼, 클라이언트도 사회복지기관 또는 사회복지사와 계약관계가 성립될 때 비로소 진정한 전문적 도움을 펼쳐나가는 데 함께하는 동반자가 되는 것이다.

제4장

# 사회복지실천의 관점과 응용

:
.

사회복지실천을 위해서 통합적으로 보는 눈과 사회복지사의 기능 및 역할

Social Work Practice

**빛은 하얗다.** 우리는 색깔을 구분한다. '빨주노초파남보' 무지개색이다. 궁금하다. 왜 빨
간색을 빨간색이라고 부를까? 너무 엉뚱할지도 모르지만 원래 빨간색이 빨간색일까? 원래는
'빨주노초파남보' 모두 한 색 아니 한 빛이 아닐까? 과학적 설명은 어렵지만. 색깔은 우리가
보는 빛의 파장의 차이에 따라 다르게 느껴지는 색상들의 이름이다. 원래 색(色)은 불교에서
말하듯이 공(空)인지도 모른다.

그렇다. 원래는 다 사람이다. 생명이 있고 다른 동물과 구별되는 유형이어서 사람이라고 할
지도 모른다. 나도 너도 사람이다. 그런데 살아가는 데 중요한 것은 사람이 아니라 '나'라는 모
습이다. 내가 빨간색인지 파란색인지 노란색인지는 내 의지대로 되지 않는 것도, 내 신념과 행
동에 따라 되는 것도 있을 것이다.

참 다양해서 신나고, 참 다양해서 어렵고, 참 다양해서 다행이다.

모두 나와 똑같은 사람이라면 함께 이야기할 기분도 나지 않고, 또래 이성을 볼 때 떨리는
감정도 없겠지…….

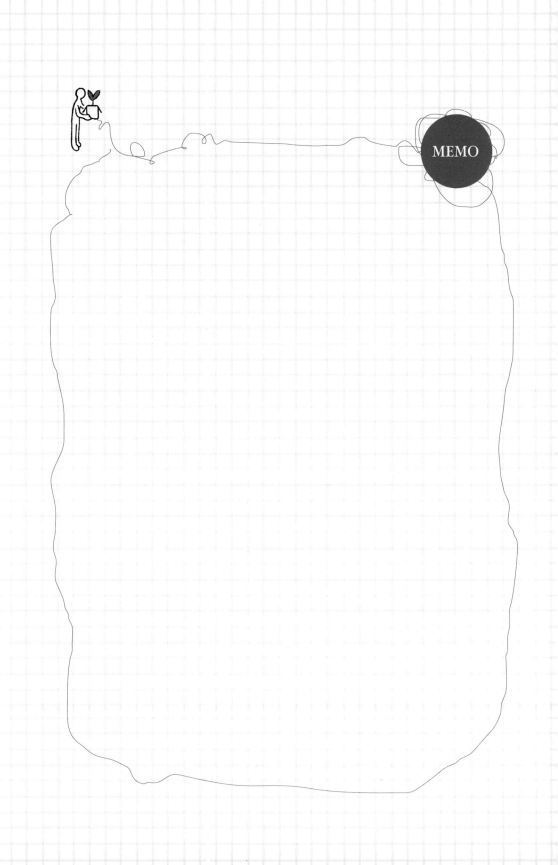

MEMO

# 1. 체계와 체계 관련 이론

사회복지실천은 전통적으로 개인의 복지(행복)를 지향해 왔다. 그래서 개인이 갖고 있는 심리적 문제와 함께 사회 환경과의 적응 관계에 관심을 두고 개입해 왔다.

그런데 체계이론은 이러한 사회복지실천에 더 폭넓고 깊은 시각을 가져왔다. 사람과 사람, 사람과 환경 간의 상호작용을 체계적 관점에서 보아 문제를 해결하는 데 필요한 조사와 사정을 해서 정밀하게 분석하는 데 결정적 역할을 하는 한편, 나아가 해결의 방법도 다양하고 정밀히 제시했다.

## 1) 일반체계이론과 생태체계관점

일반체계이론과 생태체계관점을 이해하기 위해서는 우선 체계에 대해 알아야 한다.

### (1) 체계

체계는 각각의 것이 일정한 원리에 따라 계통적으로 결합되어 조직된 것을 말한다. 상호의존적이고 상호작용하는 부분으로 구성된 전체와 부분 간에 관계를 맺고 있는 일련의 단위를 말한다.

체계는 그리스어 systema에서 유래되었는데, 원래의 뜻은 통합, 합일, 전체의 의미였다. 체계(system)는 각기 다른 요소(factor)들이 독특한 기능을 하면서 상호의존적으로 결합하여 전체를 이루는 것으로, 요소(부분)들을 합한 것보다 더 큰 기능과 형태를 나타낸다. 사회복지실천의 관점에서 보면 대표적인 체계는 유기체(인간)이다.

사람을 보자. 사람은 생물이다. 살아서 움직이는 조직체이다. 이러한 사람은 다양한 요소로 구성되어 있다. 뼈, 근육, 혈액, 위장 등의 장기, 뇌, 팔, 다리 등의 요소가 절묘하게 결합하여 생명체를 이루어서 생각하고 판단하고 움직이고 교류한다. 사람을 구성하고 있는 요소는 크기와 기능에는 차이가 있겠지만 크게 다르지 않다. 이렇게 같은 요소들로 구성되어 있음에도 불구하고 사람은 똑같지 않다. 생김새, 성품, 신체 형태, 감성, 지능 등은 물론 다른 사람과 대화하는 방식과 행동하는 양식 등도 독특하다. 이처럼 본질적으로 똑같은 요소들을 갖고 있지만 그것들이 사람마다 독특하게 결합해서 유일무이한 개성을 가진 한 개인을 탄생시키고 있는 것이다.

이미 고대 그리스 철학에서는 유기체를 체계로 보았다. 유기체의 특징은 부분의 독특성, 전체와 부분의 상호관계성, 체계의 구조성 및 위계를 지닌 질서 등을 포함하고 있다.

사회복지실천에서 모든 인간의 삶은 다른 인간과 환경 등 자신 이외의 외부의 다양한 요소와 서로 독립적이면서도 밀접하게 연결되고 있다는 시각을 갖는다. 나아가 자신의 내부에 있는 생각과 행동 그리고 감정 등도 하나의 고리로 연결되어 있다는 것이다. 이러한 사실에 비추어 보면 한 사람의 문제가 혼자만의 문제가 아닌 가족, 이웃, 지역사회, 나아가 이 사회 전체와 연결되어 있다는 것을 말해 준다. 사람이 갖고 있는 문제를 해결하는 일은 상당히 복합적인 구조와 서로 연결되어 영향을 주고받는 환경 속에서 이루어지는 경우가 많다. 그렇기 때문에 신체의 질병처럼 아픈 원인을 찾아 진단하여 그 부위를 치료하는 원인-결과의 단선적 접근으로는 근원적인 문제해결이 어렵다. 그러므로 문제를 갖고 있는 클라이언트의 내적 상태는 물론 주위와의 관계, 그리고 클라이언트를 둘러싼 사회 환경의 조건과 성격 등을 복합적이고 종합적으로 보고 개입해야 한다.

(2) 일반체계이론

일반체계이론은 체계이론의 한 유형으로, 유기체인 사람이나 사회체계나 동일한 체계적 속성을 갖고 있는 것을 일반적으로 설명하는 이론이다. 즉, 사람뿐만 아니라 가족, 친구집단, 직장, 그리고 사회와 나아가 지구 전체도 체계적 속성을 갖고 있으며, 이러한 구조로 설명이 가능하다는 것이다.

일반체계이론은 '환경 속의 인간'의 관점을 한 걸음 더 발전시켜 사회복지 실천의 관점에 큰 영향을 준 이론이다. 앞서 말한 체계는 다양한 구성요소의 필요에 따라 하위체계(subsystem)를 만들어 전체 체계의 평형 상태와 안정성을 유지하면서 다른 하위체계들과의 상호작용을 통해 조정과 통제를 함으로써 전체를 이룬다는 내용이다.

일반체계이론에서는 체계와 함께 중요한 개념을 제시하고 있다. 경계(boundaries), 개방체계, 폐쇄체계, 사람들 간의 의사소통 방식 등이다.

특히 일반체계이론에서 체계는 늘 안정된 상태를 추구하고 항상성을 유지하려 한다고 본다. 사람을 체계로 본다면 우리는 추우면 체온을 유지하기 위해서 옷을 따뜻하게 입고 더우면 시원한 곳을 찾아 몸을 식혀서 건강한 몸의 상태와 균형을 유지하려는 것과 마찬가지이다. 특히 일반체계이론에서 주목한 구조 개념으로 투입과 전환 그리고 산출, 환류라는 개념이 있다. 대부분의 체계는 에너지가 투입되고 그 에너지가 체계 내에서 전환과정을 거치고 목표한 산출을 가져오며 그 산출의 결과가 다시 환류한다는 내용이다. 사람이 먹고(투입) 소화시켜서(전환) 그 에너지로 열심히 생산적 활동(산출)을 하고 활동의 결과를 평가해서 다시 에너지원이 되는 음식을 먹는 형태의 반복으로 이해하면 되겠다.

이러한 체계는 환경과 구별하기 위해 경계를 만들고 경계를 기준으로 생산, 유지, 기능하는 반투과적 · 자율적인 단위라고 할 수 있다.

일반체계 구조에서 몇 가지 주요한 개념을 살펴보면 다음과 같다.

### ① 개방체계

개방체계는 체계와 환경과의 활발한 상호작용을 통해서 환경으로부터 투입을 받아들이며 산출을 생산하여 환경으로 내보낸다. 개방체계적 관점에서 보면 인간이 변화하고 성장하고 발전하는 까닭은 개방성 때문이다.

### ② 폐쇄체계

폐쇄체계는 다른 체계와 환경과 상호작용이 없는 체계이다. 환경으로부터 투입을 받아들이지 않으면 산출을 생산하지도 않는다. 사람으로 보면 죽은 사람을 폐쇄체계라고 볼 수 있다. 만일 조직이 폐쇄적 성향을 가지면 모든 면에서 정체되어 궁극적으로는 조직으로서의 기능이 상실된다.

### ③ 위계

체계 안에는 요소들이 여러 가지 방식으로 서로 연결되어 있다. 모든 체계의 기본 단위는 활동이나 에너지 교류를 통해서 체계와 상호 의존하며 그 안에서 체계의 역할과 방향성을 제시하는데, 이 요소들은 수직 또는 수평적인 하위체계를 구성하여 위계적 관계를 갖는다. 즉, 가족을 하나의 체계로 본다면 그 체계 안에는 부부로 구성된 체계와 자녀로 구성된 하위체계가 있으며, 그 관계는 위계적 질서로 이루어져 있다.

### ④ 경계

체계와 다른 체계 또는 사회 환경과의 접촉면을 말한다. 사람으로 말하면 피부가 자신과 외부를 구분해 주는 경계라고 볼 수 있다. 반투과적 경계, 즉 사람의 피부 조직과 같이 생명 유지에 필요한 온도 조절 기능을 갖는 경계는 다른 체계와 사회 환경과 구분을 해 주는 한편, 체계의 항상성 유지에 필요한 에너지를 적절히 교류한다.

### (3) 생태체계관점

생태체계관점은 체계이론과 생태학을 결합한 것이다. 체계이론은 앞서 설명한 바와 같고, 생태학은 유기체와 환경 간의 관계를 연구하는 생물학의 한 분야이다. 살아서 움직이는 유기체가 거대한 환경 속에서 어떤 방식으로 안정과 평형성을 유지하면서 지속적으로 성장하고 발전하는지에 대해서 탐구하는 이론이다.

예를 들어, 유기체인 사람이 살아가면서 만나는 갖가지 스트레스와 곤란을 어떻게 극복하고 적응하는지에 대한 설명을 하는 이론이다. 생태체계관점은 사회복지실천에서는 전통적 관점인 인간과 환경과의 관계를 하나의 관점으로 본 '환경 속의 인간'의 개념을 심화, 확대시키는 중요한 도움이 되는 관점이다.

생태체계관점에서 인간과 환경은 별개로 분리된 것이 아닌 서로 지속적이고 상호 교류하면서 존재한다. 생태체계관점은 환경이 인간에 영향을 미치는 방법과 인간이 환경에 영향을 미치는 방법을 바라보는 하나의 틀을 제공하고 이를 다섯 가지로 설명하고 있다.

첫째, 상황 속의 인간에 대한 철학적 관점을 제공한다.

둘째, 인간의 상호교류에 초점을 둔다. 인간과 환경은 지속적으로 상호적응하면서 발달한다. 이는 소위 상호교류로 불리고, 상호교류는 상호호혜적 작용으로 '인간이 지속적으로 그들의 환경을 형성하고 또 그들에 의해 형성되어 가는 과정'이다. 오늘날의 상호교류의 개념은 인간이 환경의 요구에 반응할 뿐만 아니라 환경 또한 인간의 요구에 적응한다는 것이다.

셋째, 내외적 힘에 반응하여 시간의 경과에 따라 행동이 어떻게 발달되는지를 추적한다. 생태체계관점은 인간의 발달을 진보적인 것으로 보고, 그것이 인간의 내외적 힘에 반응하여 성장, 변화, 안정화되어 간다고 본다. 인간이 신체적, 정서적, 지적으로 성숙함에 따라 그들의 행동은 이러한 내적 변화를 드러내고 이에 반응한다. 그러나 체계 내에서의 변화가 인간 행동의 유일한 결정인자는 아니다.

넷째, 현재의 행동을 상황 속의 인간의 편안한 적합성으로 기술한다.

다섯째, 모든 행동을 상황 속에서 적응적인 것으로 개념화한다. 생태체계 관점에서 부적응적, 역기능적이란 용어는 적용되지 않는다. 행동이 개인의 내면적 욕구와 환경적 욕구를 충족시키기 위한 인간의 적응이라면 어떤 행동도 부적응적일 수 없다고 본다. 생태체계이론은 고정불변의 인간관을 거부한다. '인간은 원래 이기적'이라느니 '권력에 약한 것이 인간'이라고 판단하는 따위의 선입견은 역동적인 인간의 모습을 읽는 데 걸림돌이 되기 쉽다. 그런 점에 있어서 생태체계이론은 사람이 자신의 역량을 마음껏 발휘해서 환경을 바꿀 수 있도록 적절한 기회가 주어져야 한다는 것을 시사한다. 또한 사회복지사는 클라이언트의 자아존중감과 자기결정권을 항상 존중하도록 노력해야 한다. 사회복지실천에서 핵심인 자기결정권은 사회복지실천의 기본 가치 가운데 하나이고, 사회복지사는 클라이언트를 돕는다는 명분으로 그들의 자기방향성을 침해하는 일이 없도록 유념해야 한다(홍현미라 외, 2016).

## 2) 4체계 모델

일반체계이론과 생태체계관점은 사회복지실천에 보다 진전된 시각을 가져다 주었다. 즉, 클라이언트의 문제를 단선적으로 보기보다는 클라이언트의 내적 욕구와 문제 그리고 클라이언트와 환경 간의 관계에서 다각적으로 보고 있다. 또한 클라이언트를 돕는 집단에 대한 이해와 상호관계성도 제시하고 있다.

대표적인 이론이 Pincus와 Minahan(1973)이 제시한 4체계 모델이다. 그들이 제시한 4체계 모델에서 강조하는 것은 '의도적인 변화 노력'이다. 변화 매개체계(주로 사회복지사 등 전문가 또는 전문가 집단)는 변화시키고자 노력하는 사람들이지 막연히 조직이나 제도 같은 추상적이고 평면적인 구성만을 고려해서는 안 된다. 즉, 변화 매개인은 목표 지향적이며 역동적이고 계획된 행동을 추구해야 한다는 것이다.

인간은 일상생활에서나 또는 특별한 문제가 발생했을 때 그에 대처하는 데 필요한 물질, 심리, 정서 등의 자원과 서비스를 얻기 위해 체계들에 도움을 받는다. 이와 같은 체계는 크게 세 가지로 나눌 수 있다.

첫째, 비공식 자원체계(informal resource system)이다.

가족, 친구, 이웃 등으로 구성되고, 서로 감정적 지지나 물질적 도움을 주고받기도 하고, 더 필요한 도움을 찾아 주기 위해 공식 자원체계와 사회 자원체계에 연결할 수 있도록 노력한다.

둘째, 공식 자원체계(formal resource system)이다.

특정한 목적을 위해 인위적으로 구성한 협의체나 회원 조직이다. 현대 사회에서 대표적인 것이 노동조합인데, 조합원의 친목을 위해 다양한 위락 활동을 제공할 뿐만 아니라 고용주와의 교섭을 통해 회원들에게 더 많은 혜택이 돌아가도록 돕는다. 그러나 공식 자원체계는 반드시 소속 회원들에게만 서비스가 이루어지는 것이 아니라 도움이 필요한 다른 사람에게도 혜택은 미치게 된다. 예를 들어, 소비자보호단체가 어떠한 상품에 리콜을 요청한 경우, 문제를 제기한 사람들에게만 혜택이 주어지는 것이 아니고 그 상품을 구매한 다른 사람들에게도 도움을 줄 수 있다. 인권옹호단체, 압력 및 이익 단체 등을 그 예로 볼 수 있다.

셋째, 사회 자원체계(societal resource system)이다.

사회 내에 구성되어 공공적 활동을 하는 자원체계이다. 일상적인 사회생활을 하면서 사람들은 사회 자원체계와 연결되어 있다. 공공기관, 병원, 고용안정센터, 학교, 직장, 사회보장제도 등과 같은 사회 자원체계는 연령과 상황 그리고 사회적 역할과 기능에 따라서 다양한 관계를 맺게 된다.

사람들은 이와 같이 세 가지 자원체계를 통해 자신들의 필요와 욕구를 충족해 나간다. 그러나 비공식ㆍ공식ㆍ사회 자원체계가 사람들에게 원하는 자원과 서비스를 제공하지 못할 때도 있다. 그 이유는 필요한 자원체계가 없거나 있어도 적절한 도움을 제공하지 못하고, 자원체계가 있다는 것 자체를 모르거나 도움을 요청하는 데 망설일 수도 있다. 그리고 자원체계의 정책과 계획이 또 다른 새로운 문제를 제기할 수 있고, 몇 개의 자원체계가 서로 어긋나는 목적으로 운영되는 경우도 있기 때문이다. 또한 한 체계의 내부 문제로 인해 능률적으로 기능을 발휘하지 못하기도 한다. 때로는 사람들이 자신의 생활과업을 감당하지 못하여 체계와 만족할 만한 관계를 유지하지 못하고 공식 및 자원 체계를 활용하지 못할 수도 있다.

사회복지는 사람들이 이와 같은 자원체계와 상호작용함으로써 사람이나 체계가 그 기능을 효율적으로 발휘하는 데 관심을 가진다. 사회복지실천의 목적은 사람들의 문제해결 및 처리 능력을 향상시키고 사람들을 자원, 서비스 그리고 기회를 제공하는 체계와 연결시키며, 그런 체계들의 효과적이고 윤리적인 운영을 증진시키며, 나아가 사회 정책의 개발과 개선에 이바지하는 데 있다.

이와 같이 욕구(문제해결, 성장, 다른 사람의 변화 등)를 충족할 수 없는 상황에 부딪혔을 때 사회복지실천은 다음의 네 가지 체계로 욕구를 안고 있는 사람과 그 주변 및 환경을 분석하여 정리함으로써 보다 효율적인 도움을 줄 수 있다.

### (1) 변화매개체계(change agent system)

변화매개체계는 도움이 필요한 사람에게 계획적이고 의도적인 변화를 목적으로 돕는 활동(직업적 또는 봉사 등)을 하는 사람 또는 조직이다.

### (2) 클라이언트체계(client system)

변화매개체계를 통해서 자신의 욕구에 대한 자원과 서비스의 혜택을 기대하는 개인, 가족, 집단, 기관 그리고 지역사회에 속한 사람을 말한다.

### (3) 표적체계(target system)

변화매개체계가 목표로 삼은 것을 성취하기 위하여 영향을 주거나 변화시킬 필요가 있다고 느끼는 사람들이다.

### (4) 행동체계(action system)

변화매개체계가 의도적인 변화 노력을 할 때 혼자 일하는 것이 아니고 다른 사람들(클라이언트체계, 표적체계 등)과 함께 일한다. 변화 노력에서 목표를 달성하기 위하여 함께 일하는 사람들을 말한다.

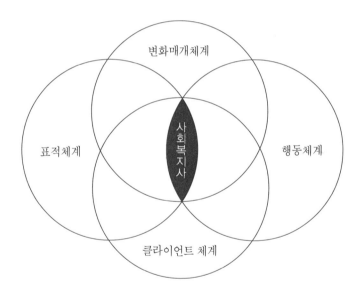

[그림 4-1] 4체계의 이해

## 노인학대문제 예시

영식은 80세가 넘은 노인이다. 아들 내외와 살고 있는 그는 아들에게 심각한 학대를 받고 있다. 아들은 술만 마시면 영식에게 심한 욕을 내뱉고 때로는 손찌검도 한다. 며느리가 말려보지만 술을 먹었을 때에는 막무가내여서 며느리도 어찌할 바를 모른다. 보다 못한 며느리가 노인복지기관에 방문해 사회복지사에게 영식의 학대문제를 상의해 왔다.

여기서 일반적으로 변화매개인은 사회복지사가 될 수 있으며, 아울러 의료 및 법률 전문가와 경찰 등의 집행자가 변화매개체계가 된다. 또한 클라이언트체계는 노인을 비롯하여 가족, 친구와 지역사회의 노인 이웃 등이 될 수 있다. 표적체계는 노인을 학대한 영식의 아들과 영식을 도와줄 시설 그리고 노인학대를 치료할 의료 전문가 등과 지역사회의 노인인권옹호단체 등이 될 것이다. 마지막으로 행동체계는 노인학대 치료 및 예방을 위해서 함께 노력하는 사회복지사를 비롯하여 가족 및 관련 전문기관과 전문가 등이 포함될 수 있다.

이처럼 체계관점에서 보면 보다 분석적이고 다각적인 방법을 통해서 더 나은 전문적 도움을 기대할 수 있다.

| 변화매개체계<br>(변화매개인, change agent system) | 사회복지사, 의사, 변호사, 경찰 |
|---|---|
| 클라이언트체계(client system) | 학대받는 노인(영식), 가족, 친구, 지역사회의 노인 이웃 등 |
| 표적체계(target system) | 영식의 아들, 영식을 도와줄 시설, 노인학대 치료전문가, 지역사회의 노인인권옹호단체 등 |
| 행동체계(action system) | 노인학대 예방 및 치료를 위해 행동하는 사회복지사, 가족, 노인학대 관련 전문기관과 전문가 등 |

Compton과 Galaway(1995)는 이러한 4체계에 전문체계와 의뢰-응답체계의 두 가지 유형을 더하여 여서 가지의 체계를 제시하였다. 전문체계는 사회복지사들의 전문가 단체, 사회복지사교육체계, 그리고 전문적 실천의 가치와 인가(sanction) 등으로 구성된다. 이러한 전문체계의 가치와 문화는 사회복지사(변화매개체계)의 행동에 강한 영향을 미친다. 또한 사회복지사는 기관의 변

화를 유도하거나 사회 변화의 옹호자로 활동할 때 전문체계를 활용하기도 한다. 한편, 의뢰–응답체계는 타인의 요청이나 자발적으로 사회복지사를 찾아와서 함께 일하는 클라이언트체계가 혼동을 불러올 수 있기 때문에 서비스를 요청한 사람 자체를 의뢰체계(referral system)라고 하고, 강요에 의해 오거나 보내진 사람을 응답체계(respondent)로 구분한다(양옥경 외, 2011 참조).

## 2. 강점관점과 임파워먼트

강점관점과 임파워먼트는 사회복지실천을 하는 데 있어 또 하나의 주요한 관점을 제공한다. 강점관점과 임파워먼트는 서로 연관성이 있는 용어이다. 결국 사람은 누구나 강점을 갖고 있는 존재로 보고 이를 토대로 힘을 부여하는 활동에 대한 논의는 사회복지실천을 확장하고 심화시키는 데 큰 기여를 해 왔다.

### 1) 강점관점

사람은 다르다. 사람이 다르다는 사실은 많은 시사점을 준다. 사람은 다르기 때문에 소중하고 존엄하다. 다른 사람과의 인간관계는 다양하고 보완적인 경험을 하도록 해 준다.

강점관점은 사람은 다르고 끊임없이 변화하는 존재라는 입장에서 출발한다. 사람이 다름으로서 갖는 독특성은 하나의 유일무이한 강점이 될 수 있다. 클라이언트 또한 해결되어야 하는 문제와 욕구를 가지고 당장은 방법을 찾기 힘들어하지만 기본적으로 해결할 수 있는 역량과 경험 그리고 지식을 가지고 있다고 본다.

사람들은 나름의 강점이 있다. 자기가 갖고 있는 성격, 지능, 재능, 성품,

관계능력뿐만 아니라 가족과 활용 가능한 자원 그리고 문제가 생기거나 어려운 일에 부딪혔을 때 맞서는 태도와 역량 그리고 아직 나타나지 않은 무한한 가능성 등 수없이 많다. 사람들은 자신과 환경의 강점을 활용해서 더 나은 삶을 추구하려고 애쓴다.

이러한 강점관점은 현재 문제를 해결하는 능력과 자질, 동기, 기회뿐만 아니라 문제해결과정을 통하여 자신과 환경에서 찾아낼 수 있는 무한한 가능성과 잠재성을 발굴하는 데 크게 도움이 된다.

## 2) 임파워먼트

임파워먼트(empowerment)는 힘을 실어 주는 일이다. 즉, 힘이 없어서 자신이나 다른 사람 그리고 사회 환경을 긍정적으로 통제(control)하지 못해서 부당함이나 불이익을 당하는 사람들에게 힘을 부여해 주는 것을 말한다. 강점관점에서 보았듯이 사람들은 무력하지 않다. 단지 한 개인과 특정 집단을 둘러싼 환경과 상황이 무력감을 조성해서 힘이 없는 것처럼 보이고, 그렇게 다른 사람들에게 받아들이고 때로는 너무 당연하게 보인다.

예를 들어, 여성들이 참정권을 갖기 이전에는 여성은 남성에 비해서 정치와 사회적 결정과 행위가 미숙하다고 인식되어 왔다. 이미 수세기 전부터 늘 그렇게 대부분의 사람이 당연하다고 생각해 왔기 때문에 그래야 하는 이유와 과연 그럴지에 대한 의심조차 없었던 경우가 대부분이었다. 하지만 사회가 발전하고 여성들이 교육을 받으면서 남녀가 인격적으로 다르지 않고 사회적 결정능력이 다르지 않다고 인식을 하게 된 선구적인 여성들의 희생으로 여성들에게 힘이 부여되는 계기가 만들어졌다. 현대사에서 획기적으로 주목할 만한 큰 변화 중 하나가 여성들에게 임파워먼트, 즉 힘이 생겨나서 그에 따른 권리가 강화되었다는 점이다. 이러한 임파워먼트는 여성뿐만 아니라 사회적으로 억압받는 소수자 집단과 빈곤계층의 의식 변화에도 큰 영향을 주었다.

임파워먼트에서 말하는 힘은 강제력, 지식, 신체나 지적 그리고 관계 능력, 외모, 돈, 유머, 정치적 권한, 문화적 소양 등 다양하다. 다시 말하면, 내가 남과 다른 독특한 하나의 개인이라는 면에서 힘은 무한히 잠재되어 있다. 단지 그 힘이 현재 드러나지 않거나 드러날 수 있는 환경에 있지 않고 때로는 부당한 권력 등에 의해서 힘을 드러낼 수 있는 기회조차 갖지 못하는 데에서 자신과 주변이 원래 힘이 없고 무기력한 존재로 판단한다.

나는 비록 지금 힘이 없어도 주변에서 잘 찾아보면 힘이 있는 사람이 의외로 가까이 있을 수 있고, 더욱이 힘이 없는 사람끼리 연대하면 작은 힘들이 모여서 큰 힘으로 발전할 수 있다. 그동안 여성과 소수 집단, 그리고 사회에서 불이익을 받고 있는 많은 계층이 연대 등의 방법을 통해서 집단의 힘을 드러내고 이를 통해서 개개인의 잠재된 힘까지 끌어올려 왔다.

임파워먼트는 힘을 가지는 과정과 결과를 모두 포함한다. "임파워먼트는 증가하는 개인 · 대인 관계적 · 정치적 힘의 과정이다. 따라서 개인, 가족 그리고 지역사회가 그들의 상황을 개선하기 위해서 행동을 취하는 것이다." (Gutiĕrrez, 1994)

사회복지실천에서 임파워먼트는 다음의 특징을 가진다.

- 클라이언트를 대상이 아닌 주체로 여긴다.
- 클라이언트 병리가 아닌 강점에 초점을 맞춘다.
- 도움과정에 있어서 클라이언트가 적극적으로 참여하도록 한다.
- 공식적인 서비스만을 자원으로 보기보다는 전체 사회를 자원으로 활용한다.
- 비공식적 사회관계망의 회복이나 형성을 강조한다.
- 점검과 평가 그리고 옹호는 협력적인 형태에서 이루어진다(이경아 외, 2001).

## 3. 응용: 일반주의와 전문분야 실천

### 1) 일반주의 사회복지실천의 탄생과 의미

일반주의 사회복지실천에 관하여 사회복지사들의 관점을 공유한 계기는 1929년 미국에서 열렸던 밀포드(Milford) 회의이다. 이 회의에서 사회복지실천의 공통요소를 정리하였다. 또한 사회복지실천을 전문적으로 하는 사회복지사가 갖추어야 할 기본적인 지식 및 방법론을 논의하였다. 즉, 구체적인 케이스워크(social case work)와 제너럴리스트(generalist) 사회복지가 검토되고, 전체 사회복지사의 공통기반과 준거틀이 분명해지기에 이르렀다. 특정 분야영역과 방법론 및 기술(skill)로서 특화된 전문화한 케이스워크와 대응하기 위해서 일반적으로 응용 가능한 접근방법(approach)으로서 제너릭(generic) 케이스워크가 논의되기 시작했고, 제너릭한 사회복지실천의 기반이 모색되었다.

일반적으로 general이라는 용어가 특정한 또는 특수한 분야에 한정되지 않는 실천적 방법과 형태를 의미하는 반면, generic은 사회복지실천의 근원의 공통성을 찾는 의미로 사용되었다(McMahon, 1996). 1970년에 미국의 Bartlett은 『사회복지실천의 공통기반』이라는 책에서 개인, 집단, 조직에 걸쳐서 가치, 지식, 개입의 요소를 열거하고, 제너릭한 사회복지실천의 이론을 형성하였다. 그렇지만 현대의 일반주의 사회복지실천은 1980년대에 미국의 Johnson 등에 의해서 이론적으로 정리되었다.

우리나라에서는 일반주의 사회복지실천의 한 축이었던 Pincus와 Minahan의 책을 1976년에 소개하면서 관심을 보이게 되었다. 이후 일반주의 사회복지실천은 '통합적 방법론' 또는 '통합적 관점'으로 번역되기도 하고, 영문 그대로 '제너럴리스트 접근방법' 또는 '제너럴리스트 실천'으로 표기하기도 한

다. 여기서는 사회복지실천의 보편성과 통합성을 강조하는 뜻에서 일반주의
실천으로 번역해서 사용하기로 한다.

일반주의 사회복지실천의 관점에서는 사람이 환경과 상호작용하는 체계
(system) 속에서 살아간다는 관점이 기초가 되는 이론이다. 특히 클라이언트
의 임파워먼트를 강조한다. 이것은 사람과 환경 간의 관계 변화가 사회복지
에 한정되지 않고, 철학, 사회학, 심리학, 정신의학 등과 같은 인접 학문 영역
의 변화와 함께 일어나는 상호작용을 뜻한다. 이와 같이 인간과 환경 간의 상
호작용은 사회 전체 패러다임(paradigm)의 변화를 이끌어 낸다. 즉, 앞서 언
급한 체계 관련 이론(일반체계이론, 생태체계관점)과 임파워먼트이론의 기반
위에서 일반주의 사회복지실천의 방향성을 발견한다.

인간의 기본적 인권과 행복은 보편적인 표준을 갖고 잣대로 삼는다. 이는
미국과 유럽 중심의 가치관에 기초한 표준이 아니다. 그것은 국가와 민족 또
한 그에 내재되어 있는 문화와 전통 및 현실 상황에서 형성된다. 이러한 토
대 위에서 사회복지실천의 흐름은 인간의 자기결정권과 자기실현을 강조하
는 방향으로 이어진다. 이와 관련하여 사회복지실천 현장은 클라이언트를
둘러싼 전문적 접근이 활발히 이루어져 온 반면, 인간과 사회 상황을 둘러싼
관계 환경의 변화는 또 다른 사회복지실천 방향의 변화를 가져온다. 구체적
으로 말한다면, 온정주의에 빠질 수 있었던 사회복지실천 및 임상 현장은 자
립생활 운동 및 탈시설화 운동, 자조 활동, 정상화, 나아가 사회적 포용(social
inclusion) 등의 개념으로 새로운 변화를 모색한다.

사실 이러한 개념은 사회복지에서 어려움에 처한 클라이언트가 자기결정
을 통해서 원래부터 가지고 있던 권리(행복권)를 되찾아야 한다는 것, 즉 복
권(復權)하는 일이다. 이것을 위해서는 클라이언트의 자기결정이 존중되어
야 하며, 이에 따른 핵심배경 중의 하나가 임파워먼트이다. 이러한 사회복지
실천에 대한 다양한 인식의 변화와 흐름 속에서 사회복지사 양성을 위하여
전문교육의 통합화가 일어나기 시작했다. 전문직이 정립되기 위해서는 고도

의 전문교육이 필요하다. 한편, 사회복지실천이 요구되는 여러 나라에서 사
회복지사를 양성하기 위한 대학 및 대학원 과정의 균질적인 교육을 하기 위
한 협의체가 생겨났고, 통합화가 진행되었다. 한국에서도 사회복지교육협의
회 등을 통해 국제사회복지협회 등과의 긴밀한 교류가 이루어지고 있다. 또
한 우리나라에서도 전문성을 기반으로 사회복지실천의 통합을 위한 공통기
반이 확립되었으며, 시스템론, 생태학 이론, 임파워먼트, 강점접근방법 등의
이론을 통합하면서 일반주의 사회복지실천이 전개되고 있다.

## 2) 일반주의 사회복지실천의 개념

일반주의 사회복지실천은 보편성과 종합성 그리고 통합성을 지향하며, 사
회복지적인 도움이 필요한 거의 모든 상황에 개입할 수 있다. 일반주의 사회
복지실천을 지향하는 사회복지사는 특정한 기술영역(개인, 집단 또는 지역사
회)이나 특정한 실천영역(아동, 학교, 가족, 정책 등)에 국한된 것이 아니라 광
범위한 영역에서 역량을 필요로 한다(Kirst-Ashman & Hull, 2009). 일반주의
사회복지사는 다양한 인간체계들—개인 및 가족, 이웃, 조직체, 공식적 집

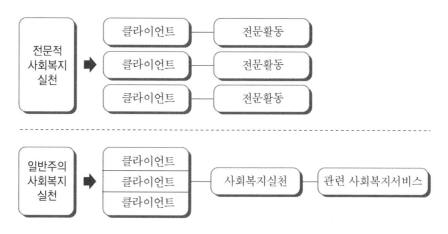

[그림 4-2] 전문적 사회복지실천과 일반주의 사회복지실천의 비교

단, 사회—과 함께 일하면서 인간체계의 기능을 최대한으로 높이도록 변화를 유도하면서 개인 및 집단에서 나타나는 쟁점들 간의 상호작용을 인정한다. 일반주의 사회복지사는 모든 수준의 클라이언트체계와 직접 함께하고, 클라이언트에게 이용 가능한 자원을 연결시키며, 자원체계가 클라이언트체계에 보다 잘 반응하도록 개입하며 평등한 분배를 위해 정의로운 사회정책을 제안한다(Miley et al., 2007).

우리의 생활에 있어서 도움이 필요한 문제들을 보면 그 원인과 발생은 하나의 요인일 가능성이 있다. 그러나 실제로는 원인의 결과가 매우 복합적이며 다층적인 경우가 대부분이다. 예를 들어, 길을 가다가 무심코 바나나 껍질을 버렸는데 마침 길을 지나던 어떤 젊은 여성이 그 바나나 껍질을 밟아서 미끄러져 다리를 다치고 이 상황에서 휴대폰이 망가져 만나기로 약속했던 남성과의 중요한 약속을 지키지 못해 그 남성과 헤어지는 결과가 나타났다. 이처럼 나 또는 다른 사람의 하나의 행동과 사건이 때로는 상상 이상으로 바람직하든 그렇지 않든 예기치 않은 결과로 나타날 수 있다. 이것은 우리의 삶과 생활이 사회와 유기적인 체계로 이어져 있다는 반증이기도 하고, 사회복지가 초점을 맞추어야 하는 독특한 부분이기도 하다. 일반주의 사회복지실천은 이러한 기본적 인식을 재확인하는 작업일 수도 있다.

**예시**

부모가 모두 저임금 노동자로 최저생활을 하는 가정이 있다. 식구는 모두 4명으로, 부모와 청소년기 아들과 딸이 있다. 아버지는 소규모의 염색공장에서 일하고 있으며, 어머니는 결혼이주민으로 간이식당에서 일을 한다. 그런데 갑자기 아버지가 병을 앓게 되어 실직하면서 어려움을 겪게 되었다. 어머니의 소득으로는 식구들이 생활하기 어려웠고, 그나마 몇 개월간은 아버지가 받는 실업급여로 근근히 생활을 이어 나갈 수 있었다. 그러나 아버지가 어느 정도 병을 회복하고 다시 직장을 구하려 했으나 다른 직장을 구하지 못하고 절망상태에

> 서 공공부조를 신청했으나 어머니의 소득 등으로 자격 기준이 미달되어 대상자에서 제외되
> 었다. 이러한 가운데 월세로 살고 있던 집에서 월세를 몇 달 내지 못해 집주인과 실랑이 과정
> 중 집주인을 밀쳐서 집주인에게 상해를 주게 되었다. 이러한 스트레스를 견디지 못해 아들
> 은 가출을 하였고 딸은 심각한 우울상태에 빠져들었다.

좀더 구체적인 예를 보자.

앞의 예에서 인간이 환경의 다른 체계와 관련해 있다는 것을 보여 준다. 이 사례를 검토한 사회복지사는 어떻게 가족이 환경의 다른 체계와 상호영향을 주고받는가를 사정해야 한다. 첫째, 아버지의 삶은 실직으로 심각한 영향을 받았다. 또한 실직으로 인한 경제적 어려움은 다른 식구에게 부정적 영향을 주었다. 둘째, 공공부조의 신청에서 사회복지제도와 실제 도움이 필요한 사람과의 관계를 재조명할 수 있다. 이러한 공공부조체계에 접근하지 못할 때 가족은 어려움을 겪게 된다. 셋째, 실직과 그로 인한 소득의 부족이라는 경제적 어려움에서 발생한 현상은 결국 다른 체계인 집주인에 대한 상해로 이어졌다. 넷째, 부모와 가정의 스트레스가 아들과 딸에게도 옮겨짐으로써 경제적인 부분에서 뿐만 아니라 정서와 사회문화적 요소에도 관련을 갖게 되었다. 이와 같이 모든 상황은 인간과 그들을 둘러싸고 있는 환경의 일련의 역동적인 상호작용이다. 이러한 면에서 사회복지실천에서 일반주의 접근에 의의와 이유를 찾을 수 있다.

## 3) 일반주의 사회복지실천의 구성요소

NASW(1956)에서는 일반사회복지실천의 공통기반으로서 다섯 가지를 제시하였다. 목적, 인가, 가치, 지식, 방법(기술)이 그것이다(장인협, 1999 참조).

### (1) 목적(goal)

사회복지실천의 주요한 목적은 사회 기능 향상에 있다. 사회복지실천은 개인, 집단, 가족, 지역사회가 다양한 환경 안에서 보다 효과적으로 기능할 수 있도록 하는 데 초점을 맞춘다. 이와 같은 목적을 달성하기 위해서 사회복지사들은 사회의 차별 요소를 제거하고 정의롭고 공정한 사회적 환경을 만드는 데에도 이바지해야 한다.

### (2) 인가(sanction)

사회복지사들은 공신력 있는 활동을 하기 위해서는 공인된 기관에서 인정하는 자격을 갖추어야 한다. 현재는 학교나 국가자격시험제도를 통해서 자격을 인정받고 있다. 이외에도 관련된 자격증을 클라이언트의 특성과 사회복지 관련 분야에 따라서 갖추어야 한다. 이러한 승인에는 정부, 공사적 서비스기관, 전문직협회 그리고 서비스를 받는 클라이언트(체계) 등이 포함된다.

### (3) 가치(value)

가치는 중요한 것과 중요하지 않은 것 그리고 가치가 있는 것과 없는 것 등과 관련된다. 그리고 상대적 가치에 관한 판단 및 결정에 영향을 미친다. 윤리는 해야 할 것과 그렇지 않은 당위성, 즉 행동의 원칙과 관련된다. 사회복지실천의 가치는 인간의 존엄성, 사회정의에 초점을 둔다. 그리고 이러한 가치에 따른 윤리적 행동기준을 갖는다.

### (4) 지식(knowledge)

사회복지사는 인간과 환경 간의 상호의존성과 교류를 이해할 필요가 있다. 이에 따라 사회복지실천은 사회복지정책 및 서비스에 관련된 지식뿐만 아니라 생물학 · 심리학 · 사회학 · 정치학 · 경제학적 지식을 포함한다. 또한 의사소통, 집단 및 가족의 역동성, 지역사회 계획 및 개발 등에 관한 지식도 부가되어야 한다. 현재 사회복지실천 교육에서 다루는 주된 내용은 실천, 인간행동과 사회 환경, 사회 조사, 정책 그리고 법과 행정 등이다.

### (5) 기술(method, skill)

기술은 지식과 가치를 한 곳에 모아 행동으로 옮기는 실천요소이다. 사회복지실천은 각기 다른 상황에 적합한 유용하고도 광범위한 기술을 갖는다.

이와 달리 Kirst-Ashman과 Hull(1999)은 사회복지실천 개입의 형태와 관계없이 여섯 가지의 공통의 기술을 제시하였다. 첫째, 일반주의 사회복지사들은 개입을 준비해야 한다. 둘째, 의사소통을 하는 방법을 알아야 한다. 셋째, 문제와 관련된 체계(개인, 집단, 지역사회 등)가 무엇이냐에 관계없이 문제 상황을 분석할 수 있는 기술이 있어야 한다. 넷째, 모든 수준에서 공통되는 기술은 클라이언트와의 계약을 체결하는 것이다. 다섯째, 문제를 다룰 때 다양한 역할(옹호자, 교육자, 관리자, 중재자, 조력자 등)을 맡을 수 있어야 한다. 여섯째, 과정을 지속적으로 모니터하고 평가하여 안정적으로 끌고 나가는 기술이 필요하다.

## 4) 일반주의 사회복지실천의 중요한 특징

일반주의 사회복지실천의 중요한 특징으로는 다음의 일곱 가지를 들 수 있다.

### (1) 통합적이면서 복합적이고 다양한 수준을 가진 접근방법이다

사회복지실천 현장은 다양하다. 대상과 분야 그리고 장(場)에 따라서 실천 접근방법이 다르다. 또한 사회복지실천의 기본 초점인 인간도 신체, 심리, 경제, 정치, 교육, 사회, 생리 등 다양한 부분으로 이루어진 하나의 체계이다.

인간을 둘러싼 환경도 하나의 체계이다. 인간과 환경 간의 상호교류에서 일어나는 복합적인 일을 씨줄과 날줄을 풀 듯이 복합적으로 개입해야 한다. 이에 따라서 다양한 영역, 원조 기술방법에서 비롯되는 특화된 방법론 및 사회복지실천모델, 심리적 접근방법, 기술(skill)을 통합해서 사용한다. 또한 보다 높은 전문적 기술 등도 추구된다.

(2) 실천 대상은 하나의 움직이는 체계(system)이고, 사회복지사는 그 체계
    와 체계를 잇는 매개자이다

체계는 일반주의 사회복지실천에서 사람과 사람 및 집단을 '잇는다'는 의미를 강조하기 위해서 사용한다. 사회복지사도 도움체계에 속하면서 때로는 중심 역할을 하기도 하고, 한편으로는 시스템 안에서 또는 밖에서 연결하는 역할을 갖는다고 본다. 그리고 여러 시스템에 작동하고, 전체의 상호작용을 원활히 하는 매개체(agent)로서 기능한다.

(3) 다양한 다른 직종과 연대를 한다

사람과 사람 또는 사람과 집단이나 체계를 연결한다는 뜻은 다양한 다른 직종과 연대를 한다는 것이다. 이러한 연대를 위해서는 상호작용과 커뮤니케이션에 관련된 지식이 요구된다. 즉, 사회복지사는 '대인관계전문가'라고 볼 수 있기 때문이다.

(4) 시설, 기관 등과의 조직에 속해서 일을 한다

사회복지사는 조직에 속해서 활동을 한다. 여기서 중요한 것은 팀워크(team work)이다. 이것을 위해서는 필수적인 요소가 슈퍼비전(supervision)이다. 사회복지사는 인간의 생활 전반에 걸쳐 넓은 관심을 가져야 하므로 여러 분야에서 전문적 역할을 하는 사람들과 관계를 맺어야 한다. 사회복지사는 조직구성원으로서의 역할과 함께 전문성을 높이기 위해서 시설이나 기관 내

의 슈퍼바이저(supervisor)에게서 지속적으로 슈퍼비전을 받아야 한다.

### (5) 의도적인 전개과정을 중요시한다

사회복지사와 클라이언트의 상호영향을 주고받는 과정을 중시한다. 클라이언트와 그를 둘러싼 상황이 변화하도록 사회복지사는 계속해서 클라이언트와 그의 가족 및 이웃 등과 대화하고, 정보를 교환해야 한다. 이와 같은 과정을 통해서 원래 있었던 자원을 발견하고, 활용하여 목적을 이루어 나간다.

이처럼 문제해결은 의도적이고 계획적인 변화를 거쳐 이루어진다. 일반적으로 문제해결, 즉 계획된 변화의 과정은 다음의 7단계이다.

- 제1단계: 클라이언트와의 상호작용
- 제2단계: 문제, 욕구, 강점의 사정(assessment)
- 제3단계: 개입의 계획
- 제4단계: 개입의 실행
- 제5단계: 실행의 평가
- 제6단계: 개입의 종결
- 제7단계: 사후평가(개입한 후의 추후 관리)

### (6) 문제에 대한 광범위한 평가를 강조한다

문제를 논점, 욕구, 목표, 고통 등을 말하는 광범위하고 포괄적인 개념으로 이해한다. 문제뿐만 아니라 생활환경에서 문제를 갖고 있는 사람이 문제를 어떻게 인식하고 스트레스를 받고 대처욕구를 갖고 있느냐 하는 것도 중요하다. 예를 들면, 신체나 심리적인 장애 또는 스트레스를 받고 있는 사람이 갖는 문제 자체보다도 문제를 갖고 있다는 시각과 관점까지도 중요한 초점이 된다.

## (7) 클라이언트의 임파워먼트를 강조한다

일반주의 사회복지실천의 중요한 특징은 임파워먼트이다. 사회정의와 클라이언트의 자립적 사회활동을 이념으로 하는 임파워먼트는 매우 중요한 개념이 된다. 즉, 사회복지실천이 ① 클라이언트의 힘을 믿고, ② 그 클라이언트가 힘(power)을 발휘할 수 있도록 환경을 조성하고, ③ 클라이언트를 주체로 하여, ④ 클라이언트와의 협동(파트너십)의 과정을 거쳐 나간다. 이것이 오늘날 일반주의 사회복지실천의 의의를 갖는 중요한 지점이라고 볼 수 있다.

# 4. 일반주의 사회복지실천의 구체적인 실천사례:

일반주의(제너널리스트, generalist) 관점이 사회복지실천에 어떻게 활용되는가를 노인학대방지를 위한 프로그램을 통해서 보겠다. 노인학대방지 네트워크는 다음의 세 가지 순서로 이루어진다.

• 조기발견
  지역사회복지협의회, 가족, 근린 주민, 경로당, 노인보호전문기관 등으로부터 노인학대 사실이 발견된다.
• 보건의료복지서비스 개입
  발견된 학대받는 노인은 지역사회 보건소, 정신보건복지센터, 신경정신병원 등을 포함한 의료기관 등을 통해서 보건 및 의료 서비스가 개입된다.
• 관계전문기관개입지원 네트워크
  또한 학대의 법적·행정적 문제를 처리하기 위해서 경찰서, 소방서, 변호사, 지역사회 노인권리옹호단체 등이 지원에 나선다.

노인들의 학대 방지를 위해서는 주변의 모든 사람이 노인학대 방지에 관심을 가져야 한다. 그리고 노인이 학대받고 있다는 신호를 민감하게 알아차려서 관련 기관에 신속히 통보해야 한다. 노인학대는 주로 노인보호전문기관 또는 수사기관(경찰서 등)에 통보한다. 관련 기관에서는 적절한 지원이 될 수 있도록 전문상담원(사회복지사 등)을 배치해야 하며, 업무내용의 상당 부분이 사회복지실천과 관련되어 있다.

　구체적으로 노인학대 사례가 어떻게 진행되면서 사회복지실천의 전문적 기술이 이루어지는가는 다음과 같다. 우선, 노인보호전문기관 등에 노인학대에 대한 통보가 이루어지면 의심사례에 대한 현장조사를 진행하고 피해노인과 노인학대자에 대한 상담 등을 실시한다. 노인학대 사실이 있다고 판단되면 법적 조치와 함께 의료기관, 법률가 등을 포함한 네트워크를 구성한다. 이러한 네트워크에서 핵심은 조정력이다. 관련 전문가 집단이 포함된 사례회의가 개최되면 사회복지사의 입장에서 집단지도(group work)의 방법이 필요하다. 또한 노인 본인이나 가족, 간병인 등으로부터 노인학대에 대한 정보를 수집해야 하는데, 이때 면접의 기법과 가족치료의 기술이 필요하다.

　노인 본인과 가족 및 이웃 그리고 사례회의에 참여한 전문가 집단의 이야기를 잘 경청하는 동시에 올바르게 사정(assessment)하는 능력도 요구된다. 특히 비자발적인(involuntary) 노인 클라이언트의 경우에는 때때로 자신이 학대자로 오해받는 것이 아닌가 하는 불안을 갖고 있으며, 자칫 방어적으로 될 수 있는 가족 및 간병인과도 원활한 관계를 맺는 것이 필요하다. 즉, '관계능력'이 무엇보다 요구된다는 것이다. 노인학대에 있어 경찰 및 의료관계자와 함께 방문조사(outreach)가 필요한 경우도 있지만 이러한 경우에는 노인 본인만이 아닌 가족과 간병인 등과의 긍정적인 관계가 매우 중요하다.

　상황에 따라서는 노인 및 노인 가족에 영향을 미치는 친족, 지인, 지역사회 관계자를 탐색하고 문제해결을 위한 관계를 수립해 나가야 한다. 만일 방문이 어려운데 학대가 의심되는 경우에는 신속한 위기개입이 필요하지만, 그때에는 노인보호전문기관 등이 사전에 앞서서 클라이언트를 보호할 수 있는 장소도 생각하면서 상세히 조사를 행한다. 이러한 경우에는 정신보건사회복지사와 경찰관이 동행할 수도 있다. 건강상태 등 상황에 따라서 병원에의 입원 및 시설 등에 조치한다. 또한 노인을 돌보는 데 따르는 가족의 스트레스 관리 및 섬세한 지원과 그들의 간병 부담을 줄일 수 있는 다양한 자원에 대한 탐색도 요구된다. 그 밖에 옹호 기능을 발휘하고, 성년후견인을 맺는 경우도 있다. 그리고 노인을 가정 또는 복지시설에서 단기간 보호할 것인가 등을 판단하여 해당되는 자원과 연결하는 일이 뒤따라야 한다. 그러한 여러 단계에서 갖가지 수준의 관련 전문직과 좋은 관계를 구축하면서 최종적으로는 클라이언트와 가족을 행복한 상태를 목표로 상황을 개선하는 일이 요구된다.

제 5 장

# 사회복지실천의 핵심 내용과 요소

:

## 세 가지(가치, 지식, 기술) 핵심 축의 관계

Social Work Practice

사랑은 말로만 하는 것이 아니다. 실천해야 한다. 보여 줘야 한다. "나는 당신을 좋아합니다." "사랑합니다." 이렇게 수만 번 말해도 말에 불과하다. 그런 말이 소중하지 않다는 것이 아니고 말 다음에는 행동이 뒤따라야 상대가 그 말의 진정성을 느낀다.

행동은 마음에서 우러나와야 한다(가치). 행동은 상대를 이해해야 한다(지식). 행동은 기술이다(기술).

나는 진심으로 영희를 좋아한다. 영희를 생각하면 너무 기쁘고 벅차고 설렌다. 그런 영희는 어떤 남성을 좋아할까? 고민해 본다. 영희 친구를 통해서 알아보는 게 빠를까? 직접 물어볼까? 아니면 책에서 영희 같은 유형은 어떤 남성을 좋아하는지 살펴볼까?

영희와 만났다. 눈치를 본다. 내가 싫지 않은 표정이다. 머릿속에서 무슨 말을 할까 맴돈다. '뭐 먹고 싶니? 혹시 국물 떡볶이 먹을래? 아니 오늘 점심은 뭐로 할까? 어떤 표현이 좋을까?' 결정했다. 영희의 표정과 행동을 보니 오늘은 돈가스인 것 같다. 아까부터 자꾸 맛난 튀김이야기를 얼핏얼핏 하면서 예전에 돈가스를 맛있게 먹었다는 말도 한 듯하다. 원래 돈가스를 좋아해서 자주 먹는지는 모르겠지만 한 번 말해도 괜찮을 듯싶다.

"영희야, 근데… 저기… 생선구이 먹을까?" 왜 바뀌었냐고? 말을 하려는 순간 영희의 눈빛이 길 건너 생선구이 집에 꽂혀 있었다…….

"응, 그래." 영희가 대답했다. 성공이다. 다음 단계로!

복지는 지식과 마음에 기반한 감각적이고 예술적인 실천이다.

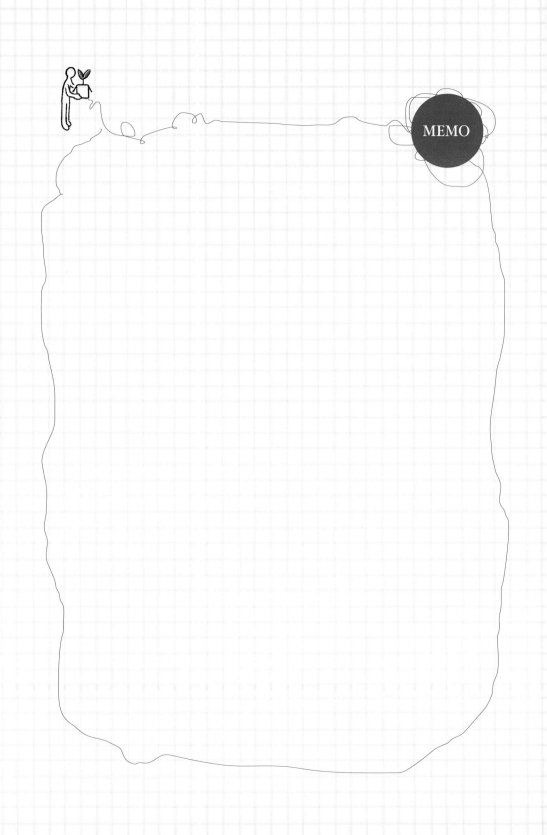

MEMO

# 1. 사회복지실천 핵심 요소의 연결을 위한 철학 기반

## 1) 존중과 수용을 통한 개인과 사회

현대 사회는 힘의 사회이다. 물론 인류 역사를 통해 강한 힘(power)은 삶을 영위하고 생활을 해 나가는 데 항상 중요한 요소였다. 사회는 일반적으로 얼마나 많이 갖고 있는지(having)와 얼마큼 힘이 있는 행동(doing)을 할 수 있는지에 따라서 사람을 판단하고 평가한다. 예를 들어, 수학능력시험에서는 언어, 수리, 분석 등 학력이 얼마나 강한지 단 한 번의 필기시험으로 계산한다. 대학에서 학기말 시험도 당연히 학생이 쌓은 지식을 평가한다. 취업시험에서도 사람을 평가하는 것도 회사에서 잘 적응하고 활용할 수 있는 인물인지를 평가한다. 스포츠 경기에서도 높은 수준의 경기실력을 가진 사람들이 높은 평가를 받는다. 이와 같이 사회에서 '힘'에 대한 사람의 평가를 통해 우열을 가리고 빈부 차이가 나게 된다. 우리가 생활하는 자본주의가 갖고 있는 숙명적인 모습일 수도 있다.

그런데 힘을 가질 수 있는 기본 요소는 선천적인 부분도 적지 않다. 타고난 재능과 사회적 역량 그리고 부모로부터 물려받은 유산 등을 들 수 있다. 물론 후천적인 노력과 기회를 만나거나 만들어서 힘을 갖는 사람들도 있다. 이러한 힘은 사회 변화와 함께 더 불균형 상태로 심화되고 있다. 즉, 이전보다 더 심한 빈부격차를 겪고 있으며 과학기술의 빠른 발달로 인해서 선도적인 지식과 기술을 습득하지 못한 사람은 회복하기 힘든 나락으로 빠져든다.

사회복지는 이러한 지점을 출발점으로 삼는다. 만일 부자들만 살아 남는다면 사회는 혼란스럽고 우스꽝스러워질 것이다. 물론 그 세계에서도 빈부의 차이가 있겠지만 인구의 95%가 가난하고 5%만 부자라면(이미 현실로 다가

오는 통계일 수도 있겠다) 그 사회의 안정성은 깨질 것이고, 그 피해는 부자이든 가난한 사람이든 똑같이 볼 수밖에 없을 것이다. 결국 힘이 있는 사람이 더 잘 살 수 있는 사회 구조라도 적어도 함께 사회를 구성하고 있는 힘 없는 사람에 대한 관점이 달라져야 사회가 안정되고 그를 토대로 더 행복한 사회를 만들어 갈 수 있다.

힘 없는 사람에 대한 관점은 어떻게 달라져야 하나? 이미 알고 있는 답이다. 사람으로서 한 인간을 존중하고 있는 그대로 받아들이는 것이다. 어떻게 보면 많은 힘을 갖고 있든 그렇지 않든 유한한 삶을 살아가는 불쌍한 인간으로서 서로를 바라보는 기본적인 인간에 대한 존중이 필요하다는 말이다. 그 사람이 갖고 있는 정서와 성격 그리고 신체적인 조건 등을 있는 그대로 받아들이고 더 나은 삶을 살아갈 수 있도록 사회 구성원이 함께 돕고 지지해 주려는 활동이 사회복지실천의 기본적 철학이라고 할 수 있겠다.

## 2) 독특성과 다양성

### (1) 독특성

독특성은 개별성의 존중에서 비롯된다. 개별성은 두 가지 뜻을 포함한다.

하나는 개개인이 독특한 한 퍼스낼리티(personality)를 가진 사람으로 이해해야 하며, 다른 하나는 개인의 더 이상 나눌 수 없는 최소단위(개인, individual)로 인정해야 한다는 뜻이다.

사회복지실천의 초창기 개념으로 볼 수 있는 개별사회사업(social case work)의 원칙에서도 개성과 책임 있는 인간의 존재로 인식하기 위해 '개별(case)'이라는 용어를 사용했다. 이 '개별'은 서구 사회가 갖는 인간을 보는 기본 개념에서 비롯된다. 개인주의 사상이 확고한 서구 사회에서 출발한 사회복지실천이 개인의 개성과 주체적인 독립성을 기초로 하는 것은 당연하다고 본다.

하지만 우리가 사회복지실천을 하는 데 있어서는 비록 서구 사상에 기반하고 있더라도 개인 못지않게 사회 속에서 개인의 의미를 찾는 동양적 사고의 시각도 고려해야 한다. '하늘은 스스로 돕는 자를 돕는다'는 서구의 도움의 철학은 우리의 관점과는 다를 수 있다. 마치 자신을 소개할 때 누구의 둘째 딸이라거나 음식점을 운영하는 아내와 함께 살고 있다는 등 가족과 사회 속의 한 성원으로서 자신을 소개하는 것처럼 우리는 집단과 사회 중심의 문화적 성격이 서구보다는 강한 편이다. 어떻게 보면 『혼자 잘 살면 무슨 재미인가』라는 책 제목에서 보여 주는 사상적 기반이 우리의 도움관점일 수 있다.

　좀 더 단적으로 말하면 우리는 집단 중심이다. 가족과 사회 등 자신이 속한 집단 전체에 행복이 이루어지면 그 안에서 개인의 행복은 뒤따라 올 수 있다고 보는 경향이 강하다. 물론 궁극적인 목적은 자기 힘으로 삶과 생활을 잘 영위함으로써 스스로 행복을 만드는 일이지만 서구와 우리의 사상이 갖는 약간의 정서와 언어적 의미의 차이는 실천 현장에서 고려해야 할 것이다.

### (2) 다양성

　진실에 대한 논쟁이 있을 수 있지만 우리는 '단일민족국가'이다. 이 말은 우리 민족의 자긍심과 역사성 그리고 단결성을 보이는 중요한 상징이었지만 이제는 쉽게 말하기 힘든 표어가 되었다. 그만큼 21세기로 들어서면서 우리 사회는 급격하게 이전보다 상상하기 힘들 정도의 여러 국가와 민족의 배경을 가진 사람들과 다양한 문화가 들어와서 우리 생활의 한 부분이 되고 있다. 특히 혼인이나 직업을 통해서 다문화 가족을 이루고, 외국인들이 우리 사회 일원으로 정착하고 있다. 이제 다양성은 우리에게 익숙한 단어로 다가왔다.

　사회복지실천에서 다양성은 두 가지 관점에서 수용된다. 하나는 앞서 언급한 사회 구성원의 종교, 언어, 민족, 사상, 행동의 다양성이 있다. 다른 하나는 개인이 갖는 가치나 정서적 민감성에서 차이를 보이는 부분이다. 좁은 관점의 사회복지실천은 개인이 갖는 태도와 감정 그리고 행동의 다양성에 더 관심을 보인다. 예를 들어, 부모님의 불치병 판정을 병원으로부터 받았을 때 같은 형제자매라도 그 반응은 다를 수 있다. 걱정되고 당황스러운 느낌은 같겠지만 그러한 감정을 표현하는 방식은 전혀 다를 수 있다. 물론 가족 내에서 형제서열과 그동안 있었던 부모와 형제와의 관계 그리고 외부요인에 따라 다르지만 자신이 갖는 정서적 경험과 가치 등에 따라서 다른 반응을 보인다.

사회복지 현장에서 다름이 수용되고 개성이 존중될수록 다양성과 관련한 가치 정립은 실천 활동을 펼치는 데 주요한 철학적 기반과 성찰이 된다.

### 3) 필요와 욕구

최근 자유재(free goods)에 대한 성찰이 일어나고 있다. 물과 공기 그리고 햇살 등 존재량이 무한하다고 여겨서 특별한 대가를 치르지 않아도 원하는 만큼 얻을 수 있는 재화를 말한다. 그동안 자유재는 무한하고 누구나 공평하게 사용할 수 있는 재화라고 생각했다. 그런데 이와 같은 인식은 점점 깨지고 있다. 이미 세계적으로 많은 나라가 물이 부족한 상황이며 더욱이 깨끗한 물을 얻기는 점차 힘들어지고 있다. 또한 공기의 질도 대기오염으로 우리 사회에도 심각한 문제로 다가와 있다. 또한 예측이 쉽지 않은 기후환경의 변화로 인한 생활의 불편은 점차 가중되고 있다.

'필요'는 생명 유지 등에 필수적인 자원을 말한다. 자유재와 공공재 같은 자원은 부족하거나 없으면 살아가는 데 결정적인 지장을 주는 인간에게 기본이 되는 조건이고 전제이다. 나아가 물질적 자원뿐만 아니라 심리나 관계적 자원도 필요가 될 수 있다. 사람에 따라서는 생애 동반자가 꼭 있어야 한다. 그리고 이웃과 어울려서 살아야 한다. 물론 최근에는 혼자 먹고 여행하고 살면서 행복감을 느끼는 사람도 있으며 사람은 각자 필요와 욕구를 갖고 있다. 때에 따라서 자신에게 필요한 것이 다른 사람에게는 욕구가 되고, 나의 욕구가 다른 이에게는 필요가 될 수 있다.

하지만 일반적으로 필요는 살아가는 데 특히 생명 유지에 꼭 필요한 삶의 기본 조건을 말한다. 앞서 언급한 물, 공기, 햇살, 기본 의식주 등은 없으면 생명을 위협하는 조건이다. 이러한 필요를 기본 욕구로 보기도 한다.

한편, 욕구는 자신이 행복하기 위해서 '바라는 조건'이라고 볼 수 있다. 일과 여가활용, 문화생활, 취미활동, 교육 등 사람들이 갖는 욕구는 다양하고 형편에 따라 다르다. 즉, 어떤 사람에게는 필요가 다른 사람에게는 욕구가 될 수 있고 또한 그 반대의 경우가 될 수도 있다. 컴퓨터 그래픽 디자인을 하는 사람에게는 좋은 사양의 컴퓨터가 필수적이다. 하지만 컴퓨터 게임을 취미로 하는 사람에게는 비싸고 성능이 좋은 컴퓨터는 있으면 더 좋겠지만 없다고 큰 문제가 생기는 것은 아니다.

사회복지는 일차적으로 인간의 필요에 주목한다. 기본적 욕구인 필요를 충족하지 못한 사람들에게 필요를 보충하고 제공하는 일에 초점을 맞춘다. 그리고 이를 토대로 개인이 갖고자 하는 욕구를 스스로 충족할 수 있는 역량과 자원 접근의 기회와 방법을 제공하기 위해 노력한다. 하지만 물과 공기 등 자유재도 환경오염이 가속화되면서 하나의 경제적 재화로 바뀌어 가고 있다. 이제는 의식주뿐만 아니라 빈곤으로 인한 오염된 물과 공기도 새로운 복지시각에서 바라봐야 하는 시점에 온 것 같다. 즉, 빈곤의 격차는 자유재마저도 자유롭고 편하게 사용하지 못하고 심지어 생명까지 위협하는 형편에 처하는 현실에 대한 끊임없는 성찰을 복지는 해야 할 것이다.


## 2. 가치와 지식 그리고 기술의 관계와 조화

앞서 사회복지실천의 발달과정에서 말했듯이 Bartlett는 사회복지에 있어서 전문직으로서 가치(value) 공유의 중요성을 강조했다. 비록 실천방법과 지식 그리고 기술이 다르더라도 사회복지는 가치가 공통기반이 되어야 하며,

이를 통해서 사회복지사로서 정체성과 전문성을 확보할 수 있다고 보았다. 가치는 지식과 기술과는 다른 수준에서 정립되어야 한다. 즉, 사회복지실천 장면에서 사회복지사가 가장 먼저 갖추어야 할 철학이며 자세이고 나아가 방법이다. 하지만 다른 한편으로 실천 가치는 지식과 기술이 뒷받침되지 않고서는 그 의미는 감소될 수밖에 없다.

오직 사람에 대한 끊임없는 애정과 사회정의와 평등에 대한 자세만을 갖고 클라이언트를 만난다면 자칫 인간으로서 넘치는 사랑과 관심을 갖고 보듬어 줄 수는 있겠지만 클라이언트가 원하는 욕구와 문제해결을 위한 접근방법에 따른 지식과 기술의 결여로 전문적이지 못한 따뜻한 이웃(befriender)으로서의 역할에 그칠 가능성이 높다.

그런데 앞서 사회복지전문직에서 지식과 기술에 앞서 가치가 중심기반이 되어야 한다는 언급은 그만큼 실천 현장과 대상이 다양하다는 반증일 수 있다. 즉, 아동, 청소년, 노인, 장애인에서부터 의료와 정신보건 그리고 교정사업 등 폭넓은 사회복지실천 현장에서 활용되는 지식과 기술은 다를 수 있기 때문이다.

그렇다고 사회복지실천에 있어서 공통의 지식과 기술을 나타낼 수 없는 것은 아니다. 그동안 사회복지실천의 발달과정을 통해서 쌓아 온 지식과 기술 중 상당 부분은 실천 현장에서 중요한 지식과 기술 기반으로 활용이 가능할 것이다.

## 1) 기본 관계

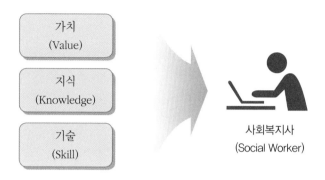

[그림 5-1] 가치, 지식 그리고 기술과의 기본 관계

## 2) 세 가지 핵심 요소의 구성과 방향

사회복지사는 전문가치, 전문지식, 전문기술 등 세 가지 요소를 조화롭게 활용하여 실천 현장에서 클라이언트를 돕는다.

그런데 이 세 가지 핵심 요소는 실천 현장과 대상에 따라서 기본적으로 차이가 있을 수 있다.

**노인학대문제**

노인학대문제를 다루는 데 전문가인 사회복지사로서 두 가지 다른 입장이 있을 수 있다.

A 사회복지사는 노인을 학대하는 직계자녀가 문제이며, 그 학대의 성격이나 행동을 변화시키는 것이 필요하다고 진단하고 자녀의 인격과 피폐한 감정 등의 사항을 바탕으로 개입 역할을 수행하는 데 목표를 두었다.

방법에 있어서 노인인 부모를 학대하는 자녀의 인성과 행동을 바꾸기 위해서 전문지식을 활용하고 교육을 통해서 학습한 치료기법을 사용하고 목표를 달성하려고 하였다.

> 한편, B 사회복지사는 학대받는 노인의 인권을 최우선으로 판단하여 전문적 가치를 먼저 고려했다. 그 가치에 있어 노인의 권리를 침해하는 것을 방지하기 위하여 도움을 요청하지 않는 노인부모를 학대하는 자녀에게 노인 학대 및 방임을 발견하고 긴급한 도움체계를 떠올렸다. 학대받는 노인을 위해서 경찰관과 함께 그 집을 방문하여 위험리스트 등을 작성하고, 노인을 위한 일시적인 보호시설을 알아보고, 지역사회 노인보호 관련 단체와 연계했다. 나아가 자녀의 노인학대에 관해서 필요한 제도와 정책 등을 전문지식을 활용하여 노인의 인권, 긴급 체계의 정비, 노인의 일시보호 시설설치에 대한 전문적 기능을 수행하는 데 힘썼다. 이때 사회복지사의 역할로서 기본적 인권, 사회자원, 제도에 관한 전문지식의 사용 그리고 노인에 대한 공감 및 평가기법 등이 개입방법으로 활용되었다.

A 사회복지사: 노인 부모를 학대하는 자녀의 인성 및 행동을 변화시키려는 치료자 입장

B 사회복지사: 학대받는 노인의 인권을 옹호하는 한편, 도울 수 있는 긴급 도움체계를 정비하고 보호하려는 입장

가치, 지식, 기술은 사회복지실천의 핵심 요소이다. 따라서 사회복지실천 현장에서 일하는 사회복지사는 가치와 지식 그리고 기술을 잘 학습하고 연구해서 클라이언트와 클라이언트를 둘러싼 사회 환경 그리고 사회복지실천 현장에서 적용하도록 해야 한다.

하지만 사람의 관심은 다르다. 사회복지사나 사회복지실천 현장의 환경도 마찬가지이다. 그래서 형편에 따라서는 세 가지 요소 중 하나에 더 많은 관심과 집중을 하는 경향이 있다. 완벽히 세 가지 요소가 균등하게 자기 안에 들어가서 실천 활동을 펼치는 것이 바람직하지만 이는 매우 힘들다.

## 3) 사회복지사의 유형

### (1) 가치 중심의 사회복지사

이 유형은 뜨거운 마음과 가슴을 가진 사회복지사이다. 철저한 윤리의식과 이타심과 애정이 풍부하여 클라이언트를 만날 때 문제와 욕구에 앞서 그 사람에 대한 동정과 관여를 먼저 하는 유형이다. 클라이언트에 대한 공감적 능력을 잘 발휘하여 클라이언트에게 안정과 균형 잡힌 감정과 태도를 회복하도록 도울 수 있다. 또한 클라이언트 입장에서 왜곡되지 않고 있는 그대로 감정과 경험 그리고 정서를 존중하고 이해하여 잘 보살피고 함께할 수 있는 장점이 있다. 때로는 이와 같은 사회복지사의 접근과 개입으로 클라이언트 스스로 문제해결에 다가서는 경우도 생긴다.

하지만 지나친 가치 중심의 개입은 실천 현장에서 클라이언트와 관계를 긍정적으로 형성할 수 있겠지만 문제의 시작과 방향을 객관적으로 분석하고 판단하는 기회를 놓치게 될 수 있고, 또한 전문적 도움과정의 절차와 방법에 대해서 깊이 고민하지 않을 수 있어 문제와 욕구를 해결하거나 충족하는 데 어려움을 겪을 수 있다.

### (2) 지식 중심의 사회복지사

사회복지실천 현장에 따라서 사회복지사는 냉철하고 분석적이며 종합적인 판단능력이 우선적으로 필요하다. 특별히 급성 또는 만성의 정신질환을 갖고 있거나 현저히 인지능력이 떨어지는 클라이언트를 만날 때에는 감정과 정서와 태도 그리고 행동을 잘 파악할 수 있는 풍부하고 정확한 지식이 개입에 있어 우선적으로 중요한 요소가 될 수 있다. 그러나 축적된 이론에 따른 기계적인 판단과 분석은 자칫하면 '늘 변화하는 한 사람'에 대한 변화와 상대에 따라 달라지는 상대성을 놓칠 수 있다. 이렇게 되면 사람을 간과하고 문제에만 집중함으로써 만일 문제가 해결된다 하더라도 클라이언트가 문제에 대해서 갖고 있는 태도와 가치 그리고 생각을 담아내지 못한다. 문제해결모델은 클라이언트의 문제를 분리한 모델이 아니라 클라이언트가 고민하고 떨치고 싶거나 해결하고 싶은 문제를 중심으로 클라이언트의 변화를 유도하는 개입이다. 따라서 지나친 지식 중심의 실천 활동은 궁극적으로 클라이언트의 바람직한 변화를 이끌어 내기 힘들다.

### (3) 기술 중심의 사회복지사

이 유형은 현장을 중요하게 생각하고 생각 이전에 발로 뛰면서 그리고 부딪히면서 도움이 필요한 문제를 해결해 나간다. 즉, 자신이 이전에 경험했던 방식을 토대로 문제와 욕구해결을 위한 방법과 과정을 중심으로 행동하는 유형이다. 어떤 면에서 클라이언트와 그 주변에서 갖고 있는 문제를 풀어 나가는 데 가장 빨리 접근할 수 있고 효율적이며 효과적인 방법이 될 수 있다. 하지만 클라이언트로 하여금 한 사람으로서 독특성을 갖고 제기된 문제를 클라이언트 중심이 아니라 사회복지사 중심으로 신속한 문제해결에만 관심을 주는 인상을 갖게 한다.

따라서 클라이언트가 대상으로서 심지어는 물품에 문제가 생긴 것을 해결을 받는다는 느낌을 갖도록 해서 전문적 도움의 의미를 반감시킬 수 있다.

제 6 장

# 사회복지실천의 핵심 요소: 가치와 윤리

사회복지실천을 위해 소중히 여기는 것과 마음가짐

Social Work Practice

## 개인이 먼저일까? 사회가 먼저일까?

가난한 사람이 넘쳐나면 우리 사회는 어떻게 될까? 빈부격차가 주는 뜻은 무엇일까?

왜 사회를 이루고 살까? 그 답에서 복지의 중요성을 찾으면 어떨까?

사실 살아가면서 나 스스로 할 수 있는 일이 과연 있을까 상상해 본다.

'자연인'이 아니라면 – 자연인도 스스로 모든 것을 할 수는 없을 것이다 – 현대 문명 세계에 사는 사람이 스스로 할 수 있는 일은 숨쉬고, 먹고, 마시고, 대화하고 움직이고……

우리는 함께 기대어 산다.

세상에 멋진 소리 중에 하나는 중후한 남성들의 합창이다. 연말에 자주 듣게 되는 베토벤이 작곡한 〈환희의 송가〉를 합창하는 남성들의 모습을 볼 때 전율을 느낀다. 그런데 합창은 혼자 노래를 잘 불러서 되는 일이 아니다. 그렇다고 노래를 못하는 사람들이 모인다고 해서 훌륭한 합창을 만들 수도 없다. 멋진 합창을 위해서는 참여하는 개인마다 노래를 어느 정도 잘하거나 그러도록 훈련해야 한다. 그런데 합창에서는 한두 사람만이 노래를 잘한다고 좋은 합창을 할 수는 없다. 합창에서는 하모니(harmony), 즉 조화가 중요하다.

개인과 사회와의 조화 속에서 행복이 꽃핀다. 사회복지는 그 가운데서 균형을 만드는 일……

MEMO

# 1. 사회복지실천과 가치

## 1) 가치란

가치(價値, value)는 어떤 사물, 현상, 행위 등이 인간에게 의미 있고 바람직한 것임을 나타내는 개념이다(한국브리태니커 편, 2012). 가치를 쉽게 설명한다면 가격과 비교하면 좋을 것이다. 경제학에서는 가치를 사용가치와 교환가치로 구분한다. 사용가치란 어떤 물품을 소비함으로써 얻는 만족을 말하며, 교환가치란 물품이 다른 물품이나 서비스와 교환될 수 있는 능력, 즉 가격을 의미한다. 이러한 면에서 보면 가치는 주관적이면서도 객관적인 속성을 갖고 있다.

가치를 말할 때 윤리와 함께 설명하는 경우가 많다. 가치는 좋고 바람직한 것(good)에 대한 선택(선호)인 반면, 윤리는 당연히 그래야 하는 것(ought, zollen)으로 행동의 원칙이다. 인간은 가치를 통해서 행동하지만 그렇다고 모든 가치가 행동, 즉 윤리가 되는 것은 아니다. 선호하는 바는 가치이며, 선호에 따른 행동은 윤리이다.

## 2) 사회복지실천에서 가치의 철학

사회복지는 가치(value)의 기반 아래 있는 제도로서 현실화되고 실천으로 그 방법이 구체화되는 학문이다. 다시 말해서 가치 지향의 학문이다. 사회복지의 가치는 사회복지의 목표 및 방법을 결정하는 근간이다. 사회복지에서는 인간을 가치의 준거로 이해한다.

사회복지를 지탱하고 있는 가치는 여러 가지가 있다. 그중에서 최우선적인 가치는 인권 사상과 휴머니즘이다. 현재 우리가 살고 있는 사회는 하나의 가치관에 의해서 지배당하고 있다. 그것은 유용성, 능력주의, 효율성 등의 실용적 가치이다. 사회에 기여하는 사람, 유능한 인간, 유익한 사람 등이 높이 평가받는 사회에서 살고 있다는 말이다. 이러한 가치가 일반적으로 현실과 부합하는 삶의 기준이라는 것을 부인하기 어렵다. 그런데 사회복지의 가치는 이러한 가치관에 대조적인 위치에 있다. 사회복지는 인간이 사회 및 다른 인간을 위해서 얼마만큼 기여할 수 있는가 또는 얼마만큼 우수한 능력을 갖고 있는가 그리고 얼마만큼 미적인 기준에 부합하는가에 대해서만 평가되지 않는다. 사회복지는 인간 존재 자체를, 즉 생명을 가장 중요한 가치로 본다. 다시 말해서, 사람이 살아서 생활하는 것 자체가 가치 있는 것이다. 그렇기 때문에 생명이 있는 존재로서 사람은 존중받아야 한다. 그리고 한 사람이 태어나서 죽을 때까지 성장과 발달 또한 인간생활은 많은 사람과 협력 및 상호관계를 필요로 한다. 따라서 생명이 있는 사람은 존중받으면서 다른 사람들과 더불어 살아가야 한다.

### 3) 사회복지실천에서 가치의 의미

사회복지가 실천학문으로 발돋움한 데에는 인간과 사회환경에 관련한 다양한 지식을 받아들여 이론체계를 만들어 나간 데 있다. 이러한 이론을 바탕으로 전문적 기술을 개발하고 확장시켜 나갔다고 볼 수 있다. 그러나 지식과 기술을 중심으로 한 전문화는 사회복지의 보편적 지식보다는 가족복지, 정신보건사회복지, 교정사회복지, 학교사회복지 등 특정한 분야와 대상에 대한 전문성을 증진시키는 데 힘을 쏟아서 각 분야 간의 분파적 현상도 보였다. 한편에서는 이와 같은 '지식 기술 중심(knowledge-skill centered)'의 전문화에 대한 우려와 비판이 있었다. 사회복지사가 전문분화 및 전문분파함으로써 서로 이해관계를 다투고 대항하면서 사회복지사의 전문적 동일성을 잃었다는 성찰이었다.

　사회복지실천 방법과 기술의 측면에서부터 사회복지사의 전문성을 파악해 온 전통적인 생각에 대하여 Bartlett(1970)는 사회복지의 공통기반으로서 새로운 관점을 제시했다. 만일 사회복지사 스스로 공통기반으로 여기는 실천의 방법 및 기술이 다르더라도, 사회복지의 전문성으로서 공통기반을 공유하는 한 실천 활동은 사회복지이고, 그 실천자를 사회복지사라고 부르자는 것이다. 또한 실천의 분야(아동, 청소년, 노인, 장애인 그리고 학교, 병원, 교정시설 등)가 다르더라도 복지 실천에 관한 사회복지사의 공통기반을 공유하는 한 사회복지실천이고, 그것을 실천하는 사람이 전문적 동일성(professional identity)을 갖고 있다면 사회복지사로 인정하자는 것이다. 이것은 사회복지가 실용적인 실천성이 강조되는 학문이라는 모습을 나타내는 주장이다.

　예를 들어, 사회복지의 다양한 지식 중에서 자기가 선호하고 실천 활동 사례에 합리적인 개입방법으로 활용하는 것이 다른 사회복지사의 방법과 다르더라도, 그리고 그것을 적용하는 분야와 아동, 청소년, 노인, 장애인 등의 대상과 병원, 산업, 학교 등의 현장이 다르더라도 사회복지가 갖는 전문성을 공통의 기반으로 출발하고 있으며 함께 전문적 가치와 태도를 공감하고 있다면 사회복지사의 사회복지 활동으로 인정하자는 것이다.

　그렇다면 사회복지의 전문적 동일성은 어디서 출발하는가? 그것은 전문가치를 기반으로 한 다음에 전문 지식과 기술이 쌓여야 한다. 사회복지에서 전문성의 구조는 우선 지식과 기술 중심이 아닌 전문성의 요구로서 사회복지전문가치와 전문기능을 중심에 두고(value-function oriented)있다. 요컨대, 사회복지사는 사회복지의 전문가치를 명확히 자각하고 그 전문가치에 준거해서 사회복지사 실천의 사명, 목적, 대상을 정해야 한다. 이러한 사명, 목적, 대상에 따라서 사회복지사의 전문 기능과 역할이 결정되어야 한다. 전문 기능과 역할이 결정되면 그 기능과 역할을 수행하기 위한 방법 및 이론이 있고, 전문지식을 준비하고 새로운 지식을 습득한다. 이에 따라 방법 및 이론에 포함되어 있는 전문지식에 의거해서 그 방법과 이론에 대응하는 전문기술을 구사한다는 논리이다. 따라서 사회복지실천에 있어서 전문가치는 사회복지의 전문적 정체성과 동일성을 구분 짓는 핵심적인 요소라 할 수 있다.


## 2. 사회복지실천의 핵심 가치

### 1) 기본 가치: 인간의 존엄성

생명을 가진 모든 인간은 존엄하다. 인간의 존엄성은 사회복지가 갖고 있는 가장 기본적인 가치기반이다. 모든 사람은 자신만의 독특한 가치와 인성, 삶의 목표 등을 갖고 살아간다. 또한 자원과 정서와 신체적인 강점, 개인적 관심, 과거의 경험 그리고 각자 특성이 있는 행동양식 등의 체계를 갖고 있다.

다시 말하면, 개개인이 나름대로 갖고 있는 인성과 태도 그리고 삶의 방식 등에 따라서 가치를 평가하는 것이 아니라 개인적 특성이 어떻든 그 바탕에 있는 생명을 가진 인간 본질에 기본 가치를 둔다.

이와 같은 가치는 다음의 사상에서 비롯된다.


#### (1) 평등사상

모든 인간은 차별 없이 처우 받아야 한다. 또한 사회 속에서 비슷한 삶의 조건을 공유하려는 '정상화(normalization)'의 가치가 바탕에 깔려 있다.


#### (2) 민주적 사상

사람이 다른 사람과 함께 살아가는 동안에 발생할 수밖에 없는 갈등은 민주적 과정을 통해서 조정하고 해결이 가능하다.

## (3) 사회 정의와 연대의 사상

사회연대의 기반 아래 인도주의를 옹호하고 사회정의를 실현하려는 인식이 기초가 된다.

실제 사회복지실천에서 클라이언트를 돕는 과정을 보면 클라이언트가 처해 있는 독특한 상황에서의 존중에 대한 인식이 매우 필요하다.

한편, 자본주의 사회에 있어서는 이윤 추구를 목적으로 하는 경제활동을 가치 있는 것으로 여긴다. 부를 얻는 것을 사회의 '성공자'로서, 빈곤에 빠지는 것을 사회의 '실패자'로서 생각한다. 인간의 가치를 많은 재산과 좋은 집 그리고 비싼 차를 가졌느냐(having)로 판단하는 경향이 있다. 현대 사회에 있어서 이것은 중요한 하나의 가치이다. 사회복지사는 경제적 부에 대한 가치를 존중하는 한편, '많이 갖지 못한' 사람에 대해서도 세상에 둘도 없는 소중한 존재(being)로서 존중해야 한다. 그렇기 때문에 사회복지사는 클라이언트의 출신, 인종, 성별, 연령, 신체 및 정신적 상황, 종교와 문화적 배경, 사회적 지위, 경제적 상황 등이 다르더라도 하나의 독특하고 세상에 유일무이한 존재로서 존중해야 한다.

- 제1조

  모든 인간은 태어날 때부터 자유롭고, 존엄성과 권리에 있어서 평등하다. 인간은 이성과 양심을 부여 받았으므로 서로에게 형제자매의 정신으로 행동해야 한다.

- 제2조

  모든 인간은 인종, 피부색, 성, 언어, 종교, 정치 또는 그 밖의 견해, 민족 또는 사회적 출신, 재산, 출생 또는 다른 지위 등과 같은 그 어떤 종류의 구별도 없이 이 선언에 제시된 모든 권리와 자유를 누릴 자격이 있다. 더 나아가 한 사람이 속한 나라 또는 영토가 독립국이든 신탁통치지역이든, 비자치지역이든 또는 그 밖의 다른 어떤 주권상의 제한을 받고 있는

곳이든, 그 나라나 영토의 정치적·사법적·국제적 지위를 근거로 차별
이 자행되어서는 안 된다.

이와 같은 인간존중 사상은 '세계인권선언' 제1조와 제2조에 잘 나타나 있
다(Universal Declaration of Human Rights, 1948).

## 2) 실천 가치

### (1) 개별화

존엄성을 바탕으로 한 사람의 독특성을 인정하는 개별화(individualization)
의 가치는 사회복지실천을 할 때 클라이언트를 보는 기본 관점이 된다. 개별
화는 사회복지에서 윤리적인 가치로, 한 사람 한 사람이 독특한 개성을 갖고
처해 있는 환경 속에서 행동하는 존재로 인식하는 데에서 비롯된다. '한 사람
도 하나의 유형으로 취급해서는 안 된다. 그 유형은 단순히 사람의 성향과 행
동 그리고 태도를 이해하는 데 참고가 되는 하나의 안경에 불과하다' 사람은
다 다르다. 다르기 때문에 개인은 소중하고 존중받아야 하며, 개인의 다름으
로 인해 사회가 긍정적으로 변화하고 발전한다.

이와 같은 가치로부터 클라이언트의 욕구와 문제는 개별적이고 독특한 상
황에서 비롯된 결과라고 본다. 따라서 욕구를 충족하고 문제를 해결하는 방법
도 사회환경과 영향을 주고받는 클라이언트의 인성과 대처방법에 따라 달라
져야 한다. 그런 의미에서 사회복지실천에서 개별화는 독특한 클라이언트로
서 독특한 욕구와 문제를 가진 하나의 독특한 사례(case)로서 이해해야 한다.

### (2) 자율성, 자기결정권

사람은 자율적인 존재이다. 우리나라 「헌법」 제12조에서부터 제22조까지
는 신체, 거주, 직업 선택, 양심, 종교, 사생활과 비밀, 집회 및 결사 등의 자유

를 명시하고 있다. 그만큼 자유와 자율적 권리는 가장 기본적 권리에 속한다.

사람은 스스로 결정하고 행동하고 성취할 때 가장 큰 행복감을 느낀다. 사람의 자율성은 행복의 중요한 조건이 된다. 그러므로 자율은 중요한 가치인 동시에 권리로서 존중되어야 한다.

인간의 자기결정권은 인간이 갖는 아무도 훼손할 수 없는 존엄성에 그 기반을 둔다. 만약 인간이 천부의 존엄성을 갖고 있다면 가능한 범위에서 자신의 생활과 삶을 결정하여 자신이 원하는 방향으로 행복한 삶을 살 수 있도록 허용되어야 한다. 즉, 클라이언트의 자기결정에 대한 사회복지실천에서의 신념은 인간이 자기 스스로 결정하도록 허용되어야 한다는 것을 뜻한다. 따라서 사회복지실천은 자율적 역량과 기회를 발휘할 수 없는 사람에게 경제적 · 사회적 · 정신적 자립을 꾀하는 데 역점을 두어야 한다.

실제 사회복지실천에서는 자기결정의 구체적인 개념을 다음과 같이 설정한다.

첫째, 자기결정에는 여러 가지 대안이 요청된다. 어떤 대안 없이 한 가지 길뿐일 때 자기결정은 무의미하다. 적어도 대안 없이는 자기결정의 기회도 없다.

둘째, 사회복지실천은 자기결정을 위한 클라이언트의 기회를 확대하려는 노력이다. 원론적으로 사회복지사가 클라이언트를 대신할 수 없다. 즉, 그의 삶을 대신해서 살아갈 수 없다는 것이다. 따라서 클라이언트를 대신하여 결정을 내리는 사람이 아니라 클라이언트와 함께 그가 하는 의사결정과정에 도움을 주는 전문적 실천가이다.

셋째, 사회복지실천은 클라이언트에게 자신의 견해를 제공할 의무를 갖는다. 클라이언트에게 다양한 대안을 제시함으로써 클라이언트의 선택의 폭을 넓힐 의무가 있다. 이때 사회복지사의 견해는 클라이언트의 상황과 문제에 대한 해답은 아니다.

넷째, 클라이언트의 자기결정에는 한계가 있다. 클라이언트의 결정이 자신의 삶을 침해하거나 다른 사람의 이익에 반할 때 자기결정은 제한적으로 이루어질 수밖에 없다(장인협, 1989 참조).

### (3) 사회정의

어떤 사람이 정의감이 있는 사람인가? 정의감이 없는 사람인가? 이 말은 이해하기 쉽다. 그렇지만 사회가 정의로운가 부정의한가 라는 물음에 답하기는 쉽지 않다. 전문가치의 하나인 사회정의는 개인의 정의감을 묻는 것이 아니다. 사회가 정의로운가 그렇지 않은가를 묻는 것이다.

그리고 사회의 중심에 부정의(不正義)가 있다면 사회를 변혁해야 하는 것이 사명이다. 이것은 사회복지실천의 전문가치로서 의미를 갖는다. 사회가 부정의한 것에는 차별, 빈곤, 억압, 배제, 폭력, 환경파괴 등이 있다. 또한 사람들의 자유, 평등, 공생의 정신이 결여되어 있는 사회를 말한다고 볼 수 있다. 특별히, 차별(discrimination)에 대하여 Popple과 Leighninger(1996)는 다음과 같이 기술하였다. "편견(prejudice)은 태도(attitudes)를 의미하고, 차별은 행동(behaviors)에 있어 사용되는 용어이다. 편견을 가진다는 것은 어떤 특정한 집단, 이른바 그 집단에 속한 어떤 특정한 개인에 대한 좋지 않은 감정을 갖고 그 감정은 일반적인 것보다는 스테레오타입(고정관념)에 의거한다. 차별은 어떤 특정한 집단 및 사회적 규범에 속한 사람들에 대하여 다른 것(대다수는 부정적인 것)으로 취급하는 것이다."

오늘날 사회정의와 관련되어 있는 더 중요한 용어 중 하나가 배제(segregation)이다. Lineberry(1986)는 『평등과 공공 정책(Equality and Urban Policy)』에서 "그 사회에서 배제가 존재하는 것은 학교, 주택, 노동, 군대, 다른 사회활동에 있어서 어떤 특유의 집단을 분리하는 것처럼 사회관습 및 사회정책이 존재하는 것이다. 그 사람들 사이에서 차별이 존재하는 것은 어떤 개인을 그 사람의 특성(trait), 이를테면 인종, 성별, 계급, 장애, 질환 등에 기초해서 다른 사람들로부터 구별하여 대응하는 것이 사람들 사이에 존재하는 것이다."라고 말했다.

우리는 수많은 정치인과 경제인의 성공담을 대중매체를 통해서 듣는다. 그리고 어릴 때부터 성공은 곧 권력과 경제적 부라는 등식으로 상당 부분 이해하고 배운다. 심지어 국가의 위정자들도 국가 발전 및 사회통치의 과정에서의 성공이 자신과 능력 있는 사람들의 공헌이라고까지 생각한다.

사회와 경제발전이 사람들의 생활을 한층 풍요롭고 편리하게 만든 것은 사실이다. 하지만 그 어두운 이면에는 같은 생명을 갖고 있는 인간 사이에 여러 가지 격차와 차별을 발생시켰다. 이러한 격차는 과거로부터 현재의 역사적 발전과정 가운데 신분이 높은 사람과 신분이 낮은 사람, 부자와 가난한 사람과 같이 또한 차별은 인종, 성별, 질환, 장애 등에 있어서도 볼 수 있다. 차별은 길게 보면 사람이 모두 피폐한 길로 접어드는 진입로라고 할 수 있다. 계속되는 차별은 결국 사람 간의 관계를 분열시키고 파멸에까지 이르게 할지 모른다. 사회복지는 개인의 행복을 지향하지만, 개인은 곧 사회의 구성원이다. 따라서 사회의 총체적 행복은 개인의 행복과 밀접히 연결되어 있으며, 한 사회에서 개인의 행복은 사회 속에 의미 있고 가치 있는 존재로 자신의 역할과 기능을 하고 차별 없이 처우 받을 때 이루어질 수 있다.

## 3) 실천 가치의 지향점

사회복지실천 가치는 기본적으로 인간(개인)은 존엄성을 바탕으로 한다. 이를 토대로 평등과 정의, 자율성 그리고 삶의 질, 자립, 정상화로 단계적으로 이어지며 사회생활의 기능 향상과 사회연대, 인도주의 등이 생활실천과 밀접한 지향점이다.

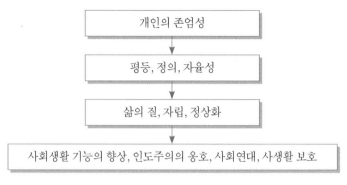

[그림 6-1] 실천 가치의 지향점

# 3. 사회복지 가치 기반의 윤리 실천

## 1) 가치와 윤리의 의미

가치는 바람직한 무엇을 말한다. 그렇다면 윤리는 무엇일까? 윤리는 가치에 기반으로 실현하려는 행동을 말한다. 이러한 가치와 윤리를 바탕으로 국가나 사회에서는 처벌할 수 있는 구속력을 갖춘 법률을 만든다. 그렇지만 사실 가치나 윤리에 어긋난다고 법적인 처벌을 받지는 않는다.

그것은 반드시 해야 할 의무가 지워진 것이 아니라 '해야 할 것'이라는 도덕적 의무를 말하고 있기 때문이다. 예를 들어, '사람은 반드시 남을 존중해야 한다' '젊은 사람들은 이웃 어른을 만나면 인사해야 한다' '친구 간에는 서로 사랑으로 사귀어야 한다' '당사자가 없는 곳에서 그에 대해서 험담을 하면 안 된다'가 해당된다.

앞에 나열한 것들은 가치와 윤리에 적용되는 문제이지 법적 관련이 있는 쟁점은 아니다. 오히려 실천상의 판단 및 행동을 스스로가 스스로에게 묻고 스스로 방향을 지시하는 것, 그것이 가치이고 윤리원칙이다.

**표 6-1** 관습, 도덕, 법률의 차이

| 관습 | 준수하지 않을 때 사회는 준수하지 않은 사람을 비난하거나 명예롭지 못하게 한다. 그러나 관습을 위반했다고 체벌의 대상이 되지는 않는다. 예를 들어 부모의 제사를 모시지 않은 사람에게 비난은 할 수 있지만 체벌 등을 가할 수는 없는 것이다. 이러한 경우에 체벌을 가하는 일이 있지만 이것은 분명히 체벌을 가하는 사람의 잘못이지 관습의 일탈자에 대한 적합한 규제가 되는 것은 아니다. 관습의 위반자에 관한 처벌은 심리적일 뿐이다. |
|---|---|
| 도덕 | 위반한 사람에 대한 규제는 전혀 외적이지 않다. 심리적인 모욕을 준다거나 체벌을 가하는 것은 도덕률 위반자에게는 해당되지 않는다. |
| 법률 | 준수하지 않을 때 사회는 그 일탈자를 신체적인 구속 등의 체벌을 가하거나 금전적인 부담을 준다. 이 처벌은 강제적이다. |

이처럼 방향을 지시하고 있는 가치와 윤리를 코드화한 것이 윤리강령이다. 가치와 윤리는 준수해야 할 규칙 및 벌칙은 아니다. 전문가로 일할 때 실천의 가운데서 혼돈스럽고 모순에 고민하고 스스로 전문성을 의심하고 진정한 전문성을 확인하고 싶은 느낌이 들 때, 스스로 방관자인 것처럼 그 상황에 대한 판단 중지 속에서 현재의 조건에 대하여 질문을 던지는 것, 이것이 전문가치가 되고 윤리원칙이 된다. 그것이 바로 윤리강령이다.

실천을 통해서 '이것을 꼭 해야 하는지 의심스럽다' '이것은 하지 않으면 전문가라고 말할 수 없다'라는 판단을 하는 것이 되어야 한다. 예를 들면, '이만하면 되었다. 좋아!'라는 느낌이 자신의 마음 가운데서 들리는 것처럼 될 때, 전문가치 및 윤리원칙이 자신의 중심으로 내재화되며, 사회복지실천 전문가로서의 전문성에 근접했다는 말이 된다. 실천의 중심에서 스스로가 스스로에게 묻는 일은 계속되어야 한다. 이러한 과정에 기준이 되는 것이 전문가치이고 윤리원칙이다.

한편, 가치와 윤리행동이 법적 처벌을 뒤따르게 하지는 않지만 어떤 의미에서 본다면 법률적 구속보다 사회의 다른 사람과의 관계에서 더 엄격한 자기통제력과 구속력을 가진다. 사회복지사는 끊임없이 개인과 전문가치와 윤리기준을 마련하고 그것을 지키기 위해서 노력해야 한다.

## 2) 기본 가치와 윤리

사회복지실천의 기본 가치와 윤리를 정리하면 다음과 같다.

○ 근본 가치

  개인의 존엄, 인권(자유권, 생존권),·사회통합, 사회정의 등

○ 중심 가치

  주체성, 자기실현, 권한 부여(empowerment), 정상화, 공생, 자립생활, 삶의 질, 자기실현,

  대변(옹호), 인권옹호 등

○ 수단 가치

  자기결정, 참가, 정보 선택, 사생활 보장 등

## 3) 사회복지 전문윤리

### (1) 윤리의 정의

앞서 말했듯이 윤리(ethics)는 도덕적으로 좋고 나쁘고, 옳고 그른 것에 관한 사항이다. 사람들이 함께 살아가면서 사람으로서 마땅히 행하거나 지켜야 할 도리를 말한다. 이러한 윤리는 보편성을 지닌다. 예를 들어, 성경에 '네 이웃을 네 몸과 같이 사랑하라'라는 계명은 자신의 이익과 같은 비중으로 다른 사람의 이익도 고려하라는 뜻이다. 윤리는 극히 주관적이고 개인적인 수준의 덕목이 아니라 보편적인 공감의 범위에서 판단하는 잣대이다.

지식과 윤리 그리고 가치의 차이

○ 지식(knowledge): 옳고 그른 것에 대한 판단

○ 윤리(ethics): 도덕적으로 좋고 나쁘고, 옳고 그른 것에 관한 것. 사람이 사회적 관계에 있

  어서 사람으로서 마땅히 행하거나 지켜야 할 도리

○ 가치(value): 좋고 바람직한 것에 대한 지침

## (2) 사회복지의 윤리 범위-생명윤리와 사회윤리

인간은 자연의 일부로서 생명을 부여받고 있으며, 다른 사람들과의 사이에서 생활하는 사회적 존재이다.

사회복지실천 전문가치는 의료분야에서 일하는 전문가와 비교했을 때 같은 형태일까?

의학과 의료는 주로 생명 자체를 대상으로 한다. 신체의 고령화 및 병에 걸린 생명에 대한 가치와 윤리는 생명윤리를 문제로 한다. 한편, 사회복지는 후자를 주된 대상으로 한다. 사회의 중심에서 생활하는 사람의 존엄과 사회에서 일어나는 빈곤, 차별, 억압 등의 정의롭지 못한 가치와 윤리에 대한 사회윤리를 문제로 한다. 의료 전문가는 인간을 포함하여 생명이 있는 것에 대해서는 생명을 지키고, 그 생명을 위협하는 병을 치료하고, 그 생명과 건강을 유지하는 것이 우선적인 사명이다. 사회복지사는 사회의 중심에서 생활하는 모든 사람을 존중하고 빈곤, 차별, 억압 등이 없는 사회정의의 실현을 위해 노력하고 공헌하는 것을 사명으로 한다. 다음의 예에서 생명윤리와 사회윤리를 이해할 수 있다.

---

**사례**

중학교 2학년인 철수는 학기 초에 교실에서 갑자기 발작을 일으켜서 넘어져 집에 왔다. 어머니는 철수를 데리고 병원에서 진찰을 받았고, 그 결과 뇌전증으로 판명되었다. 철수에 대한 치료가 시작되었고, 의사선생님은 약만 잘 먹으면 괜찮다고 설명하였다. 그럼에도 이 일로 인해 어머니는 쇼크를 받았고, 아버지도 철수의 병이 자기의 책임인양 스스로를 책망하고 힘들어했다. 또한 철수 부모는 고민에 빠졌다. '학교 선생님에게 이 사실을 알려야 할 것인가? 그런데 학교에서 알게 되면 학급의 학생들 사이에서 왕따를 당하지 않을까? 철수는 장래에 취직을 하고 결혼을 할 수 있을까?' 등 철수와 가족이 겪어야 할 앞으로의 사회생활에 대해 많은 고민을 시작하게 되었다.

인간은 생물학적 존재이다. 생명을 갖고 있다. 생명을 갖고 있는 인간은 또한 사회적 존재이다. 생명을 갖고 사회적 존재로서 현실에서 생활해야 하는 숙명에 놓여 있다. 인간의 생명(다른 생물체의 생명도)은 귀중하고 절대적이고 보편적인 가치를 지닌다. 이러한 보편적인 생명을 가진 인간은 '사회' 속에서 '생명'을 유지하며 살아간다. 인간의 '사회'는 생명을 갖고 있는 인간이 속한 국가, 제도, 문화, 종교 등에 있어서 현실화된다. 비록 같은 사회에 사는 인간이라도 개인들의 생활(사회생활)은 천차만별이다. 부자이거나 가난하거나 도시에 살거나 농촌에 살거나 하는 것뿐만 아니라 교육, 직업, 풍습 등에 한정되지 않고 사회적 존재로서의 사회생활은 극히 개별적인 것이 된다.

어떤 질병은 개인이 사는 지역과 직업, 교육 정도, 사회경제적 수준, 문화적 차이와 관계없이 발생할 수 있다. 그런데 문제는 동일한 감기에 걸렸더라도 그것을 수용하는 사회생활의 역량에 따라서 전혀 다른 의미의 질병이 될 수 있다는 것이다. 예를 들면, 감기 치료비를 지불하는데 전혀 경제적 생활이 곤란하지 않은 사람과 치료비로 인해 고통 받고 있는 사람에게 있어서 감기는 전혀 다른 생활조건이 된다.

이와 같이 생명체로서 걸린 병은 같지만 그 사람이 어떤 사회생활을 영위하는가에 따라서 개별적으로는 다른 의미를 갖는다. 또한 환자 가족의 생활에 미치는 영향도 미루어 짐작이 가능할 것이다. 어떤 질병에 대한 사회적 반응은 환자의 생명에 초점을 맞추고 있지 않고 환자의 병에 대한 '사회적 편견'이 앞서 있으며, 또한 어떤 병은 가족을 둘러싼 다른 사람들(사회)과 제도의 가운데 그 병의 원인이 존재하는 것도 있다.

예를 들어, 수혈로 인해 AIDS에 걸린 청소년이 있다고 생각해 보자. 이러한 경우 대다수의 사람은 질병에 걸린 청소년과의 접촉을 꺼리고 그 병이 미치는 사회적 파급력에 더 관심을 갖는다. 또 다른 경우를 보자. 공장의 열악한 환경으로 인해 폐질환이 걸린 환자의 병의 원인은 개인의 위생보다는 환경의 위험으로 인해 발병한 것이다. 따라서 생명에 대한 의학적인 치료만큼 병에 걸린 환자와 그 가족 등이 사회생활에 있어서 장애가 되는 부분을 함께 껴안아야 한다.

이렇게 의료에 있어서는 인간의 생명에 관한 가치와 윤리가 강조되지만 사회복지실천에 있어서 인간의 '사회에 관한 가치와 윤리' 둘 모두가 요구된다. 이에 따라 '인간의 생명'에 관한 '의료가치와 윤리' 및 '인간과 사회'를 끌어안는 '사회복지실천의 가치와 윤리' 모두를 고려해야 한다. 사회복지실천은 당연히 후자에 초점을 맞추는 일이다.

## 4) 사회복지실천 현장에서의 윤리 딜레마

실제 사회복지실천 현장에서 윤리를 적용하는 데 있어서 많은 변수와 딜레마가 있을 수 있다. 윤리적 딜레마가 일어날 때 어떤 윤리를 먼저 고려해야 할지에 대해서 사회복지사는 혼란과 고민에 빠지는 경우가 적지 않다. 이러한 윤리적 딜레마의 예는 다음과 같은 것들이 있다.

- 전문직의 온정주의(paternalism)와 클라이언트의 자기결정권 존중: 클라이언트가 놓여 있는 상황 및 클라이언트 자신의 자원(의욕, 능력, 기술 등), 이를테면 제한된 공적 자원(서비스) 등의 조건을 고려하여 사회복지사가 더 좋은 생각을 제시하더라도 선택할 때 클라이언트가 이것을 납득하지 않는 것이다. 즉, 사회복지사가 클라이언트의 욕구와 문제해결을 위해 더 바람직하다고 생각하는 것과 클라이언트의 자기결정 사이의 갈등을 말한다.
- 클라이언트의 자기결정권의 존중과 가족의 결정 존중: 사회복지사는 일반적으로 클라이언트 개인의 문제를 다룬다. 그러나 클라이언트의 문제는 가족의 문제와 연결되어 있는 경우가 많다. 이러한 때 사회복지사는 클라이언트 개인만이 아닌 가족의 복지와 상황도 함께 고려해서 문제해

결 및 개선을 도모한다. 이러한 상황은 클라이언트와 클라이언트 가족이 바라는 문제해결 방향이 대립하는 경우이다.

- 제한된 공적 자원의 배분과 클라이언트의 이익 추구: 같은 문제를 갖고 같은 종류의 양의 서비스를 필요로 하는 클라이언트들에게 부족한 서비스를 공평하게 배분해야 하는 경우이다.
- 비밀 보장, 공적 보호 및 공공복지의 추구: 클라이언트와의 면담과정에서 파악한 클라이언트의 행위가 클라이언트 주변 사람들의 이익에 어긋나고, 또한 이것이 공공의 복지를 침해하는 우려를 갖는다고 사회복지사가 판단한 경우이다.
- 사실의 전달과 클라이언트의 이익 추구: 클라이언트의 동의 아래 가족이나 친구, 지인들로부터 얻은 클라이언트에 대한 정보를 클라이언트에게 전달하는 것이 클라이언트에게 고통 및 강한 불쾌감을 준다는 우려를 갖고 있는 경우이다.
- 동료의 행위에 있어서 고발과 동료에의 신뢰와 팀 사회복지사들의 존중: 동료 사회복지사가 권위를 남용하여 다른 사회복지사들에게 해를 끼치는 행동을 하는 것을 알았을 때 동료를 존중하는 일과 클라이언트 및 전문직의 보호 사이에서 갈등 상황에 놓이는 경우이다.

## 5) 윤리 딜레마의 처리 원칙

사회복지에서의 윤리는 전문직업인으로서 사회복지사가 반드시 지켜야 하는 행동의 원칙이나 지침을 의미한다. 윤리결정의 우선순위를 보면 다음과 같다(Loewenerg, Dolgoff, & Harrington, 2005). 다음에 제시된 것은 ①번부터 우선순위가 있다.

① **생명보호의 원칙**

인간 생명은 무엇보다도 우선되어야 한다. 생명에 관한 권리는 모든 권리 중에서 가장 기본적인 것이며, 만약 생명의 권리가 침해되면 어느 누구도 다른 권리를 누릴 수 없다.

② **평등과 불평등의 원칙**

평등과 불평등의 원칙은 사람은 평등하게 처우되어야 한다는 것이다. 이것은 사회정의와도 관련이 있는데, 만일 사람이 같은 위치에 있지 않은 것 때문에 평등하지 못하다면 더 불평등한 위치에 있는 사람을 조정하여 평등하도록 만들어야 한다는 것이다. Rawls의 말대로 정의란 낮은 상태에 있는 사람에게 더 많이 갖도록 하는 것이기 때문이다. 예를 들면, 성인에게 학대받는 아동은 성인과 동등한 위치에 있지 않기 때문에 학대 상황이 비록 생과 사를 다투는 심각한 경우가 아니어도, 학대하는 성인에 대한 비밀보장과 자율성의 원칙은 아동을 보호하는 의무에 비해 낮은 순위라고 보아야 한다.

③ **자율성과 자유의 원칙**

개인의 자율성과 독립성 그리고 자유를 신장시키는 윤리적 결정은 중요하다.

④ **최소한의 피해의 원칙**

사회복지사는 클라이언트가 불가피하게 피해를 보더라도 항상 최소한의 손실을 줄 수 있도록 해야 한다.

⑤ **삶의 질 원칙**

사회복지사는 지역사회뿐만 아니라 개인과 모든 사람의 삶의 질을 보다 향상시키는 기회를 선택해야 한다.

⑥ 사생활 보호와 비밀보장의 원칙

사회복지사는 모든 사람의 사생활 보호의 권리를 신장시키는 윤리적 결정을 해야 한다. 비밀을 누설하지 않고 유지하는 것은 이 의무를 지킨 직접적인 결과이다.

⑦ 진실성과 정보 개방의 원칙

사회복지사는 클라이언트와 다른 사람들에게 진실을 말하고, 모든 관련 정보를 충분히 개방하는 것을 허용하는 윤리적 결정을 해야 한다

## 6) 비윤리적 사안

사회복지실천 활동을 하면서 부딪히는 문제 중에 하나는 다른 사람을 돕는 행위 자체에서 오는 윤리성에 대한 고민부터 사회복지사도 사람이기 때문에 겪게 되는 실수와 고민들이 있다. 대표적인 비윤리성을 촉발할 수 있는 두 가지에 대해서 논의한다.

### (1) 의도적인 변화

친구를 돕거나 이웃을 도울 때 무심코 상대가 원하는 것 이상으로 선의를 베풀어 도와주면 어떤 때에는 부담스러워하거나 심지어 화내는 일도 있다. 지나친 친절은 베풀지 않은 것보다 못한 적이 많다는 말이 실감날 정도이다. 더구나 직업으로서 전문성을 갖고 클라이언트를 돕는 행위는 비록 바람직한 방향으로 이끌어 가더라도 '돕는 행위' 자체에서 자칫 사회복지사와 클라이언트 사이를 수직적인 관계를 만들 가능성이 있다. 비록 좋은 뜻과 클라이언트를 위하는 방법과 방향이라도 의도성을 갖고 있다는 것이 사회복지사와 클라이언트 사이의 균형을 깨뜨리는 일이 될 수 있다.

한편, 사회복지사는 자신의 성과나 직업적인 목표 성취를 위해서 클라이언

트를 자신이 바람직하다고 생각하는 방향으로 조작할 수도 있다.

　이처럼 사회복지사의 의도가 바람직하든 그렇지 않든 간에 윤리적 논란에서 벗어나기 힘들다. 따라서 사회복지사는 항상 클라이언트와 함께 문제를 해결한다는 의식을 가져야 한다. 만일 사회복지사의 편의에 의해 일방적인 도움관계를 형성한다면 결코 윤리적으로 합당하다고 볼 수 없다.

### (2) 이중적 관계

　사회복지실천은 인간관계를 바탕으로 한다. 다시 말해서, 사람끼리 부딪히면서 머리를 맞대고 클라이언트의 문제해결을 위해 노력한다. 그런데 사회복지사와 클라이언트는 자신의 역할과 위치가 있지만 때에 따라 이 범주를 벗어나서 서로를 대하는 경우가 있다. 사회복지사는 클라이언트를 직업적으로 대하면서도 온 힘을 기울여 그의 어려움에 귀 기울여 도와야 한다. 이러한 사명 때문에 종종 공식적인 도움관계에서 벗어나 사적인 관계를 갖기도 한다. 이것은 사회복지사가 원래 공적인 관계를 유지하면서도 사적관계도 함께 고려해서 행동하는 이중적 관계를 맺는 것이다. 즉, 사회복지사와 클라이언트가 도움관계의 범위를 벗어나 다른 차원의 관계를 갖는 것을 뜻한다. 이는 전문적 집단에서 나타날 수 있는 결코 바람직하지 않은 경우이다.

　사회복지사는 클라이언트에 비해서 전문적 지식과 기술을 갖고 있다. 따라서 전문적인 권위(authority)를 가지기 때문에 현실적으로 사회복지사와 클라이언트가 대등한 관계를 형성하고 유지하기는 어렵다. 이렇기 때문에 클라이언트는 때에 따라서 사회복지사에 대해 그가 갖고 있는 능력 이상의 사람으로 평가할 수 있고, 사회복지사를 떠나서 한 개인으로서도 권위와 역량을 갖추고 애정을 갖고 자신을 보살펴 줄 것이라 기대하기도 한다. 이중적 관계는 예를 들어 사회복지사가 전문적 관계를 이용하여 사적인 만남을 하거나 금전적 거래를 통해 사적인 이윤을 추구하는 일 등이 있다. 또한 사회복지사와 클라이언트가 사적인 교제를 하는 것도 포함할 수 있다.

## 4. 사회복지실천 윤리 수행을 위한 자기이해

사회복지사에게 가장 중요한 도구는 자기 자신이다. 사회복지사는 자신이라는 도구를 잘 사용하기 위해서는 반드시 높은 자기인식을 갖고 있어야 한다. 사회복지사가 자기인식을 갖고 있어야 자신과 클라이언트의 차이를 잘 이해할 수 있다(Johson & Yanca, 2007). 또한 이를 통해 끊임없이 자신의 가치를 점검해 나감으로써 사회복지실천 현장에서 부딪히는 사례에 대해서 보다 윤리적으로 올바른 결정을 내릴 수 있다.

따라서 끊임없는 나에 대한 성찰과 올바른 판단에 대한 의심에서부터 다른 사람의 독특성에 대한 경험은 물론 인간의 보편적 성향과 사고에 대한 관심과 학습이 요구된다. 그리고 개인의 윤리와 함께 사회윤리에 대한 관심과 자신을 사회윤리에 비추어 보는 노력 또한 필요하다.

'나는 지금 이 상황을 잘 이해하고 있는가?'

'내 앞에 있는 클라이언트에 대해서 잘 알고 있는가?'

'클라이언트가 원하는 것과 내가 전문적 도움을 주려는 방향은 일치하는가?'

'클라이언트를 진정으로 이해하고 공감하는가?'

'나의 결정과 조언 그리고 클라이언트와 함께하는 방향이 사회복지 가치에 비추어 볼 때 의미 있고 올바른 윤리적 결정인가? 아니면 더 나은 결정은 없는가?'

'나는 어떤 방향으로 끊임없이 변화하고 있는가?'

이렇듯 다양한 가치와 윤리에 관련하여 스스로 물음으로써 좀더 성숙하고 윤리적인 사회복지사로 설 수 있는 행동기준을 마련해 나가야 한다.

결국 사회복지실천 윤리는 상당 부분 사회복지사 개인의 인격과 윤리적 성숙 그리고 클라이언트와 상황을 바르게 이해하는 능력에 따라서 결정될 수 있다.

참고자료

## 사회복지사 윤리강령

사회복지사는 인본주의 · 평등주의 사상에 기초하여, 모든 인간의 존엄성과 가치를 존중하고 천부의 자유권과 생존권의 보장 활동에 헌신한다. 특히 사회적 · 경제적 약자들의 편에 서서 사회정의와 평등 · 자유와 민주주의 가치를 실현하는 데 앞장선다. 또한 도움을 필요로 하는 사람들의 사회적 지위와 기능을 향상시키기 위해 저들과 함께 일하며, 사회제도 개선과, 관련된 제반 활동에 주도적으로 참여한다.

사회복지사는 개인의 주체성과 자기결정권을 보장하는 데 최선을 다하고, 어떠한 여건에서도 개인이 부당하게 희생되는 일이 없도록 한다. 이러한 사명을 실천하기 위하여 전문적 지식과 기술을 개발하고, 사회적 가치를 실현하는 전문가로서의 능력과 품위를 유지하기 위해 노력한다. 이에 우리는 클라이언트 · 동료 · 기관 그리고, 지역사회 및 전체 사회와 관련된 사회복지사의 행위와 활동을 판단평가하며 인도하는 윤리기준을 다음과 같이 선언하고 이를 준수할 것을 다짐한다.

### 사회복지사의 기본적 윤리기준

- 전문가로서의 자세
  - 사회복지사는 전문가로서의 품위와 자질을 유지하고, 자신이 맡고 있는 업무에 대해 책임을 진다.
  - 사회복지사는 클라이언트의 종교 · 인종 · 성 · 연령 · 국적 · 결혼상태 · 성 취향 · 경제적 지위 · 정치적 신념 · 정신, 신체적 장애 · 기타 개인적 선호, 특징, 조건, 지위를 이유로 차별대우를 하지 않는다.
  - 사회복지사는 전문가로서 성실하고 공정하게 업무를 수행하며, 이 과정에서 어떠한 부당한 압력에도 타협하지 않는다.
  - 사회복지사는 사회정의 실현과 클라이언트의 복지 증진에 헌신하며, 이를 위한 환경 조성을 국가와 사회에 요구해야 한다.
  - 사회복지사는 전문적 가치와 판단에 따라 업무를 수행함에 있어, 기관 내외로부터 부당한 간섭이나 압력을 받지 않는다.
  - 사회복지사는 자신의 이익을 위해 사회복지 전문직의 가치와 권위를 훼손해서는 안 된다.
  - 사회복지사는 한국사회복지사협회 등 전문가단체 활동에 적극 참여하여, 사회정의 실현과 사회복지사의 권익 옹호를 위해 노력해야 한다.

• 전문성 개발을 위한 노력

－ 사회복지사는 클라이언트에게 최상의 서비스를 제공하기 위해, 지식과 기술을 개
발하는 데 최선을 다하며 이를 활용하고 전파할 책임이 있다.

－ 클라이언트를 대상으로 연구하는 사회복지사는 저들의 권리를 보장하기 위해 자발
적이고 고지된 동의를 얻어야 한다.

－ 연구과정에서 얻은 정보는 비밀보장의 원칙에서 다루어져야 하고, 이 과정에서 클
라이언트는 신체적, 정신적 불편이나 위험 · 위해 등으로부터 보호되어야 한다.

－ 사회복지사는 전문성을 개발하기 위해 노력하되, 이를 이유로 서비스의 제공을 소
홀히 해서는 안 된다.

－ 사회복지사는 한국사회복지사협회 등이 실시하는 제반교육에 적극 참여하여야
한다.

• 경제적 이득에 대한 태도

－ 사회복지사는 클라이언트의 지불능력에 상관없이 서비스를 제공해야 하며, 이를
이유로 차별대우를 해서는 안 된다.

－ 사회복지사는 필요한 경우에 제공된 서비스에 대해, 공정하고 합리적으로 이용료
를 책정해야 한다.

－ 사회복지사는 업무와 관련하여 정당하지 않은 방법으로 경제적 이득을 취하여서는
안 된다.

### 사회복지사의 클라이언트에 대한 윤리기준

• 클라이언트와의 관계

－ 사회복지사는 클라이언트의 권익 옹호를 최우선의 가치로 삼고 행동한다.

－ 사회복지사는 클라이언트에 대하여 인간으로서의 존엄성을 존중해야 하며, 전문적
기술과 능력을 최대한 발휘한다.

－ 사회복지사는 클라이언트가 자기결정권을 최대한 행사할 수 있도록 도와야 하며,
저들의 이익을 최대한 대변해야 한다.

－ 사회복지사는 클라이언트의 사생활을 존중하고 보호하며, 직무 수행과정에서 얻은
정보에 대해 철저하게 비밀을 유지해야 한다.

－ 사회복지사는 클라이언트가 받는 서비스의 범위와 내용에 대해, 정확하고 충분한
정보를 제공함으로써 알 권리를 인정하고 존중해야 한다.

- 사회복지사는 문서 · 사진 · 컴퓨터 파일 등의 형태로 된 클라이언트의 정보에 대해 비밀보장의 한계 · 정보를 얻어야 하는 목적 및 활용에 대해 구체적으로 알려야 하며, 정보 공개 시에는 동의를 얻어야 한다.
- 사회복지사는 개인적 이익을 위해 클라이언트와의 전문적 관계를 이용하여서는 안 된다.
- 사회복지사는 어떠한 상황에서도 클라이언트와 부적절한 성적관계를 가져서는 안 된다.
- 사회복지사는 사회복지 증진을 위한 환경 조성에 클라이언트를 동반자로 인정하고 함께 일해야 한다.
• 동료의 클라이언트와의 관계
- 사회복지사는 적법하고도 적절한 논의없이 동료 혹은, 다른 기관의 클라이언트와 전문적 관계를 맺어서는 안 된다.
- 사회복지사는 긴급한 사정으로 인해 동료의 클라이언트를 맡게 된 경우, 자신의 의뢰인처럼 관심을 갖고 서비스를 제공한다.

## 사회복지사의 동료에 대한 윤리기준
• 동료
- 사회복지사는 존중과 신뢰로서 동료를 대하며, 전문가로서의 지위와 인격을 훼손하는 언행을 하지 않는다.
- 사회복지사는 사회복지 전문직의 이익과 권익을 증진시키기 위해 동료와 협력해야 한다.
- 사회복지사는 동료의 윤리적이고 전문적인 행위를 촉진시켜야 하며, 이에 반하는 경우에는 제반 법률규정이나 윤리기준에 따라 대처해야 한다.
- 사회복지사가 전문적인 판단과 실천이 미흡하여 문제를 야기시켰을 때에는, 적절한 조치를 취하여 클라이언트의 이익을 보호해야 한다.
- 사회복지사는 전문직 내 다른 구성원이 행한 비윤리적 행위에 대해, 제반 법률규정이나 윤리기준에 따라 조치를 취해야 한다.
- 사회복지사는 동료 및 타 전문직 동료의 직무 가치와 내용을 인정 · 이해하며, 상호 간에 민주적인 직무관계를 이루도록 노력해야 한다.

- 슈퍼바이저
  - 슈퍼바이저는 개인적인 이익의 추구를 위해 자신의 지위를 이용해서는 안 된다.
  - 슈퍼바이저는 전문적 기준에 의해 공정하게 책임을 수행하며, 사회복지사 수련생 및 실습생에 대한 평가는 저들과 공유해야 한다.
  - 사회복지사는 슈퍼바이저의 전문적 지도와 조언을 존중해야 하며, 슈퍼바이저는 사회복지사의 전문적 업무 수행을 도와야 한다.
  - 슈퍼바이저는 사회복지사 · 수련생 및 실습생에 대해 인격적 · 성적으로 수치심을 주는 행위를 해서는 안 된다.

## 사회복지사의 사회에 대한 윤리기준

- 사회복지사는 인권 존중과 인간 평등을 위해 헌신해야 하며, 사회적 약자를 옹호하고 대변하는 일을 주도해야 한다.
- 사회복지사는 필요한 사회서비스를 개발하기 위한 사회 정책의 수립 · 발전 · 입법 · 집행에 적극적으로 참여하고 지원해야 한다.
- 사회복지사는 사회 환경을 개선하고 사회정의를 증진시키기 위한 사회 정책의 수립 · 발전 · 입법 · 집행을 요구하고 옹호해야 한다.
- 사회복지사는 자신이 일하는 지역사회의 문제를 이해하고, 그것을 해결하는 일에 적극적으로 참여해야 한다.

## 사회복지사의 기관에 대한 윤리기준

- 사회복지사는 기관의 정책과 사업 목표의 달성, 서비스의 효율성과 효과성의 증진을 위해 노력함으로써, 클라이언트에게 이익이 되도록 해야 한다.
- 사회복지사는 기관의 부당한 정책이나 요구에 대하여, 전문직의 가치와 지식을 근거로 이에 대응하고 즉시 사회복지윤리위원회에 보고해야 한다.
- 사회복지사는 소속기관 활동에 적극 참여함으로써, 기관의 성장 발전을 위해 노력해야 한다.

## 사회복지윤리위원회의 구성과 운영

- 한국사회복지사협회는 사회복지윤리위원회를 구성하여, 사회복지 윤리 실천의 질적인 향상을 도모하여야 한다.

- 사회복지윤리위원회는 윤리 강령을 위배하거나 침해하는 행위를 접수받아, 공식적인 절차를 통해 대처하여야 한다.
- 사회복지사는 한국사회복지사협회의 윤리적 권고와 결정을 존중하여야 한다.

출처: 한국사회복지사협회 http://www.welfare.net/site/ViewMoralCode.action

제 **7** 장

# 사회복지실천의 핵심 요소: 이론과 모델

∙
∙
∙

사회복지실천을 위해 필요한 지식들

Social Work Practice.

　의학도, 의료기술도 융합시대인가? 양방병원과 한방병원이 뚜렷이 구분이 안 되는 의료행위를 하기도 하고, 많은 부분 서로 교차하면서 배우겠지만 여전히 중요한 외과적 수술은 양방의료에서, 몸의 기와 혈을 뚫어 주고 보(補)해 주는 일은 주로 한방의료에서 한다.

　또한 양방은 조사를 통해서 진단을 하고 그에 따른 치료방법을 채택한다. 속이 불편해서 병원에 간다. 의사가 묻는다. "어디가 불편해서 왔습니까?" 내 증상을 설명한다. 의사는 이것저것 묻기도 하고 청진기를 사용하고 각종 필요한 검사를 한 후 이렇게 말한다. "신경성 위염인 것 같습니다." 그리고 처방전을 써 준다.

　한편, 자꾸 허기가 지고 몸이 허한 느낌이 들어서 한의원에 가면 한의사는 주로 맥을 짚는다. 그리고 "기가 많이 쇠해진 것 같습니다. 이런저런 음식을 자주 먹고, 필요하면 몸을 보하는 약재를 한 달 가량 드시면 기력이 좀 회복될 듯합니다."

　진단주의와 기능주의. 옳고 그름이 아니라 사람에 따라, 문제에 따라, 상황에 따라 어떤 접근이 가장 합리적인가를 따져야 하는 것이 아닐까?

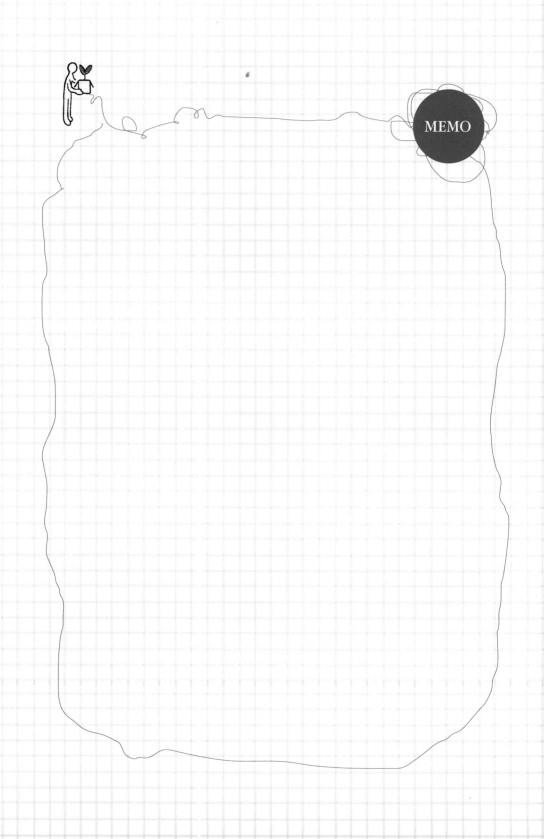

MEMO

# 1. 심리사회 모델

## 1) 개요

몸이 아프면 병원에 간다. 병원에 가서 의사를 만나면 아픈 증상에 대해서 물어보고 필요에 따라서는 각종 검사를 실시한다(조사). 그런 다음 의사는 병명에 대해서 말한다(진단). 그리고는 병에 적절한 처방을 내린다(치료). 이와 같은 과정이 의료모델의 전형이다. 의료모델은 원인과 결과의 관계를 명확히 하여 문제를 해결하는 과학적 방법이다. 즉, 모든 증상에는 원인이 있고 증상에 따라서 적합한 치료방법을 제시해서 치료하는 것이다.

사회복지실천은 의료모델의 과학적 방법을 토대로 전문적 과정을 구축한다. 실제 Richmond의 사회진단 이후 초창기 사회복지학은 1920년대와 1930년대에 걸쳐 Freud이론과 성격이론, 사회화이론 등의 영향을 받아 Hollis, Hamilton, Towle, Lowry, Austin 등이 학문적 기반을 정립하는 데 기여했다.

그런데 병과는 달리 사회복지실천에서 만나는 도움이 필요한 사람들은 성격이나 인성의 문제 때문에 고통이나 어려움에 처한 것이 아니다. 사회복지실천에서 도움이 필요한 문제가 사람과 그 사람을 둘러싼 환경 그리고 환경 및 다른 사람과의 관계 때문에 일어나는 등 매우 복합적인 원인이 있다는 것을 발견한다.

예를 들어, 한 사람이 위생 관념이 철저하지 못해서 질병에 걸리는 것과는 달리 빈곤의 문제는 그 사람이 갖는 나태와 직업 부적응 등 개인적 성향으로 인한 소득의 부족과 결핍만으로 판단하기에는 무리가 있다. 왜냐하면 빈곤한 사람이 다른 사람보다 게으름 등 개인의 특성 때문에 빈곤한 것이 아니라 그가 다니던 직장에서 상사와 불편한 관계 때문에 퇴직했지만 마음이 몹시 여려서 아직 심적 상처를 극복하지 못해 새로운 직장을 구하지 못했을 수 있다. 또한 배우자의 가출로 인해 어린 아이를 혼자 돌보면서 직장을 찾기 쉽지 않아서 일 수도 있다. 이처럼 소득 결핍의 결과는 빈곤으로 이어지지만 그 원인은 신체적 질병보다 훨씬 더 복잡한 이유가 서로 연결되어 있을 수 있다. 도움이 필요한 사람(클라이언트)을 보다 과학적으로 돕기 위한 새로운 시각이 등장했는데, 바로 심리사회모델(psych-social model)이다. 이 모델은 단순히 사람의 문제를 심리나 정신적 현상에서 찾는 것이 아니라, 사람을 둘러싼 경제사회적 상황을 포함한 '사회 환경(상황) 속의 인간(person-in-situation)'으로 보는 것이다. 이 관점이 '심리사회적'이라는 개념이다.

학교에서 수업을 받는 학생과 집에서 컴퓨터 게임을 하는 학생은 동일한 사람이라도 처한 환경에 따라서 자세와 태도 그리고 상황에 대한 대응방식이 다를 것이다. 좀 더 쉽게 표현하면, 우리는 친구를 만날 때와 가족과 함께 있을 때 그리고 낯선 사람과 교제할 때에 따라서 각기 다른 태도를 가진다. 또한 집에서 혼자 있을 때의 복장과 밖에 중요한 일로 외출할 때의 옷차림도 다른 경우가 많다. 또한 사람을 언제, 어디서 만나느냐에 따라서도 다르다.

이와 비슷하게 심리사회모델은 클라이언트가 사회 환경의 형태와 사회 환경과의 상호작용하는 모습 그리고 다른 사람과 관계를 맺고 사회 환경에 적응하고 조정하는 공간뿐만 아니라 시간적 변화까지도 포함해서 보아야 한다는 것이다. 심리사회모델은 클라이언트에 대한 치료는 그들의 욕구에 따라서 개별적으로 이루어져야 한다는 것을 강조한다.

초기의 심리사회모델은 사회복지실천의 과학적 이론의 기초를 다지는 데 큰 역할을 했다. 한 인간의 행복을 꾀하기 위한 인간 내면의 욕구와 문제뿐만 아니라 수많은 사회환경과의 관계를 한 쌍으로 보았다. 인간에 대한 관심을 개별적으로 가지고 그의 성격과 태도 그리고 행동뿐만 아니라 그가 누구와 어떤 사회환경(노동, 교육, 사회, 문화 등) 속에서 상호작용하면서 욕구와 문제를 발생시키고 있는지를 보아야 한다는 것이다. 이런 면에서 사회복지실천은 과학적 측면과 예술적 성향을 동시에 갖고 있다고 주장한다.

심리사회모델은 자선조직협회 활동을 토대로 돕는 활동의 수많은 경험의 축적 속에서 구축되어 왔다. 또한 이러한 경험을 체계화하는 데 도움을 준 중요한 이론이 바로 Freud의 정신분석이론이다. 물론 인지행동이론과 게슈탈트요법(정신치료나 상담이론의 하나로, 사람을 하나의 전체로서 치료하는 것을 강조하며, 사람과 외부와의 관계성을 강조함으로써 현재 일어나는 경험에 대해 감각적인 인식에 초점을 두고 클라이언트의 성장을 촉진하여 잠재력을 개발하도록 돕는 기법) 등에도 영향을 주었지만 정신분석에서 나온 성격이론은 심리사회모델을 체계화하는 데 큰 기여를 했다고 본다. 그리고 인간행동과 사회현상을 연구한 사회과학도 심리사회모델을 정립하는 데 도움이 되었다.

또한 심리사회가 단순히 심리와 사회의 합친 모습이 아닌 하나의 화학적 결합으로, 하나의 묶음으로 보는 시각과 개념을 만드는 데에는 체계이론이 큰 시사점을 주었다.

심리사회모델은 사회복지실천에 역사적 기초가 되는 이론일 뿐만 아니라 여전히 실천 활동에 근거가 되는 이론체계로서 생명력을 가지고 있다. 하지만 도움이 필요한 사람(클라이언트)을 치료해야 하고 그 치료자는 사회복지사가 되어야 한다는 여전히 일방적인 진단-치료의 의료모델의 시각을 갖고 있다. 이것은 클라이언트를 의료장면에서 환자로 인식하여 그들의 문제를 적극적으로 해결하려는 사회복지의 주체성을 간과하는 측면이 있다. 또한 인간을 둘러싼 상황을 하나의 관점으로 보지만 그럼에도 불구하고 환경보다는 사람의 심리와 성향에 더 큰 초점을 맞추는 경향이 있다.

## 2) 주요 기법

- 지지기법: 경청, 수용 등을 통하여 클라이언트의 상황과 생각을 지지하는 방법이다.

- 지시기법: 직접적인 지시를 통해서 클라이언트의 문제와 장애가 되는 요인을 완화하거나 제거하는 방법이다.
- 정화법(ventilation): 클라이언트가 문제로 인해 갖게 되는 감정(특히, 부정적 감정)을 표출하고 말로써 표현하게끔 돕는 방법이다.
- 사람과 상황의 상호작용에 대한 반성적 토의: 클라이언트가 갖는 문제와 고통에 대해 자신의 내적 세계와 외부 상황과의 부조화를 성찰함으로써 자신의 행동과 사고에 대한 평가를 하게끔 돕는 방법이다.
- 퍼스낼리티의 반성적 토의: 클라이언트의 퍼스낼리티의 특징과 역동적인 부분에 대한 이해를 돕는 방법이다.
- 환경 조정: 클라이언트를 둘러싼 인적·물적 환경을 조정하여 클라이언트가 문제해결을 하도록 하는 방법이다(장인협, 1999 참조).

## 2. 기능주의 모델

### 1) 개요

사람은 스스로 결정하고 행동할 때 큰 기쁨과 보람을 느낀다. 이 평범한 진리는 진단주의 모델을 외면했다고 비판하면서 인간이 창조되면서 동시에 세상을 창조하는 힘을 가졌다는 자율의지와 스스로 문제를 해결할 수 있는 힘이 있다는 인식을 가진다. 이렇게 탄생한 것이 기능주의 모델이다.

기능주의 모델에서는 도움이 필요한 사람을 돕는 과정도 진단주의처럼 조사-진단-치료의 단선적이고 인과관계가 명확한 과정으로 구분되는 것이 아니라 도움과정의 시작과 중간 그리고 끝으로만 분류하고 있다.

'기능적'이라는 용어는 사회복지사보다는 사회복지사가 속해 있는 사회복지기관의 기능을 강조하는 데에서 비롯된다. 기관에 속한 사회복지사들이 문제를 진단하고 치료하는 작업보다는 도움이 필요한 사람들의 성장을 위한 도움을 강조했다. 기능주의 모델의 주요한 목표는 클라이언트가 적절한 관계를 통해 자아를 활용하여 성장을 도모하도록 하는 데 있다. 따라서 엄격한 절차가 있기보다는 클라이언트와 사회복지사와의 상호작용에 초점을 맞추어 도움을 주고받는 시간을 잘 활용하여 성장을 통해 현재 도움이 필요한 욕구와 문제 그리고 상황을 스스로 해결하도록 유도한다.

사실 기능주의 이론은 심리사회적 개별사회사업의 선두주자가 되었던 진단주의 이론과 경쟁을 하며 1930년대에 미국에서 일어났다. 기능주의 이론은 구조-기능주의와 구별된다. '기능적'이라는 용어는 사회복지기관의 기능이 각 장면에서 도움을 주는 형태와 방향성을 제시한다는 특징을 서술한 말이다. 기능주의는 Freud의 제자인 Rank가 이뤄 낸 이론에서 출발하였다. 정신의학을 과학한 시초라고 할 수 있는 Freud를 따르던 많은 제자는 그의 이론을 비판하고 발전시키는 일을 하였는데, Rank도 그 중 하나였다. 그가 제시한 기능주의는 질병을 진단하고 문제를 치료하는 작업보다는 클라이언트 개인의 성장을 위한 원조를 강조한다. 이 모델은 심리사회적 개별사회사업보다 인간발달단계에서 사회 및 문화적 상황과 쟁점을 더 강조한다.

기능주의 이론은 의료적이고 문제 중심적인 모델을 피하고, 적극적이고 미래지향적인 변화를 더 중요시한다. 내적 감정보다는 외부 세계와의 상호작용에 더 관심을 둔다. 사회복지실천 기능주의 모델에서는 사회복지기관의 기능을 강조한다. 클라이언트가 자율적 의지를 갖고 자신의 문제를 해결하기 위해 기관을 활용하는 것이다. 기관에 의해 부여된 통제를 설명하기 위해 '기능주의'라는 말을 직접 만들어 냈고, 특히 의지의 심리학으로 불리는 Rank의 개념들을 사회복지실천에서 접목하여 확장하고 정교하게 만들어서 기능주의를 탄생시킨다. 인간은 그 자체가 목적을 지닌 변화 지향의 주체로서 자신의 운명을 스스로 만들어 나간다는 믿음에서 기능주의는 출발한다. 인간의 삶에 있어서 변화는 불가피한 것이며, 변화과정에서 자신이 어떤 태도를 취하고 어떤 사람이 될 수 있을지는 상당 부분 한 개인의 의지에 따라 달라진다.

따라서 기능주의에서는 클라이언트의 의지(will)를 강조한다. 인간의지가 전제되어야 사회복지사가 지식과 기술을 가지고 도움(helping)을 줄 수 있다. 그런데 '도움'은 단지 도움일 뿐이다. 다시 말하면, 아무도 클라이언트를 변화시킬 수 없다. 자신의 변화를 추구하는 것은 전적으로 클라이언트의 권리와 의지이다. 따라서 클라이언트에게 활용할 수 있는 자원을 사용해서 자신이 행복하도록 기능하게 돕는 것이다. 즉, 사회복지사는 클라이언트가 스스로 선택하고 결정할 수 있는 대안들을 마련하고 그에 대하여 클라이언트가 능력을 발휘하고 성장하도록 돕는 것이다. 그렇기에 기능주의 모델에서는 진단주의 모델과는 달리 '치료' 보다는 '도움(원조)'이라는 용어를 사용한다. 그리고 과거에 얽매이기보다는 '지금-여기(here and now)' 에 초점을 맞추어 현재 시점부터 클라이언트의 성장에 관심을 가진다.

기능주의 모델에서 사회복지기관은 매우 중요한 부분이다. 사회복지기관은 사회복지사에게 기관의 초점과 방향 그리고 내용을 제공하여 서비스의 책임성을 향상시키기 위해 노력하지만 사회복지사에게 서비스에 대한 책임을 전적으로 떠맡기지는 않는다. 오히려 사회복지사와 클라이언트가 기관의 기능을 활용하여 도움에 필요한 자원과 해결방안을 찾아내도록 촉진한다.

Smalley(1972)는 기능주의 모델의 일반적인 원칙 다섯 가지를 제시하였다.

- 진단: 문제의 진단에 클라이언트를 관여시키고 이해시키기
- 시간의 사용: 의식적인 이해를 강조하고 진행하기
- 기관의 기능: 기관의 기능을 강조하기
- 관계와 변화과정: 관계의 목적은 클라이언트가 성장지향적인 적절한 선택을 하도록 돕기
- 구조의 의식적 사용: 클라이언트가 스스로를 도울 수 있도록 다양한 자원 활용하기

## 2) 주요 기법

기능주의는 진단주의와는 달리 특별한 기법을 발전시키지는 않았다. 기능주의는 분석적 치료가 아닌 현재 클라이언트의 통찰(insight)을 목표로 한다.

- 관계와 변화: 클라이언트에 대한 진단보다는 관계와 변화과정을 중요시한다. 모든 변화는 관계의 범주 내에서 일어나는 것이므로 변화와 관계는 서로 분리될 수 없는 개념이다. 따라서 다른 사람과의 관계 성격에 따라 그 경험이 성장에 도움이 되거나 방해가 된다. 기능주의자들에게 있어서 의지, 반의지, 저항 등의 개념은 불가피한 것이다. 오히려 성장의 동력으로서 필수적일 수 있다. 특히 저항은 문제로 규정되기보다는 새로운 성장을 위해 없어서는 안 될 강점의 징후로 받아들인다(김기태 외, 2007).
- 시간의 사용: 기능주의는 변화가 일어날 수 있는 유일한 장(settings)은 현재라고 이해한다. 또한 제한된 시간 속에서 클라이언트가 경험을 극대화하도록 돕는다.
- 기관의 기능과 기관 구조의 사용: 기관에 속한 사회복지사는 기관의 기능과 구조를 잘 이해하고 적절히 사용할 수 있는 역량을 갖추어야 한다. 여기서 기관은 사회복지사만이 일하는 곳이 아닌 다양한 직종과 자원봉사자들까지도 함께하기 때문에 이들로부터 사회복지과정의 효과성을 증진시킬 수 있도록 제반의 기능과 구조를 잘 알고 활용하는 일이 중요하다.

## 3. 문제해결 모델

### 1) 개요

사람은 자신의 삶을 스스로 잘 살아가려 애쓰는 존재이다. 즉, 자신이 갖고 있는 욕구와 문제를 해결하면서 행복한 삶을 살아간다. 문제해결은 실용적인 모델이다. 문제해결 모델에서는 사람을 스스로 삶을 주관하는 적극적인 존재로 이해한다. 현재와 미래의 자신의 삶을 창조적이고 능동적으로 구성해서 살아가려는 존재라는 것이다.

살아가면서 우리는 매일 문제를 만난다. 문제는 해결해야 할 어떤 것이기보다는 해결하기 위해 필요한 정보와 환경, 그리고 지속적으로 무엇인가를 알기 위한 과정이다. 즉, 문제는 고통과는 다르다. 문제는 매우 객관적인 사실이다. 이러한 문제(problem)는 알고 있지 못하는 정보를 발견하기 위해 해결책을 찾고 앞으로 다가올 잘 모르는 미래의 모습을 알기 위한 절차라고 말한다.

문제와 관련해서 사람은 늘 자신의 행동과 상황에 대해서 성찰하고, 스트레스 상황에 대해서 적극적으로 해결하여 자신의 목표(행복과 만족)를 달성하려 행동하고 노력하는 사람으로 인식했다.

문제해결 모델은 1957년에 Perlman이 쓴 『케이스워크-문제해결과정』이라는 책에서 제시한 것으로, 사회적 역할(social role) 개념을 사용한다. 사회복지실천과정에서 일어나는 문제의 상당 부분은 사회 안에서 사람들이 상호 교류하는 데 있어 생기는 장애로부터 시작된다. 이러한 역할에 문제가 생기면 결국 한 사람의 내적 안정성도 깨지게 되고 자신의 욕구를 충족하는 데 장애가 된다. 따라서 문제해결은 곧 한 사람의 내면적 인성과 연결되어 있으며 상황의 개선뿐만 아니라 자기개념의 긍정성에도 영향을 미친다는 것이다.

> **사례**
>
> 　철수는 내일 영희와 영화를 보러 가기로 했다. 그런데 친구인 영식이 찾아와서 또 다른 친구가 자전거를 타다 다쳐서 병원에 입원해 있다며 내일 병문안을 가자고 했다. 철수는 어정쩡한 태도를 보이다가 내일은 집안에 중요한 일이 있어서 함께 가지 못할 것이라고 말하고 말았다. 영식은 실망스러운 표정으로 철수에게 다음에 가라고 말하고 헤어졌다. 다음 날 영희와 영화를 보러 영화관을 가다가 병문안을 가는 영식이와 만났다. 의아한 표정으로 영희에게 행선지를 묻자 영희는 철수와 영화를 보러 간다고 했다. 영식은 아무 소리 없이 자신이 가던 길을 갔고, 철수는 몹시 불안한 상태에서 영화를 보았다. 철수와 영식의 상황을 모르는 영희는 영화관에서 철수가 계속 우울한 표정을 보이자 자신과 영화를 보러 온 것이 마땅치 않아서 일 거라 추측하고 철수에게 당분간 만나지 말자고 하였다.
>
> 　졸지에 두 친구에게 몹쓸 짓을 한 것 같아 철수는 자책하였고 친구를 잃을까 하는 두려움까지 생겼다.

　철수는 이성 친구와 동성 친구를 모두 잃을 것 같은 불안감에 휩싸인다. 지금 철수에게 이것보다 중요한 문제는 없다.

　문제를 해결해야 한다. 문제를 문제로 내버려 두면 문제는 해결되지 않는다. 사람은 살아가면서 크고 작은 많은 문제에 부딪힌다. 그 해결과정은 매우 두렵고 불안한 마음에서 출발하지만 자신의 자아 에너지를 문제해결에 동원할 때 더 나은 성장을 기대할 수 있다. 철수는 자신의 문제를 해결하기 위해서 다방면에서 생각할 것이다. 지적, 감정, 관계, 행동 등 총체적인 기능을 활용하여 문제를 해결한다. 스스로 문제를 해결해 나가는 중심의 역할을 통하여 더 나은 사회적 대처능력을 키울 수 있다. 즉, 현재 당면한 문제해결과 동시에 더 나은 방향으로 자아의 성장을 도모할 수 있다.

　문제해결 모델에서는 세 가지 문제해결의 수단 중 하나 또는 그 이상이 부족하거나 결여될 때 발생한다고 가정한다.

　동기, 능력, 기회가 그것이다. 앞서 철수의 경우에는 이 문제를 해결해야 하는 동기가 부족하거나, 관계회복을 할 수 있는 능력이 없거나, 또한 영희와 영식 그리고 그들을 둘러싼 환경에서 전혀 기회를 마련할 수 없을 때 진정한 문제가 되는 것이다. 결국 역설적으로 말하면 어떤 문제에 직면하더라도 문제를 적절히 해결하는 방법으로서 동기와 기회, 능력이 있다면 문제해결과정을 통해서 전화위복의 결과를 얻을 수 있다.

## 2) 주요 기법

사회복지실천은 하나의 과정이며 살아 있는 관계자와의 상호교류 작용이므로 클라이언트가 가지는 곤란한 문제가 어느 시점에서나 관심의 중심이 된다. 클라이언트는 자신이 문제해결자여야만 한다. 문제해결의 중요한 역할을 수행하는 클라이언트의 자아(ego)는 퍼스낼리티(personality)의 문제해결을 시도하는 것이므로 자아심리학의 자아개념이 중시된다.

문제해결은 구체적 서비스를 비롯하여 계획적인 결정을 필요로 하는 현실 문제에 관련되는 상담 및 지도, 권익 옹호 성격의 개입, 광범위한 치료 프로그램과 관련된 다른 전문가들의 유치, 개인 및 가족, 혹은 양자 공동의 면접 과정을 통한 부부 및 부모-자녀 간의 관계 갈등 해소, 그리고 정서적 문제를 가진 개인의 치료 등에 관여된다.

문제해결 모델의 중심요소는 문제(a problem)로 인해서 고통을 받고 있는 개인(a person)이 사회사업기관이나 사회복지시설 등(a place)에 도움을 요청하는 과정(a process)을 활용하는, 사회복지사에 의하여 도움을 제공받는다는 영어의 첫 글자를 합친 4P로 집약된다. 이러한 4P는 문제해결 모델의 핵심 개념인 동시에 기법으로 활용될 수 있다. 이것을 토대로 하여 소위 문제해결 과정으로 일반화된 '문제 확인-문제 분석-대안 발견 및 선택-우선순위 설정-실행-평가'의 순서를 제시한다. 이 과정은 다른 사회복지실천 관련 모델에도 많은 영향을 주었다. 단지, 이러한 일련의 순환적 과정으로 유연성을 갖고 있어 한 단계를 건널뛸 수도 있고 이전 단계로 돌아갈 수도 있다.


## 4. 임파워먼트 모델

### 1) 개요

무거운 물건을 들기 위해서는 힘이 필요하다. 사람은 힘이 있어야 한다. 심지어 힘을 얻기 위해 밥을 먹는 데에도 힘이 필요하다. 그만큼 힘은 살아가는 데 필수요소이다.

힘이 있어야 걷고 달린다. 힘이 있어야 말하고 주장한다. 하지만 물리력이 힘의 전부는 아니다. 권력, 돈, 인간관계, 절제, 주장, 호소, 문화예술 재능과 노력 등 힘의 요소는 무궁무진하다. 힘은 나와 다른 사람을 자신의 뜻대로 통제할 수 있는 능력이다.

힘(power)의 어원은 '술을 마신다' 이다. 로마나 그리스 그리고 중세 유럽에서는 와인을 만들 수 있는 포도밭을 가지고 있는 사람들이 권력을 가지고 있었다는 상징적 용어이다. 이런 와인은 항아리(pot)에 담아서 마셨고, 따라서 항아리는 사람의 지위를 나타내는 척도가 되었다. 이와 관련한 potent(강력한)는 권력이나 힘이 있어 강력하다는 뜻이다.

힘은 원하는 것을 할 수 있는 중요한 수단이다. 맛있는 것을 사 먹으려면 돈이 있어야 하고, 사랑을 하려면 상대에게 매력적으로 보여야 한다. 또한 자신이 원하는 직업을 갖기 위해서 때로는 절제된 생활이 필요하다. 이때 돈과 매력 그리고 절제된 생활 모두는 힘이 된다.

이처럼 힘은 다양한 모습으로 표현된다. 즉, 학교에서 학업과 관련해서는 성적이 우수한 학생이 힘을 갖는다. 학교생활에서는 학우들에게 인기 좋은 학생이 힘을 갖는다. 비싸고 맛있는 음식을 먹을 때에는 돈이 많은 친구가 힘이 있다. 또한 때로는 측은하고 불쌍한 모습을 한 친구들은 많은 학생이 챙겨 준다. 그런 경우에는 안쓰러운 모습이 힘이 된다.

이러한 힘은 잘 쓰면 자신과 다른 사람에게 도움이 되지만, 잘못 쓰면 반대의 결과를 가져온다. 물리적 힘이 센 사람은 힘이 약한 사람이 들지 못하는 물건을 들어 주고, 다른 사람이 힘으로 괴롭히려 할 때 막아 주면 그 사람의 힘은 긍정적인 결과를 가져오는 반면, 물리력이 타인에 대한 폭력과 폭행으로 바뀔 때에는 자신과 타인 모두에게 파괴적 결과를 가져온다.

그런데 사회복지의 철학에서는 모든 사람이 힘을 가지고 있다고 본다. 다시 말해서 잠재력을 가지고 있다는 말이다. 사람들이 갖고 있는 잠재력은 사람에 따라서 스스로 노력하여 개발하거나 운 좋게 기회를 잘 잡아서 남들이 부러워하는 힘으로 드러난다. 하지만 어떤 사람은 평생 잠재력만 가지고 그것을 드러내지 못하고 살기도 한다.

그러므로 사회복지에서 말하는 임파워먼트(empowerment)는 힘이 없거나 부족하거나 자신의 잠재적 힘을 드러내지 못하는 사람에게 힘을 부여하는 과정이다. 물론 임파워먼트에서 power(힘)는 자신과 타인 나아가 사회 환경에 대해서 긍정적으로 작용하는 능력을 말한다. 당연히 잘 쓰이는 힘이 나와 다른 사람을 위해서 행복한 결과를 가져오기 때문이다.

사회복지 대상자들은 사회적인 힘이 없거나 부족한 사람들이 대부분이다. 가난한 사람, 장애를 가진 사람, 아동, 노인, 외국인 노동자 등 사회에서 소외되어 있거나 소외되기 쉬운 사람들이다. 그들은 힘이 없다. 사회복지에서는 그들이 힘이 없는 이유를 사회나 환경의 억압이나 위축으로 인해 자신의 잠재력을 드러낼 수 있는 동기와 기회를 찾지 못했기 때문이라고 본다.

예를 들어, 아무리 빈곤아동이 그림에 소질이 있다 하더라도 가정의 빈곤과 아동 스스로 무기력한 의식과 생활태도를 가지고 있다면 아동과 가정 안에서 그림의 소질을 찾기는 쉽지 않을 것이다. 따라서 아동이 그림의 소질을 발굴할 수 있는 기회와 접촉할 수 있다면 갖고 있던 잠재력을 수면 위로 떠오르게 할 수 있다.

이런 관점에서 임파워먼트는 힘이 없는 사회적 약자나 소수자, 또는 장애 등 몸과 마음의 어려움이나 가난 등 열악한 조건을 가진 사람들을 문제를 가진 사람, 즉 병리적 관점에서 보지 않고 그들의 처지를 사회 환경과 다른 사람과의 관계 속에서 이해한다. 그리고 힘을 부여하기 위해서 그들 주변에 있는 여러 자원과 그들이 갖고 있는 강점을 찾으려 한다.

또한 클라이언트가 갖고 있는 욕구를 계속해서 변화하는 도전과제로 보고 시간 변화에 따른 클라이언트와 환경의 변화과정도 놓치지 않고 고려한다. 그리고 클라이언트 모두 강점을 가진 사람으로 보고 그들은 항상 사회적 맥락에서 움직인다고 본다. 그러므로 사회복지실천에서 클라이언트는 사회복지사와 함께 변화를 이루어 가는 과정에서 동반자이다. 한편, 사회복지사는 다양한 사회체계와 일하는 가운데서 보편적인 서비스를 만들어 가는 일반, 즉 보편적인 사회복지사(generalist)가 된다. 임파워먼트 모델에서는 클라이언트를 부족한 인성이나 결점을 갖고 있는 사람이 아닌 다양성(강점)을 가진 사람이라고 강조한다. 따라서 클라이언트에게 직면한 문제를 없애려 하기보다는 그가 가지고 있는 자원과 회복력(resiliency)을 탐색하여 상황을 개선하고 힘을 쌓아 나가는 데 초점을 둔다.

## 2) 주요 기법

사회복지실천에서 임파워먼트의 다음의 세 가지 과정은 독특한 기술 기법을 강조한다. 각 과정에서는 클라이언트의 권리와 사회복지실천 윤리를 고려한다(Miley, O'Melia, & DuBois, 2007).

- 대화 단계: 대화는 사회복지사와 클라이언트 간의 협력적 관계를 확립하고 유지함으로써 상호신뢰를 준다. 이는 다음과 같이 진행된다.

-클라이언트와 함께 준비한다.

-클라이언트와 동반자 관계를 형성한다.

-도전에 대해서 상세히 설명한다. 클라이언트가 갖고 있는 문제보다는 그것을 도전이라는 용어를 사용하여 긍정적 기대를 갖게 한다.

-클라이언트의 강점을 확인한다. 대화를 통해서 도전(문제)이 드러나면 사회복지사는 클라이언트가 강점을 발견할 수 있는 기회를 준다. 클라이언트의 강점은 그의 내적 특성에서부터 대인관계, 자원, 지역사회와의 연계까지 포함한다. 사회복지사는 클라이언트의 강점을 초기 과정부터 강조함으로써 동반자로서의 인식을 확보하게 하고 성공할 수 있는 희망을 더 많이 경험하게 할 수 있다.

-방향을 정한다. 사정에 따라서 방향을 정해 클라이언트가 분명한 목표의식을 갖게 한다.

• 발견단계

-자원체계를 조사한다. 클라이언트가 가진 잠재적인 자원들을 사정한다. 사정은 클라이언트(체계)와 환경 사이에 있는 자원에 관한 포괄적인 기술을 말한다. 이러한 생태적 관점의 임파워링(empowering) 사정은 그 자체로서 의미 있는 자원을 발생시킬 수 있다. 클라이언트가 자신의 능력과 대안을 발견해 나가는 과정에서 스스로 상황을 분석하고 책임을 경험한다.

-자원의 능력을 분석한다. 수집된 정보를 종합하여 클라이언트의 변화 노력에 얼마나 기여할 수 있는가 판단하고 행동계획을 수립하도록 조직화된 정보로 만든다.

-구체적인 목표를 설정하고 행동계획을 세움으로써 해결책을 고민한다.

• 발달단계

-이미 접근 가능한 자원을 활성화시킨다. 클라이언트는 필요한 다양한 자원과 연계되어 새로운 행동 및 상호작용을 경험하고 사회복지사와

함께 발굴한 과제들을 수행한다. 이때 사회복지사는 개입 활동을 조직하고 클라이언트를 격려하며 다양한 클라이언트체계와 협력하여 클라이언트에게 대안과 선택을 주어 힘을 북돋는다.

- 새로운 자원을 개발하기 위해서 프로그램을 만들고 서비스를 조정하고 기존의 사회서비스에 접근하는 방법을 달리하는 등 새로운 자원을 창출하는 기회를 확장한다.
- 목표에 접근했는가에 대한 성취 등을 평가하고 성공을 인식시킨다.
- 성취 결과들을 통합하여 클라이언트의 지속적인 성장, 발달, 변화를 강조한다.

# 5. 사회구성주의

## 1) 개요

사회구성주의(social constructivism)를 이해하기 위해서는 우선 구성주의(constructivism)에 대한 설명이 있어야 한다. 구성주의는 앎이란 무엇이고, 앎(지식)이 우리의 삶의 세계에서 어떻게 구성되는가에 대한 인식론이다. 안다는 것은 이미 존재하고 있는 보편타당한 지식을 얻는 것이 아닌 개인이 사회문화적인 영향 아래서 의미 있는 경험을 구성하는 과정으로 이해한다. 그리고 구성주의에서는 실재(實在)를 개인의 마음 속에 존재하는 것으로 설명하면서 인간은 자신의 경험에 따라 실재를 구성하기 때문에 각 개인이 파악하고 있는 구성된 실재의 모습이나 의미가 달라진다고 주장한다. 즉, 구성주의는 주관과 객관을 구분하기 어려우며, 인간은 자신의 주관적 체험을 바탕으로 사회(다른 사람 등)와 사물에 대한 지식과 의미를 구성한다는 이론이다.

어떤 현상 자체가 객관적으로 존재하지 않고 그것을 보는 사람(주체)에

의해서 의미를 갖게 된다고 본다. 요컨대, 구성주의적 관점에 의하면 도움
(helping)이란 클라이언트의 이야기에서 출발한다. 동일한 상황이 아닌 클라
이언트가 주어진 과제나 문제에 대한 실제 세계의 상황 안에서 개인이 경험
한 바에서 의미 있게 여기는 것을 건설적으로 구성하는 과정이다. 이러한 구
성과정은 매우 역동적으로 이해해야 한다. 왜냐하면 클라이언트는 정해진
치료나 개입방법에 따라서 도움을 받는 것이 아니라 자신의 경험을 사회복지
사에게 표출하고 정교화하며 평가하는 과정을 거쳐 새로운 사실(해결)의 방
법을 구성하는 것이기 때문이다.

## 2) 사회구성주의와 사회복지실천

사회복지실천에서 사회구성주의는 사회복지사와 클라이언트의 역할관계
에 중요한 의미를 지닌다. 사회복지사는 클라이언트에게 도움을 지시하는
치료적이며 전문적인 위치에 있기보다는 클라이언트와 평등한 관계를 가진
협력적인(collaborative) 동반자 관계를 갖는다.

이러한 사회구성주의는 시스템 이론(system theory)에서 파생된 접근방법
이다. 사회복지실천 현장에서 사회복지사가 클라이언트를 돕기 위해서는 하
나의 정해진 일련의 과정을 가진 구성이 있다. 그리고 이와 같은 실천과정 전
반을 책임지고 조직하는 일은 사회복지사에게 있다. 그렇지만 이성과 합리
성을 기반으로 한 모더니즘을 넘어선 포스트모더니즘(postmodernism)적 접
근에 있어서 사회복지사(도움을 주는 전문가)는 일단 백지상태에서 출발한다.
사회복지사가 갖고 있는 전문지식을 통한 사정과 개입 및 치료라는 것도 없
다. 즉, 모든 객관적인 사실은 존재하지 않는다. 다만 클라이언트가 말하는
이야기(호소)만이 존재한다. 그가 말하는 이야기를 사회복지사와 공유하고
함께 공감한 이야기가 사회적으로 구성될 때 결과적으로 클라이언트에 대한
변화가 일어난다.

　　이러한 과정이 바로 사회복지의 실천과정이다. 사회구성주의적 접근방법에서는 사회복지사가 전문가로서의 우월성을 부정하는 데에서부터 출발한다. 클라이언트의 이야기가 곧 클라이언트인 것이다. 이 접근방법을 통해 특히 사회적 소수자(여성, 장애인 등)가 사회복지실천 현장에서 구조적으로 안고 있는 이중적 억압을 탈피할 수 있다. 예를 들어, 어떤 여성이 남편의 폭력으로부터 억압을 받고 있는 문제를 또 다른 사회복지실천 현장에서 사회복지사와 클라이언트로서의 힘의 불균형 상태에서 문제를 해결해야 한다는 점이다. 이것은 사회복지사가 누군가에게 도움을 주는 도움관계가 갖는 새로운 억압이라는 역설적 기능에서 벗어날 수 있다는 것이다. 그러나 이 접근방법은 자칫 클라이언트와 사회복지사 간의 단순한 평등주의와 상대주의에 빠져 도움관계 구조의 책임 소재를 불명확하게 할 수 있다. 그럼에도 불구하고 사회복지실천과정 전체에서 클라이언트의 주체성과 다양한 전문 분야와의 협력 등을 감안할 때 지속적으로 발전이 기대되는 이론이라 할 수 있다.

　　한편 사회구성주의는 진보의 가능성을 막는다는 비판을 받기도 하고, 모든 지식이 사회적으로 상대적이라면 사회구성주의는 어떻게 타당하다고 할 수 있겠냐는 비판을 받기도 한다. 이러한 비판은 모두 타당성을 가진다. 그러나 모든 지식이 사회적으로 조건 지어져 있다는 주장은 모든 지식이 가치 없다는 진술과는 다르며, 구성주의는 지식이 창조되는 방식에 대해 또 다른 대안적 이해를 찾고자 하는 것에서 의의를 가진다.

## 6. 생활모델

### 1) 개요

생활모델은 기능주의의 관점을 더 발전시킨 모델이다. 사람은 하루하루 살아가면서 편안한 날도 있지만 힘겨운 시간도 많다. 자신이나 가족 중 한 사람이 병에 걸리거나, 구직이 쉽게 안 되거나, 아침에 일어났는데 몸이 편치 않고 짜증이 나는 것뿐만 아니라 직장을 나갔는데 내일부터 직장을 폐쇄하니 오늘까지만 일하라는 청천벽력 같은 통보를 받는다거나 갑자기 집에 불이 났다거나 하는 등 일상이 쉬워 보이지만 어떤 면에서는 매우 힘들다. 실제 살아가면서 일어나는 상당수의 문제는 당장 해결이 어렵다. 오랜 시간 동안 끊임없이 문제를 풀어 보려 노력하거나 때로는 문제가 더 악화되지 않고 조금 약해지도록 애쓴다. 만성질환은 당장 치료되지 않으므로 꾸준히 관리하면서 건강을 유지하는 것과 마찬가지이다.

하나의 문제는 하나의 해결책으로 풀리지 않는다. 철수가 청소년임에도 불구하고 혈압이 높은 것이 문제가 되어 심장에 극심한 통증이 와서 결국 심장확장술을 받아 위기상황은 넘겼다. 그렇지만 집안 형편이 어려운 관계로 자신이 일을 해서 돕지 않으면 안 되는데 일을 할 수 없어 경제적인 문제까지 고민을 안게 되고, 이 일로 인해 학업까지 영향을 받고, 어머니는 정신적 스트레스를 너무 많이 받아서 병원에서 우울증 진단을 받고 우울증 치료약을 먹고 있다. 그래서 어머니는 온전히 일을 하기가 어려운 지경에 이르렀다.

이처럼 우리 생활상의 문제는 하나의 문제가 때로는 여러 갈래의 문제로 파생되거나 확대되어서 결과로 나타난다. 따라서 생활상에 일어나는 문제들은 발생할 때마다 즉시 처리하면서 다른 문제로 파급이 되는 것을 최대한 막아야 한다. 즉, 철수의 병으로 인해 제기되는 경제적 어려움은 철수와 가족의 부적응이나 대처기술(coping skill)의 잘못이 아니라 환경과 상황에서 비롯되는 문제이므로 경제적 여건이 나아질 수 있는 다양한 사회적 서비스 자원을 개발하고 접근시켜야 한다.

이와 같은 문제해결과정을 통해서 철수와 가족은 문제해결능력이 향상될 수 있다. 전통적으로 사회복지실천(사회사업)은 문제의 원인을 인간의 부적응이나 대처기술의 부족으로 보는 경향이 있었다. 생활모델은 환경 속의 개인이라는 사회복지의 독특한 초점을 활용하는 이론이다. 특히 사회복지실천이란 용어의 사용이 일반화되고 체계적 사고, 환경적 개입의 개발, 대처, 적응, 지배와 같은 자아 개념의 사용이 점차 늘어가면서 단선적 개입을 대체할 새로운 실천모델로서 1980년대에 등장한 이론이다(장인협, 1999 참조).

생활모델은 인간과 환경의 상호교류에 초점을 두고 개인, 집단, 지역사회 등 제반체계에 개입할 수 있도록 실천원칙들과 기술들을 통합하는 것을 중요시하며, 생애과정 안에서 사람들이 문제를 해결해 나가도록 하는 실천모델이다. 그리고 이론적으로는 생태학 이론을 기본적인 출발점으로 한다(김기태 외, 2007). 생태학 이론을 기초로 한 생활모델은 유기체로서의 사람이 그를 둘러싸고 있는 환경과의 적응을 어떻게 유지하고 있는가에 주요한 관심을 가진다. 그리고 개인이 겪는 고통이나 스트레스의 원인을 단순히 심리적인 과정이나 외부 환경으로만 돌리는 이분법적 사고를 배제하고, 이것을 인간의 욕구와 문제 등은 인간 또는 환경 자체의 산물이 아니라 상호교환의 산물로서 볼 것을 강조한다(Germain & Gitterman, 1996).

## 2) 개입과정

- 초기단계: 사회복지사는 클라이언트의 생활공간을 실제 만나기 전에 클라이언트가 이용가능한 자료에 대한 고찰을 통해서 그의 객관적 상황을 고려하고 또한 클라이언트의 주관적 조건을 생각한다. 이후 클라이언트가 서비스를 원하면 사회복지사는 클라이언트에게 '자신의 이야기'를 말하도록 하며 클라이언트가 갖는 관심과 욕구를 명확히 한다. 사회복지사는 격려와 공감 등을 통해서 문제 또는 욕구에 대한 평가를 한다. 이러한 탐색 후 클라이언트와 도움관계를 명목 또는 실질적으로 계약을 하며, 이 과정을 통해서 사회복지사와 클라이언트는 문제에 대한 목적과 과업, 상호역할 그리고 도움과정에 대한 상호동의를 이룬다(장인협,

1999 참조).

- 진행단계: 사회복지사는 클라이언트와 함께 클라이언트의 생활 변천, 환경적인 문제 및 대인관계의 과정과 관련된 대처과업에 대해서 생각하고 풀어 나간다. 클라이언트의 욕구를 충족시키는 다양한 기술과 모델을 활용하며 클라이언트 주변의 공식 · 비공식 조직 및 물리적인 환경 등을 활용한다. 이 과정에서 사회복지사는 클라이언트가 생활상의 변화에서 일어난 긴장을 경험할 때에는 특정 생활과업(발달단계, 지위와 역할 요구, 위기 사건)을 충족하도록 조력자, 교사, 촉진자의 역할로 돕는다. 한편, 클라이언트가 사회 환경의 문제에서 고통을 받는다면 사회복지사는 중재자(mediator), 대변자(advocator), 조직가(organizer) 등의 역할을 통하여 그들이 이용 가능한 환경자원을 얻도록 적응력과 대처기술을 활용하도록 돕는다. 또한 대인과정의 문제에서는 클라이언트가 상호관심사를 공유하고 개방적이고 직접적으로 의사소통하도록 돕는 역할이 중요하다(장인협, 1999 참조).

- 종료단계: 사회복지사와 클라이언트가 좋은 관계를 유지했다 해도 종료(이별)를 맞는다는 것은 고통스러운 일이다. 따라서 사회복지사는 클라이언트가 이전에 가졌던 이별과 상실의 개인적 경험에 대처했던 방법과 수단을 살핌으로써 사회복지사와 헤어지는 것에 대한 가능한 반응을 예측한다. 이에 기초하여 적절한 반응을 고려하는 것이 좋다. 일반적으로 관계의 시간 및 정도 그리고 개인적인 차이가 있지만 대부분의 사람은 부인(denial), 부정적 감정(negative feelings), 슬픔(sadness), 해방(release)의 단계를 거친다.

**표 7-1** 치료모델(전통모델) 관점과 생활모델(생태학적) 관점의 차이

|  | 전통모델 관점 | 생태학적 관점 |
|---|---|---|
| 실천모델유형 | 치료모델 | 생활모델 |
| 문제 발견 메커니즘 | 체제 내의 변형 | 압박(힘의 억제)과 공해(힘의 악용) |
| 클라이언트 | 사회복지제도의 대상 개념에 합치되는 특별한 문제를 가진 사람 | 현실사회 가운데서 생활스트레스를 체험하는 보통의 사람들 |
| 원조대상 | 일반사회의 중심에서 특정된 문제 있는 사람, 문제의 집단, 문제의 지역 | 생활기반의 관계에서 생활스트레스를 표명하는 사람과 환경, 집단과 환경, 지역과 환경 |
| 대상을 보는 관점 | 단일 초점 | 동시적 · 이중적 초점 |
| 평가의 주체 | 전문가 | 당사자와 전문가 |
| 원조과정 개념 | 처우, 조치 | 개입 |
| 원조과정 목표 | 치료 | 대처능력의 발달과 지지 |
| 인간과 사회와의 관계 개념 | 인간–사회와의 직선적, 결정론적 | 인간–사회와의 상호작용적, 전체론적 |
| 원조의 추진자 | 전문가 | 조직의 힘, 전문가 |
| 원조자와의 관계 | 전문가로의 신뢰와 의존 | 파트너십 |
| 클라이언트의 기대 | 인격 변용 또는 사람의 사회적 적응 능력 강화 | 인간의 자율성 육성과 환경의 적응능력 확대 |
| 기대 성과 | 문제가 없는 생활(건강한 문화적인 최저 생활) | 생활문제에 대처하는 것으로부터 자립생활, 생활의 질(Quality of Life: QOL)을 높이는 것으로 생태학적 적소 생활조직으로의 이행 |

제**8**장

# 사회복지실천의 핵심 요소: 기술(Ⅰ)-관계론

:

## 사람과 부딪히면서 일하는 방법

Social Work Practice

## 고민이다.

나는 영희가 좋은데 영희는 왜 철수만 바라볼까? 그리고 그리 싫다 하는데 숙희는 왜 나만 쫓아다닐까? 철수가 그렇게 좋다고 하는데…….

삼각관계. 둘 사이에는 있을 수 없는 엄청난 에너지가 삼각관계가 되면 발생한다.

삼각관계는 여러 가지이겠지만 영희, 철수, 그리고 나의 관계에서 이런 생각을 해 본다.

혹시 지나친 관심 때문에 상대에게 가까이 갈수록 멀어지려 하는 것은 아닐까? 무관심보다는 관심이 좋다고 하지만 지나친 관심은 사람을 지치고 피폐하게 만들기도 한다. 그래서 사람관계가 어려운 일인가 보다.

그렇다고 나 좋아한다는 사람에게 너무 좋아하지 말고 조금만 좋아하라고, 너무 좋아하면 문제라고 말하기도 그렇고…….

좀 놓아두면 어떨까? 그러기 힘들면 한 박자 여유를 두면 어떨까? 자기만의 세계에. 자기만의 공간에……. 그리고 우리는 상대의 그 세계와 공간에 적절히 들어갔다가 나오는 센스를 키워 나가면 어떨까? 소위 '밀당'은 비록 수단과 목표가 뒤바뀌어서 그렇지 엄청난 예술적 행위가 아닐까? 실 없는 혜윰도 해 본다.

사람 사이의 적절한 거리감.

상대에 대한 존중의 표현이고, 더 객관적이면서도 주관적으로 공감하고 싶은 묘하게 좋은 마음일 것이다.

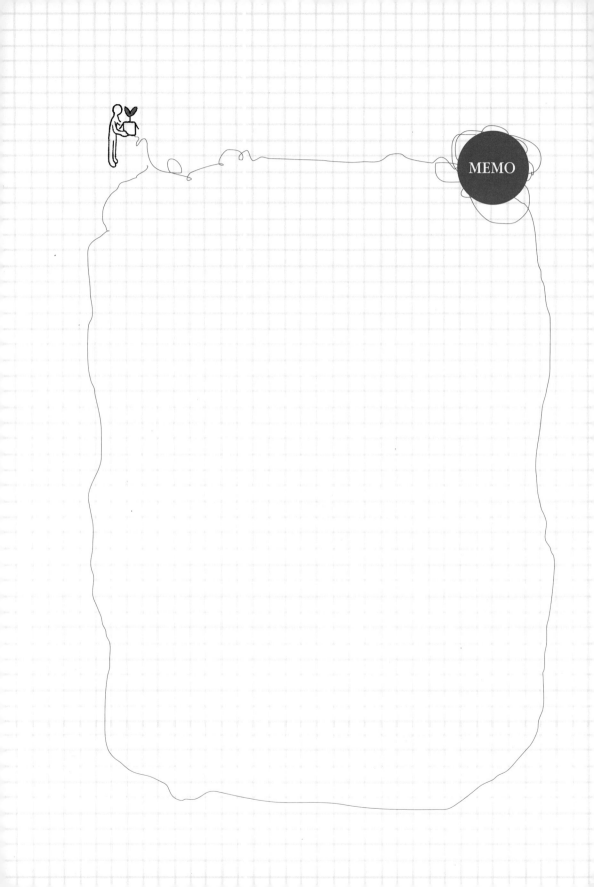

MEMO

# 1. 인간관계와 사회복지실천

사회복지는 관계의 학문이다. 사회복지사와 클라이언트 사이에 경제적 또는 심리적, 그리고 사회문화적 도움과 지원은 상호관계 속에서 이루어진다.

## 1) 사람과 사람

사람을 한자어로 인간(人間)이라고 한다. 인간이라는 한자에서 보듯이 사람(人)은 이미 두 사람이 기대고 있는 상형문자이다. 이에 사이라는 간(間)을 더한 것을 보면 사람은 결코 혼자서는 제대로 살아갈 수 없다는 뜻일 것이다. 따지고 보면 사람이 살아가는 데 있어서 혼자서 할 수 있는 일은 거의 없다. 매일 먹는 물과 음식도 누군가의 도움에 의해서 제공되고, 일상에서 필요한 많은 물품을 혼자 만들어 사용할 수 있는 데에는 제한이 있다. 심지어 생명을 이어 나가는 행위뿐만 아니라 혼자서는 외로움을 느끼기 쉽다.

그래서 사람은 당연히 자연스럽게 함께 모여서 공동체와 사회를 이루고 자연환경의 중심에서 사람들은 관계적 동물인 인간으로서 살아간다. 특별히 사회복지실천에서는 사람이 관계적 동물이라는 의미가 강조된다. 왜냐하면 사회복지의 기본은 도움이 필요한 사람에 대한 관심이기 때문이다. 즉, 클라이언트는 일시적 또는 장기간 동안 사회복지사나 다른 사람의 도움이 없이는 생활하는 데 어려움을 느끼는 사람들이다.

사회복지실천은 인간을 하나의 생물과 심리 그리고 정서적 존재로만 이해하지 않는다. 사람은 자기 주변과 사회 환경 사이의 하나의 짝으로 보아야 한다는 것이다. 학교에서 친구들과 웃고 떠드는 나와 가정에서 부모님과 대화하는 나 그리고 이성 친구와 함께 영화를 보며 교제하는 나는 모두 같은 사람이지만 환경에 따라서 나의 모습과 태도, 감정은 달라진다. 따라서 사회복지실천에서 관계는 한 인간을 파악하는 데 중요한 자료인 동시에 전문적 도움을 주는 핵심적인 개입방법의 하나라고 볼 수 있다. 이런 관점에서 보면 사회복지실천은 인간을 전체로 파악하는 독특한 관점을 갖고 있다. 예를 들면, 의사는 하나의 의학적 측면을, 심리학자는 심리적 측면을, 교사 및 행정시는 사회적 측면을 집중적이고 전문적으로 보는 데 비해서, 사회복지실천에 있어서는 사람의 신체적인 조건, 심리적인 조건, 더구나 사회적인 조건의 세 가지 요소가 관계 맥락적으로 어우러져 있는 '인간'으로 보는 것이다.

## 2) 인간과 인간의 교류(관계)

인간관계는 갖가지 생리-심리-사회적인 전체로서의 사람과 사람의 만남이고, 그 사람은 시공을 가진 역사와 문화를 지닌 산물이다. 인간관계의 발전과정은 우선 상대의 존재를 아는 데 있으며, 그 사람과 표면적으로 접촉하고 상호교류하는 가운데 관계성이 발생한다. 사람은 우선 첫 만남에서 갖는 인상으로 상대를 판단하고 그것에 따라 이후 관계에도 첫인상을 고려한다. 이때 첫 만남에서 느낀 인상은 객관적인 것이 아니고, 어디까지나 자신의 직감적으로 느끼는 인상이다. 이것은 개인의 가치나 주관에 따라서 다르다.

따라서 관계는 주관적 느낌을 갖고 만나는 것에서 출발한다. 한편, 관계라는 용어는 사회복지실천에서는 긍정적인 의미로 많이 사용한다. "어떤 관계냐?"는 물음에는 친밀성을 전제하고 있는 경우가 대부분이다. 가까운 관계는 즐거움, 신뢰, 존경, 도움을 주고받으며 이루어 간다. 관계는 사람이 다른 사람에게 미치는 영향으로도 볼 수 있다. 특히 좋은 인간관계는 맛있는 음식과 신체적 쾌락보다 더 높은 내적 행복감을 지속적으로 생기게 한다. 이러한 관계의 시작에 있어 중요한 요소 중의 하나는 자아노출(self-disclosure)이다. 따라서 자아노출은 상호작용, 즉 관계를 형성하는 데 있어서 기초가 된다.

좀더 구체적으로 '인간은 왜 인간관계를 해야 하는가?'의 이유는 다음의 세 가지로 정리할 수 있다.

첫째, 인간관계는 인간을 인간답게 만든다. 인간은 태어나면서부터 죽을 때까지 관계 속에서 생활한다. 인간이라는 말 자체가 인간관계를 뜻하고 있을 만큼 인간관계는 인간의 삶에 있어 중요한 부문이다. 또한 인간은 타인과 상호작용하는 상황 속에서 심리적으로 성장한다. 고립된 상태에서도 신체적인 성장은 가능하지만 심리사회적 성장은 기대할 수 없다. 사람이 관계 속에서 생활하지 않는다면 성장이 지연되거나 심지어 죽음에 이르게 될 가능성이 크다. 인간관계는 인간 속에서 가장 인간다운 모습을 발견할 수 있는 요소이다.

둘째, 인간관계는 어떤 인간이 되느냐에 영향을 준다. 인간이 성장하면서 형성한 인간관계의 차이는 어떤 인간이 되느냐에 영향을 미친다. 청소년기에 어떤 친구를 만나는가는 인간의 생활 모습뿐만 아니라 삶에도 지대한 영향을 준다.

셋째, 인간관계는 삶의 보람을 가져다준다. 어떤 인간이든 인간관계의 조화와 균형을 이루기 위해 노력하지 않는 사람은 없을 것이다. 인간은 다른 사람과의 관계 속에서 행복과 불행을 느끼며 사랑과 증오도 경험한다. 이처럼 어떤 인간관계를 가지느냐 하는 것은 인간에게 삶의 보람을 주기도 하고 그렇지 못하게도 한다.

Shuts은 인간은 대인관계를 통해서만 살 수 있다고 했다. 인간은 인간관계가 양적으로 부족하면 고독을 느끼고, 너무 과잉되면 정신적인 분열을 일으키기까지 한다. 따라서 적당하고 바람직한 인간관계를 맺으려는 노력은 의미 있고 보람 있는 생활의 필수조건이 된다.

사회복지는 클라이언트가 갖고 있는 당장의 욕구와 문제를 해결하면서 아울러 그가 지속적으로 성장해서 스스로 욕구와 문제를 해결할 수 있는 역량을 갖추는 데까지를 목표로 한다. 따라서 사회복지에서 사람과의 관계에 대한 중요성은 아무리 강조해도 지나치지 않다.


## 2. 사회복지실천에서 관계

### 1) 사회복지에서 관계의 중요성

사회복지는 사람들과의 전문적 관계를 통해서 '돕는' 활동을 수행한다. 전문적 도움을 위해서는 도움의 대상이 되는 클라이언트의 성격과 성향 그리고 가치와 윤리 및 태도와 행동양식 등에 대한 이해가 있어야 한다. 이를 통해서 클라이언트와 긍정적인 관계를 맺어 궁극적으로 그를 효과적이고 효율적으로 돕는 데 기여할 것이다. 따라서 사회복지사는 개인과 집단에 대한 이해를 위하여 많은 시간을 인간본질(human nature), 즉 '사람은 무엇인가?'에 대한 공통적 특성에 대해서 살펴야 한다. 다시 말해서, 인간 발달단계에 대한 이해를 통하여 발달과업의 정상적 성취와 미성취에 따른 특징에 대해서 탐색해야 한다. 또한 문제와 병리현상에서 생기는 개인과 환경적 요인에 대해서 끊임없이 탐구해야 한다. 이처럼 인간본성과 성장과정에 대한 다양한 지식은 클라이언트(client)를 이해하는 데 중요한 준거가 된다.

관계란 문제해결과 도움을 향한 인간 에너지와 동기를 지지하고 북돋으며 자유롭게 하는 촉매제이다(Perlman, 1979). 또한 관계는 정서적 결속이며 도움을 인간화하는 수단이다. 또한 Perlman은 사회복지사와 클라이언트와의 관계는 권위를 포함하고 목적적이며 시간제한적이고 통제되며, 근본적으로 클라이언트를 위한 것이라고 주장한다(Compton et al., 2005).

한편, 사회복지실천에서 인간관계는 인간에 대한 이해뿐만 아니라 인간을 둘러싼 독특한 환경체계에 대한 지식과 경험도 함께 파악하고 있어야 한다. 흔히 두 사람 사이의 대인관계에서도 상대의 성격과 심리적 요소가 정체되어 있는 부분이 아니고 다양한 사회환경과 인간관계 속에서 끊임없이 변화하는 생물과 같은 것이기 때문이다.

특히 사회복지실천에서의 관계는 전문적 관계이면서 동시에 도움관계이다. 전문적 관계는 합의된 목적이 있고, 구체적인 시간 틀을 가지고 있으며, 사회복지사가 클라이언트의 이익을 위해 자신을 헌신하고, 전문적 지식과 전문가의 윤리강령 그리고 전문적 기술에 의거한 권위를 수반하는 관계이다(Johnson & Yanca, 2007; 이원숙, 2008에서 재인용).

## 2) 사회복지실천에서 도움관계(helping relationship)의 특성

인간관계는 인간을 상대하는 모든 직업에서 매우 중요한 요소이다. 특히 인간을 대상으로 하는 전문직에서 관계의 중요성은 아무리 강조해도 지나치지 않다. 따라서 도움을 주는 사람과 받는 사람 간의 좋은 인간관계를 맺는 일이 중요하다.

전문직인 의사나 변호사에 있어서도 좋은 인간관계는 필요하다. 의사의 경우 환자와 좋은 관계가 수립되면 더 빠르게 환자의 병이 치료될 수 있다. 또한 변호사도 성공적인 변론을 위해서는 의뢰인과 좋은 신뢰관계를 맺는 것이 중요하다. 즉, 의사이든 변호사이든 환자 또는 고객이 원하는 서비스를 성공적으로 완벽하게 이루기 위해서는 좋은 관계가 요구된다. 다시 말해서, 서비스의 완전성(perfection)을 위해서 관계는 중요한 역할을 한다. 서비스를 잘 이루기 위해서는 전문적 관계가 기본적으로 필요하다는 것이다. 그러나 이것은 서비스의 기본적인 본질(essence)을 위해서 필요하다기보다는 '서비스의 완전성'이라는 목적을 위한 필요성을 강조한 것이다. 의사에게 목표는 환자의 병을 치료하는 것이고, 변호사에게 목표는 변론을 통해 소송사건에서 승소하는 것이다. 이것을 위해서 의사가 환자, 또는 변호사가 고객과 정서적 교감을 나눈다 해도 그것은 '서비스의 본질'이기 보다는 '서비스의 완전성', 즉 클라이언트가 원하는 서비스의 목적을 달성하기 위한 수단적인 면이 강하다.

그러나 사회복지실천은 다르다. 사회복지실천에서 좋은 관계는 서비스의 완전성을 위해서 뿐만 아니라 관계 그 자체가 '서비스의 본질'이다. 왜냐하면 사회복지실천은 현재 직면한 문제와 욕구를 해결하는 일이지만 더 나아가 클라이언트와 관계를 통해서 그들 스스로 역량을 갖추어 자신의 삶을 주체적으로 영위해 나가도록 하는 인격적이면서 교육적인 성장을 목표로 하기 때문이다. 이것은 사회복지실천이 당면한 문제와 고민의 해결을 통해서 인간이 스스로 힘을 갖고 자신의 문제를 해결하도록 하는 데 궁극적인 목적—인간의 잠재적 성장과 변화를 모색하는 데—이 있기 때문이다. 좋은 관계는 사회복지사와 클라이언트 간의 감정과 태도의 역동적인 상호작용으로서 클라이언트가 자신과 환경 사이에서 좀더 나은 적응을 이룰 수 있도록 돕는 데 큰 역할을 한다.

## 3) 사회복지실천관계를 위한 기본 요소

사회복지사가 클라이언트와 긍정적이고 좋은 관계를 맺기 위해서는 끊임없는 자기 이해와 성찰의 토대 위에서 클라이언트를 파악하려는 노력이 필요하다. 특히 클라이언트를 대할 때 한 인간으로서 존중하고 현재 부딪힌 어려움과 고통을 함께하려는 자세와 태도가 요구된다. 이를 위해서 사회복지사는 클라이언트에게 따뜻하게 대하고 함께 어려운 상황을 극복할 수 있다는 믿음을 주어야 한다. 이에 따른 몇 가지 주요한 태도와 자세 그리고 행동 요소를 살펴본다.

### (1) 관심

관심은 다름과 다양성에 대한 호기심이다. 세상에 같은 사람은 없다. 쌍둥이라도 성격이 다르고 모습도 자세히 보면 다르다. 그런데 나와 다른 모습과 행동은 사람을 힘들게도 하지만 한편으로는 사람에게 살아가는 원동력이 될 만큼 무한한 궁금증을 일으킨다. 왜 다를까? 관심의 긍정적인 출발은 나와는 다른 사람을 인정하는 것부터여야 한다.

한편 사람은 어우러져 살아간다. 따라서 사람이 다른 사람에게 관심받지 못하는 것만큼 슬프고 외로운 일은 없다. 관심은 근본적으로 애정을 바탕으로 한다. 그러나 종국에는 사랑하고 미워하는 정서를 넘어서 한 인간에게 갖는 인간으로서의 인정과 기울임이어야 한다.

사회복지실천에서 관심은 사회복지사인 나와 다른 사람에 대한 수용에서 출발한다. 나와 같은 사람만 있다면 관심이 있을 수가 없다. 나와 다르기 때문에 관심이 있다. 이렇게 나와는 다른 감정과 사고를 갖고 있는 클라이언트를 너무 가깝게도 그렇다고 아주 멀게도 아닌 적절한 거리감을 유지하면서 사회복지실천에서의 관계를 유지해야 한다. 사회복지사와 클라이언트가 하나의 인간으로서 개인적인 권리와 공간을 침해받지 않은 상태에서 관심을 가져야 한다. 왜냐하면 사회복지실천에서 도움관계는 사적인 영역이 아닌 공적인 영역이기 때문이다.

## (2) 존중

살아 있는 모든 인간은 인간이라는 그 자체로 삶을 존중받아야 한다. 특별히 능력이 있고 개성이 있어서가 아니라 인간이기 때문에, 즉 살아 있는 하나의 인간이라는 것만으로도 긍정적으로 평가받고 존중받아야 한다. 비록 클라이언트가 큰 죄를 지은 사람이라도 죄에 대한 처벌은 객관적이어야 하며, 인간 그 자체에 대해서는 불쌍한 개체로서 받아들여야 한다. 흔히 '죄는 미워하되 사람은 미워하지 말아야 한다'는 말과 상통한다. 인간관계 특히 도움관계에서 존중은 클라이언트가 요구하는 대로 사회복지사의 역량과 지식 그리고 기술의 범위 내에서 가능한 한 도움을 제공해야 하지만 그것을 받아들일 수 있는 자유와 자율성은 항상 클라이언트에게 주어야 한다는 뜻도 된다. 사람은 자신이 어떤 상황에 처해 있든지 다른 사람에게 존중받을 때 편안하고 행복한 감정을 느낀다. 그로부터 자신의 문제를 해결하는 동력이 생길 수 있다.

### (3) 따뜻함

냉정한 사람에게 가까이 접근하는 사람은 없다. 사회복지사도 기본적으로 따뜻한 성품이나 성향을 가져야 한다. 따뜻함은 인간에 대한 애정이다. 또한 같은 인간으로서 한 세대를 함께 살아가는 유한한 인간에 대해 갖는 측은(惻隱)한 마음이다.

클라이언트에게 따뜻하게 대한다면 사회복지사에 대한 신뢰는 물론, 클라이언트 자신에게까지 긍정적인 마음을 갖게 될 수 있다. Sheafor와 Horejsi(2006)는 "클라이언트가 따뜻함을 느끼지 못한다면 사회복지사의 말은 공허하게 될 뿐만 아니라 클라이언트를 돕는 효과도 얻을 수 없을 것이다."라고 하였다. 이러한 따뜻함은 언어보다는 비언어적으로 표현되며 미소와 다정한 목소리, 편안하면서도 관심을 지닌 자세, 애정 어린 눈길 그리고 클라이언트를 받아들이는 태도와 제스처라고 했다.

### (4) 권위

사회복지실천에서 도움관계는 힘의 불균형을 가져온다. 아무리 사회복지사가 강요하지 않고 받아들이는 마음을 갖고 상대하더라도 도움을 받는 클라이언트는 늘 약함과 열등의식을 가진 사회적 약자의 모습이 된다. 이와 같이 도움관계 구조에서 나타나는 사회복지사의 힘에 대하여 사회복지사는 늘 경계해야 한다. 그러나 사회복지사의 권위는 권력과는 다르다. 권위는 물리적 위상이나 사회복지사와 클라이언트의 위치에서 나오는 표면적인 힘이 아니라, 사회복지사가 소속한 기관의 서비스 범위와 사회복지사의 전문적 지식과 기술 그리고 경험으로부터 나오는 리더십의 일종이다. 그래서 사회복지사는 권위가 있어야 한다. 그래야 클라이언트는 사회복지사를 믿고 안정적으로 도움관계를 유지해 나갈 수 있다. 따라서 사회복지사의 권위는 클라이언트를 무시하고 조종하는 일방적이고 강제적인 힘이 아닌 클라이언트에게 도움의 방향을 제시하고 서비스의 종류와 질을 정확히 이해시키고 실행하는 긍정적인 권한이 되어야 한다.

### (5) 진실성과 일치성

인간은 누구나 진실하고 말과 행동 그리고 생각이 일치하는 사람을 좋아한다. 이러한 사람에게는 숨김없이 편안하게 자신의 생각과 느낌을 털어놓을 수 있다.

진실성과 일치성은 사회복지사가 생각한 그대로를 말하고 행동으로 옮기는 것을 포함한다. 정직, 성실, 일관된 자세는 진실성과 일치성의 주요한 요소이다. 진실성과 일치성을 갖기 위해서는 다음의 사항을 가져야 한다(이원숙, 2008 참조).

- 사회복지사 자신에 대한 정직한 지식과 있는 그대로의 자신을 받아들이는 것
- 사회복지사로서 전문가의 역할과 기능 그리고 소속된 사회복지기관의 정책 및 절차에 대한 분명한 이해
- 클라이언트에 대한 관심과 수용의 내재화, 클라이언트에 대한 헌신, 관심 및 수용

### (6) 감정이입

감정이입(empathy), 즉 공감은 그 사람의 입장에서 그의 생각, 욕구, 감정, 행동 등을 이해하고 함께하는 능력이다. 사회복지사는 자신을 잃지 않으면서도 잠시 클라이언트가 경험했고, 지금 경험하고 있는 세계를 함께하는 전문가이다. 마치 연극배우가 자신을 잃지 않으면서도 연극에서 배역의 역할

을 진짜 자기인 것처럼 연기하는 동안에 느끼는 것이다. 아울러 영화를 감상할 때 관객이 영화 상영 동안 영화에 몰입하면 마치 주인공인 것처럼 느끼는 것과도 유사하다. 실제로 감정이입은 사회복지실천관계에서 사회복지사가 클라이언트의 정서를 깊이 느끼면서도 한편으로는 그 정서를 객관적으로 볼 수 있는 능력을 말한다.

## 3. 사회복지실천관계의 기본 원리: Biestek의 관계론[1]

Biestek(1957)은 사회복지실천(개별사회사업)에서 관계(casework relationship)의 중요성을 강조했다. 사회복지사(worker)와 클라이언트(client)의 태도 및 상호작용은 관계의 기본이다. 즉, 클라이언트가 갖고 있는 사회적 욕구와 문제에는 항상 감정이 뒤따르고 있으므로 클라이언트가 도움(개인이나 기관)을 요청할 경우에는 비록 말로 표현하지 않아도 좋지 않은 감정을 품고 있다고 보아야 한다. 물론 이러한 감정의 종류나 정도는 개인차가 있다. 이러한 개인 차이에도 불구하고 도움을 요청하는 모든 사람에게는 기본적인 감정이나 태도의 근원으로 일곱 가지의 기본적인 인간의 욕구와 상호작용의 방향이 있다. 이것을 토대로 사회복지사의 기본적 태도인 일곱 가지 원리를 〈표 8-1〉과 같이 정리하였다.

---

1) Biestek의 일곱 가지 원리는 상당 부분을 장인협(1989)의 『사회사업실천방법론(상)』에서 발췌하고 수정·보완한 것임을 밝혀 둔다.

**표 8-1** 관계의 7대 원칙

| 클라이언트의 욕구(1방향) | 사회사업가의 반응(2방향) | 클라이언트의 인지(3방향) | 원리의 명칭 |
|---|---|---|---|
| 한 인간으로 취급되고 싶다 | 사회복지사는 클라이언트의 욕구에 대해서 민감하게 이해하며 적절히 반응해야 한다. | 클라이언트는 사회복지사의 민감성, 이해 정도 그리고 반응에 대해서 어떤 형태와 방법으로든지 알고 있다. | 개발화 (individualization) |
| 내 감정을 표현하고 싶다 | | | 의도적 감정표현 (purposive expression of feeling) |
| 내 문제에 대해서 동정적 반응을 얻고 싶다 | | | 통제된 정서적 관여 (controlled emotional response) |
| 가치 있는 인간으로 인정받고 싶다 | | | 수용 (acceptance) |
| 심판 받고 싶지 않다 | | | 비심판적 태도 (nonjudgmental attitude) |
| 내 스스로 선택하고 결정하고 싶다 | | | 클라이언트의 자기결정 (client self-determination) |
| 내가 말한 비밀이 지켜지기를 바란다 | | | 비밀보장 (confidentiality) |

출처: 장인협(1989). 사회사업실천방법론(상). pp. 97-129.

## 1) 개별화(클라이언트를 존엄하고 독특한 개체로서 인정하고 대한다)

개별화는 다름에서 비롯된다. 모든 사람은 나름의 개성을 갖고 있는 존재이다. 따라서 비록 유사한 사례(case)라도 또한 어떤 이용자라도 서로 다른 개성을 갖고 있기 때문에 사회복지사는 한 사람 한 사람 특별한 사람으로 대응해야 한다. 즉, 인간은 개인이며 불특정한 한 인간으로서가 아니라 개별적 차이를 지닌 특정한 인간으로서 받아들여야 한다는 것이다.

사회복지사는 개별화를 위해서 다음의 사항을 고려해야 한다.

- 인간(클라이언트)에 대한 편견이나 선입관으로부터 벗어나야 한다.
- 인간행동에 관한 다양한 지식을 습득하고 고민해야 한다.
- 클라이언트의 언어와 비언어적 표현을 관찰하고 경청할 줄 알아야 한다.
- 클라이언트의 감정과 상황에 보조를 맞추어 함께 가는 능력을 가져야 한다.
- 클라이언트의 감정에 예민하고 공감하고 반영할 수 있는 자세가 되어야 한다.

## 2) 의도적인 감정표현(클라이언트의 감정표현을 소중히 여긴다)

클라이언트의 감정, 특히 부정적인 감정을 자유롭게 표현하도록 돕는 원칙이다. 클라이언트가 자신의 불쾌하고 힘든 감정을 아무런 제약이나 부담없이 쏟아낼 수 있도록 하는 것이다. 사회복지사는 클라이언트의 이야기를 귀담아 듣고 클라이언트가 감정을 표현하도록 비난하거나 실망시키지 말고 클라이언트를 돕는 데 필요하다면 클라이언트가 충분한 감정을 표출할 수 있도록 의도적으로 자극을 주고 격려해야 한다.

이에 대한 기본적 가정은 "모든 클라이언트의 문제나 욕구는 심리사회적이다."라는 것이다. 즉, 클라이언트의 욕구가 물질적 도움이나 구체적인 서비스를 원하는 것 같이 뚜렷할 때에도 그러한 문제에는 클라이언트의 감정적인 요인이 내재되어 있다는 것이다.

이처럼 사회복지실천과정에서 클라이언트가 자신에게 해를 주고 불쾌하고 부정적인 감정을 표출하는 것은 매우 중요하다. 어떤 문제이든 감정이 내재되어 있을 수밖에 없다. 예를 들어, 친구에게 돈을 빌려 주었는데 친구가 갚지 않는다고 가정한다면 이때 단순히 친구가 돈을 돌려 주지 않는 사실에 대한 곤혹스러움은 친구에 대한 배신감, 절망감, 분노 등의 감정적인 문제가 더 크게 다가올 때가 많다. 따라서 이와 같이 부정적인 감정을 표출해서 감정을 정화시키지 않고서는 문제를 뚜렷하게 보기 어렵다. 문제가 명료하게 드러나지 않는다면 해결점도 쉽게 나타나지 않을 것이다. 이러한 면에서 의도적인 감정표현은 매우 중요한 관계의 요소이다. 기본적으로 클라이언트는 클라이언트가 된다는 사실에서부터 감정적으로 긴장상태에 놓이게 되며, 모든 문제는 감정과 복합적으로 연결되어 있다.

　다음은 의도적인 감정표현이 주는 장점이다. 첫째, 클라이언트를 압력이나 긴장에서 완화시켜 주는 목적을 갖는다. 감정을 충분히 표현함으로써 문제를 분명하고 객관적으로 볼 수 있도록 돕는다. 사실을 둘러싼 감정을 제거 또는 완화함으로써 사실을 보다 정확히 인지할 수 있다. 둘째, 정확한 조사, 사정, 개입을 할 수 있도록 하기 위해 클라이언트의 문제나 사람 자체를 적절하게 이해하게 해 주는 목적을 갖고 있다. 클라이언트가 표현한 감정은 그의 장점과 약점을 더 적절하게 평가할 수 있게 한다. 셋째, 문제와 관련된 인간의 감정을 경청하는 것은 하나의 심리사회적 지지(support)의 형태이다. 감정과 문제를 나눌 수 있다는 것을 느낄 때 클라이언트는 책임감과 괴로움 등이 감소되며, 이것 자체가 직접적인 도움(치료)에 가치가 있다. 슬픔은 나누면 반으로 줄고, 기쁨은 나누면 배가된다. 넷째, 클라이언트의 부정적 감정표현 자체가 진정한 문제일 수 있으며 이에 따라 대처방법을 강구할 수 있다. 다섯째, 사회복지사와 클라이언트와의 관계를 두텁게 할 수 있다. 경청, 수용과 감정이입, 비난 없는 격려와 정서적 지지는 사회복지사와 클라이언트 간의 신뢰 형성에 도움이 된다.

### 3) 통제된 정서적 관여
### (사회복지사는 자신의 감정을 자각하고 음미한다)

사회복지사가 클라이언트와의 관계에서 자신의 감정을 민감하게 알아차리고 감정을 적절히 조절하여 클라이언트에게 표현하는 것을 말한다. 즉, 클라이언트가 생각하고 느끼는 감정에 민감하게 반응하면서도 클라이언트에게 긍정적으로 작용하도록 세심하게 배려해야 하는 것이다.

사회복지사도 인간이기 때문에 클라이언트와 함께 어떤 감정체험을 한다. 그것이 클라이언트에 대한 긍정적이든, 부정적이든 사회복지사 스스로 그 감정을 알아차릴 수 있는 느낌이 필요하다. 그 감정은 원칙적으로 조정되는 것은 아니지만, 경우에 따라서는 자신의 감정을 솔직히 표현함으로써 클라이언트와의 관계를 한층 더 돈독하게 하거나 클라이언트의 거울과 같은 도구로서 사용할 수 있다. 이 경우에도 사실 사회복지사로서 자신이 미치는 영향력을 숙고해야 한다. 또한 생각하지 않은 변화가 생겼을 때 사회복지사가 처리할 수 있도록 미리 준비하는 것도 필요하다.

감정을 말(언어 또는 비언어)로 표현하도록 하는 것은 상대의 감정을 이해하는 데 있어서 뿐만 아니라 스스로 감정을 정리하는 데에도 도움이 된다. 사회복지사는 클라이언트가 갖는 감정에 호응하기 위해 정서적으로(emotional) 관여(involved)한다. 여기서 관여(involvement)는 통제되는 것(controlled)이다. 이 통제는 관계를 맺는 이유, 즉 사회복지실천 면담과 과정의 전체적인 목적에 따라서 클라이언트의 변화 욕구와 사회복지사의 사정과 개입방향에 따라 좌우될 수 있다. Biestek에 따르면 "통제된 정서적 관여는 클라이언트의 감정에 대한 사회복지사의 민감성(sensitivity)과 클라이언트의 감정에 대한 이해(understanding), 그리고 사회복지사에 의한 적절한 반응(response)이다." 라고 했다.

## 4) 수용(클라이언트를 있는 그대로 받아들인다)

클라이언트를 있는 그대로 평가도 비난도 하지 않고 받아들이는 것이다. 어떠한 문제행동을 일으킨 클라이언트라도 그것을 문제로 이해하는 것이 아니라 그러한 문제행동을 일으키기에 이르렀던 클라이언트의 상황을 이해하도록 노력하는 것이다. 클라이언트가 문제라는 것이 아니라 클라이언트는 문제로 여겨지는 '상황에 있는 인간'이기 때문이다.

수용이란 사회복지사가 클라이언트의 강점과 약점, 바람직한 성격과 그렇지 못한 성격, 긍정적 감정과 부정적 감정, 그의 건설적 또는 파괴적 태도나 행동을 포함하여 그 사람의 있는 그대로를 이해하고 다루어 나가는 하나의 행동원칙이다. 이때 클라이언트의 존엄성과 그 인격의 가치에 대한 관념은 항상 유지해 나가야 한다.

수용은 정상적인 길에서 벗어난 태도나 행동을 인정해야 하는 것을 의미하는 것이 아니다. 수용의 대상은 '선한 것(the good)'이 아니라 '있는 그대로의 실재적인 것(the real)'이다. 수용의 대상은 있는 그대로의 현실이다. 이러한 수용의 목적은 개입(치료)에 관련된다. 즉, 현재 있는 그대로의 클라이언트를 이해함에 있어서 사회복지사를 도우며 사회복지실천과정을 한층 효과 있도록 해 주는 것이다. 또한 수용의 목적은 클라이언트가 현재 있는 그대로의 자기를 표면에 내세우며 그러한 자기 자신을 바라다보는 것에 안도감을 갖게 해 준다. 따라서 자신의 문제와 자기 자신을 더욱 현실적인 방법으로 처리할 수 있게 되어 클라이언트의 바라지 않은 방어에서 자기를 자유롭게 해 주는 데 도움이 되는 것이다.

## 5) 비심판적 태도(클라이언트에 대해서 심판하지 않는다)

도움을 받으러 오는 클라이언트는 여러 가지 상반(ambivalent)된 감정을 품고 있다. 그중에서도 가장 중요한 감정은 심판받지 않을까 하는 두려움이다. 만일 클라이언트에게 있어서 사회복지사가 자신의 행동을 비판하는 데에는 하등의 흥미도 갖고 있지 않다는 것을 알게 될 때 클라이언트는 자기를 방어할 필요를 느끼지 않게 된다. 따라서 사회복지사에 대해 품은 모든 의심도 사라지고, 사회복지사가 하는 질문도 자기를 비판하기 위해서가 아니라 오히려 자기를 도와줄 근거를 찾아내기 위해서라는 신뢰감을 가질 것이다.

이와 같이 사회복지사의 비심판적인 태도를 확실히 인지하면 자신을 있는 그대로 표현하고 싶은 마음이 솟아오르게 된다. 이러한 태도는 자신을 가치 있는 인간으로서 받아준다는 점에서 자존심을 회복하여 자신의 참된 욕구와 문제를 자유로이 객관적으로 토의할 수 있게 된다.

비심판적 태도 전달의 장애요인은 다음과 같다.

- 사회복지사의 선입관이다.
- 사회복지사가 클라이언트와 보조를 맞추지 않고 성급히 결론을 이끄는 경우이다. 이것은 클라이언트의 발언을 가로막을 뿐 아니라 '심판적 태도의 사람이다'라는 인상을 클라이언트에게 주는 것이 된다.
- 클라이언트를 어떤 유형으로 분류하는 것은 어떤 틀에 박힌 심판을 받는 인상을 갖게 한다.
- 사회복지사에 대한 클라이언트의 적대감과 같은 부정적인 감정의 표현이다. 클라이언트가 과거에 자기와 특별히 관계가 깊었던 사람에 대해 품었던 감정을 사회복지사에게 전이(transference)하는 현상이다. 사회복지사가 이러한 방어기제를 알고 그 의미를 이해하지 못한다면 비심판적 태도를 유지하기는 어렵게 된다.

## 6) 클라이언트의 자기결정
### (클라이언트 스스로 결정할 수 있는 권리를 존중한다)

이것은 클라이언트의 자율성을 존중하는 원칙이다. 첫째, 사회복지사는 클라이언트를 충분히 이해한 바탕 위에서 클라이언트의 의지를 존중해야지 이끌어 주는 입장을 가져서는 안 된다. 둘째, 처음부터 클라이언트 스스로 자기결정을 할 수 있다면 사회복지사에게 도움을 요청하지 않았을지도 모르기 때문에 단지 사회복지사는 클라이언트가 스스로 결정하는 데 도움을 주는 역할을 해야 한다. 다만 클라이언트가 위기상황에 처해 있거나 장애가 있는 등 스스로 결정하기 어려운 환경에 있다면 사회복지사는 옹호자로서 클라이언트를 대신하여 결정해야 할 때도 있다.

한편, 클라이언트의 자기결정원칙이란 사회복지실천과정에서 클라이언트의 자기 선택과 결정을 내릴 수 있는 자유의 권리와 욕구를 실제로 인식하는 것이다. 이 원리에 따르는 사회복지사의 임무는 클라이언트 자신과 지역사회에서 활용할 수 있는 적당한 자원을 발견하고 활용할 수 있도록 도와줌으로써 클라이언트 스스로 자신이 나아갈 방향을 결정하려는 클라이언트의 결정을 존중하며 그 욕구를 결정하는 잠재적 힘을 자극하여 활동할 수 있도록 도와주는 것이다. 그러나 클라이언트의 자기결정의 권리는 적극적·건설적 결정을 내릴 수 있는 클라이언트의 능력 및 법률이나 도덕의 테두리 또는 사회기관 기능의 테두리에 따라 제한받게 된다.

일반적으로 인간의 자유가 제한되어 있듯이 이 같은 원칙 적용에도 다음과 같은 한계가 있다.

• 사회복지사는 클라이언트의 신체적·정신적 능력을 넘어 자기결정을 클라이언트에게 요구 또는 기대할 수 없다. 즉, 자기결정도 클라이언트의 능력에 맞게 이루어져야 한다는 것이다. 그러나 처음부터 클라이언

트의 무능력을 가정해서 사회복지사가 적극적으로 활동하는 것은 잘못된 일이다. 오히려 '클라이언트가 자신의 건설적 계획과 결정을 자주적으로 할 수 있다'는 가정에서 출발해야 한다. 만일 클라이언트에게 자기결정의 능력이 없다는 객관적 증거가 없는 한 이 가정은 절대적으로 필요하다. 따라서 클라이언트의 능력 평가는 사회복지사의 중요한 임무 중 하나라고 할 수 있다.

- 도덕률에서 오는 제한이다. 인간에게 아무리 자기 생활에 대한 선택과 결정을 내릴 권리가 있다 해도 도덕을 위반하는 자유는 허용될 수 없다. 보통 클라이언트가 행하는 대부분의 선택은 도덕의 범위 내에서 이루어지지만 때로 클라이언트가 부도덕한 행동으로 나아가는 경우도 있다. 이러한 경우에 사회복지사는 이에 대해 무관심한 태도를 취할 것이 아니라 클라이언트가 이러한 선택과 결정을 해 나가는 것을 피할 수 있도록 도와주어야 한다.

- 법률에서 오는 제한이다. 현실의 실정법을 어기고 클라이언트의 자기결정을 주장할 때에는 그것을 허용할 수 없다.

- 사회기관(복지기관)의 기능에서 온다. 사회복지기관은 지역사회 내에서 특정한 기능을 영위하기 위해 설치된 곳이다. 그러므로 모든 사회기관은 여러 규정을 설정하고 그 기능에 일정한 제한을 부가하고 있다. 모든 것을 다 다룰 수 있는(도와줄 수 있는) 사회복지기관이란 있을 수 없다. 따라서 클라이언트가 만일 그 기관의 도움을 바란다면 그 기관의 규정에 따라야만 한다. 해당 기관의 권한을 넘어서는 서비스를 바랄 권리란 클라이언트에게 있을 수 없기 때문이다.

## 7) 비밀보장
### (클라이언트가 사회복지실천관계에서 드러낸 비밀을 지켜 주어야 한다)

비밀보장은 클라이언트가 전문적 도움관계에서 드러낸 사적이며 비밀스러운 정보를 도움의 목적 이외에 다른 사람에게 알리지 않는 것이다. 만일 비밀보장의 의무가 지켜지지 않는다면 사회복지실천에서의 인간관계는 성립될 수 없다. 비밀보장은 전문 직업적 관계에서 나타나게 되는 클라이언트에 대한 비밀정보의 보호이다. 비밀보장은 클라이언트의 기본적 권리에 기초한다.

그러나 경우에 따라서 비밀보장은 제한되거나 유예될 수 있다. 클라이언트의 문제를 해결하기 위해서 다양한 전문가 집단이 함께할 수 있는데, 이때에는 그 기관 내에서나 다른 기관의 전문가에게 클라이언트의 비밀을 밝히는 것이 불가피한 경우가 생긴다. 하지만 이러한 경우에도 비밀보장의 의무는 이들 모든 전문가에게도 똑같이 해당된다. 다만 지도감독이나 사례회의에서의 교육이나 치료적 목적에서는 비밀보장이 유예될 수 있다.

클라이언트의 비밀도 다른 인권과 똑같이 무제한일 수는 없다. 특히 클라이언트의 비밀을 지킬 권리는 그 구체적인 적용에 있어서 타인의 권리와의 모순 충돌로 여러 가지 제한을 받을 수밖에 없다. 구체적으로 다음의 세 가지 측면에서 제한을 받는다.

- 클라이언트 자신의 내적 갈등: 클라이언트의 비밀보장의 권리와 다른 권리 의무와의 모순 충돌이다. 만일 어떤 클라이언트가 자신이 어느 날 자살할 것이라고 말하면서 비밀을 지켜 주어야 한다고 하면 두 권리의 경중을 비교하여 보다 중대한 편을 택해야 한다. 물론 이러한 경우에는 생명보호가 우선되어야 한다.
- 타인의 권리와의 충돌: 만일 클라이언트가 다른 사람에게 위해를 가하거나 범죄행위를 의도하고 있다면 이때 클라이언트의 비밀을 보호한다

216 제8장 사회복지실천의 핵심 요소: 기술(I)–관계론

면 다른 사람에게 많은 손해를 미칠 염려가 있다. 이 경우에는 비밀을 보장하기 어렵지만 그렇다 하더라도 비밀보장은 클라이언트의 행위가 다른 사람에게 손해를 미치리라는 명백한 증거가 나올 때까지 가능하면 존중되어야 한다. 그러나 이에 대한 판단은 매우 어려울 수 있다.
 사회복지사의 권리와 충돌: 클라이언트의 비밀을 보호하려면 사회복지사 자신의 권리가 박탈당하는 경우가 있을 수 있다. 아무리 사회복지사라 해도 자신의 기본적인 인권을 포기하면서까지 클라이언트의 비밀을 보호할 수는 없다. 이 경우에도 양쪽 권리를 신중하게 비교하여 중대한 편을 선택해야 한다.

## 4. 변화를 방해받는 관계와 처리방법

사회복지실천은 전문적 관계를 통해 클라이언트에게 도움이 되는 긍정적 변화를 목표로 한다. 그런데 의도적이든 그렇지 않든 사회복지사와 클라이언트와의 관계에서 장애가 되는 요소들이 있다. 그중 주요한 요소와 처리방법에 대해서 살펴본다.

### 1) 변화를 방해받는 관계

#### (1) 불신

불신은 클라이언트가 사회복지사 또는 도움을 받는 상황에 대해서 신뢰하지 않는 것이다. 때로는 클라이언트가 문제해결에 대한 좋지 않은 상처를 갖고 있거나 사회에 대한 불신이 관계에 투사되기도 한다. 이러한 불신은 관계의 시작을 어렵게 한다. 또한 클라이언트 마음 안에 강한 불신이 내재되어 있다면 사회복지사가 노력을 해도 때로는 클라이언트의 긍정적 변화를 이끌

어 내기 힘들다. 이와 같은 불신은 특히 비자발적 클라이언트에게 종종 나타난다.

그런데 클라이언트의 불신은 상당 부분 이유가 있다. 예를 들어, 범법청소년은 그동안 면담과정에서 어른들에게 주로 비난이나 책망만 들어왔기에 자신의 이야기를 진지하게 듣거나 이해하려 하지 않는다는 어른에 대한 선입견과 강한 불신을 갖고 있을 수 있다. 따라서 사회복지사 또한 무조건 자신을 이해하지 못할 것이라는 의심을 갖고 있기 때문에 사회복지사가 묻는 말에 건성으로 답하고 사회복지사가 무슨 이야기를 할 것인지 다 안다는 반응을 보이기도 한다.

결국 불신은 클라이언트를 바람직한 결과로 나아가는 데 장애라고 볼 수 있지만 잘 극복한다면 더 깊은 신뢰관계를 맺는 기회의 요소가 될 수도 있다.

(2) 저항

저항은 강요받을 때 나오는 자연스러운 현상의 하나이다. 그렇지만 사회복지실천관계에서 클라이언트의 저항은 사회복지사를 무척 곤혹스럽게 한다. 클라이언트가 도움이 필요해서 사회복지사에게 전문적 도움을 요청한 상황이지만 자신의 사적인 문제를 스스럼없이 드러내는 데에는 의식적 또는 무의식적인 저항이 있기 마련이다.

따라서 클라이언트의 저항을 문제해결과정의 자연스럽고 당연한 하나의 심리로 받아들여야 한다. 이러한 저항은 대부분 문제해결(개입) 중간단계에서 발생한다. 그렇지만 저항은 문제해결의 장애물이 아니라 그 자체가 개입을 통한 해결과정이 될 수 있다.

한편, 사회복지사가 주의해야 할 사항은 클라이언트의 저항을 없애려 하는 것이다. 저항은 쉽게 없앨 수 있는 것이 아니며 자칫 더 나쁜 결과를 가져올 수 있다. 따라서 저항을 제거하려 하지 말고 잘 다루는 방법을 알아야 한다. 만성질환은 한 번에 해결될 수 있는 병이 아니고 잘 관리해야 질 높은 생활을 유지하는 것처럼, 사회복지사는 클라이언트에게서 나타나는 저항의 형태를 이해하고 알맞은 대처방법을 터득해야 한다. 저항은 잘 조절하면 클라이언트도 자신을 통찰하고 심리적 안정을 가질 수 있는 기회가 될 수 있다.

---

**저항의 유형 예시**

- 침묵으로 일관한다.
- 면담시간을 잊거나 늦게 나타난다.
- 핵심에서 벗어난 이야기를 하거나 횡설수설한다.
- 면담이 소용없다고 불평한다.
- 묻는 말에만 대답하고 거의 말을 하지 않는다.
- 사회복지사의 말에 지나치게 방어적인 태도를 취한다.
- 감정표현을 지나칠 정도로 자제한다.
- 사회복지사가 다 알아서 하라는 자세로 사회복지사에게 지나치게 의존한다.
- 면담과정에서 사회복지사에게 미안해하면서 너무 낮은 자세로 임한다.
- 자신을 비하하면서 '나는 원래 잘 된 적이 한 번도 없다'는 식의 무력감을 표시한다.
- '세월이 약이다'는 식으로 문제를 축소하거나 막연한 해결을 기대한다.
- 면담장면에서 안절부절못하거나 지루해하고 하품 등의 행동을 한다.

---

### (3) 주저(躊躇, reluctance)

저항과 비슷한 행동 유형으로 주저가 있다. 실제 주저와 저항은 구별하기 쉽지 않다. 그렇지만 저항은 사회복지사나 비자발적으로 면담에 임하거나 여러 가지 정황에서 나타나는 경우가 많지만, 주저는 주로 클라이언트 자신에게 이유가 있다.

주저는 클라이언트가 면담에 적극적으로 참여하기를 꺼려하는 행동을 말한다. 사실 사회복지실천에서 문제해결을 위한 의도적인 변화 노력은 클라이언트에게 많은 에너지를 요구한다. 따라서 클라이언트가 주저하는 상황은 충분히 이해할 수 있다. 아무리 긍정적인 변화라 하더라도 새로운 행동과 상황을 만들어 가는 데에는 많은 노력이 필요하기 때문이다. 학생들이 좋은 성적을 얻고 싶어 하면서도 공부하는 과정에서 들어가는 에너지가 너무 크기 때문에 공부를 꺼려하는 것과 유사하다.

사회복지사는 클라이언트의 주저를 어느 정도 받아들여야 한다. 앞서 말한 것처럼 클라이언트는 변화하고 싶어 하지만 변화를 행동으로 옮기기는 쉽지 않기 때문이다.

---

**주저의 이유**

- 긴장에 대한 두려움
- 신뢰의 결여
- 혼란에 대한 두려움: 자신의 내적 세계를 탐색하는 데 따른 어려움
- 수치심: 자신을 폭로하는 데 대한 수치심
- 변화에 대한 두려움

---

### (4) 비자발적 클라이언트

비자발적 클라이언트는 도움과정에 자발적으로 참여하지 않는 클라이언트를 뜻한다. 사회복지실천 현장에서 사회복지사는 때때로 비자발적 클라이언트를 도와야 한다. 예를 들어, 사회복지사는 학교폭력 가해청소년이나 가정폭력 등으로 인해서 규정이나 법적 절차에 따라 사회복지기관에 의뢰가 들어온 사람들에게 서비스를 제공하기도 한다. 이와 같이 물리적 상황에 따라서 비자발적으로 의뢰되는 경우도 있지만, 자발적으로 사회복지사를 찾아왔지만 막상 사회복지사와 면담과정에서 비자발적 클라이언트로 바뀌기도 한다. 이러한 경우에도 주저와 유사하게 변화에 대한 두려움이나 자신의 감정을 노출시키는 데 대한 부담 등이 작용하는 이유 때문이다.

## 2) 처리방법

### (1) 사회복지사의 자기개방

자기개방은 다른 사람과 관계를 맺는 데 있어서 가장 기초가 되는 요소이다.
친구들 사이에서도 자신을 드러내지 않고 숨기려는 친구와는 계속해서 좋은 관계를 갖기 힘들 것이다. 이처럼 자기개방은 대인관계를 하는 데 있어서 필수적인 태도이며 능력이다. 자기개방(self-disclosure)은 사회복지사의 개인적인 생각, 정보, 감정, 가치, 경험 등을 클라이언트에게 드러내는 것이다. 이에 더해서 자기개방은 솔직함을 토대로 이루어져야 한다.

사회복지사의 적절한 자기개방은 클라이언트에게 신뢰감을 주고 친밀성을 확장시키며 독특한 관계를 형성하는 데 도움이 된다.

사회복지사가 어느 정도 자기개방을 할 것인가에 대해서는 판단하기 쉽지 않지만 자기개방의 기본적인 지침은 다음과 같다(Kirst-Ashman & Hull, 2009).

- 자기개방은 클라이언트의 이익을 위한 것이지 사회복지사를 위한 것은 아니다. 개인적 관계라면 상호 간의 개방을 통해서 지지와 신뢰를 갖지만, 사회복지실천관계에서 자기개방은 클라이언트의 이익을 위해서 해야 한다.
- 자기개방은 클라이언트에게 관련된 것이어야 하며, 명확한 목적을 갖고 진실하고 시의적절하게 해야 한다. 자기개방은 도움관계에서 클라이언트에게 신뢰감을 주고 클라이언트의 개방을 이끌어 내는 것에 한정되어야 하며 사회복지사의 개인적인 이야기가 되어서는 안 된다.
- 자기개방은 가능한 한 짧고 단순하게 이루어져야 한다. 클라이언트와 전문적 도움관계를 유지하고 발전시키기 위한 사회복지사의 자기개방은 실천 활동과 과정에 필요한 정도만 드러내야 한다. 왜냐하면 사회복

지사는 클라이언트와 사적인 친분을 형성하는 데 목표가 있지 않기 때문이다. 따라서 사회복지사의 자기개방은 실천과정과 상황에 따라서 클라이언트가 자신을 드러내는 수준에 맞추어서 적절히 그리고 짧게 보여야 한다.

### (2) 저항을 다루는 지침

저항은 다루는 기본 지침은 저항 때문에 클라이언트의 문제해결에 어려움이 생길 때 고려해야 한다. 클라이언트가 저항한다고 생각할 때마다 일일이 지적하면 오히려 문제해결에 장애가 될 수 있다. 다음은 저항을 다루는 몇 가지 지침이다.

- 저항은 클라이언트가 상담을 받을 준비가 부족해서 생길 수 있는 정상적인 과정이라고 생각한다. 저항과 싸워 이기려고 하기보다는 하나의 과정으로 생각하면서 저항과 더불어 상담을 진행한다고 생각한다.
- 클라이언트의 주저와 비협조를 저항이라고 이름 붙이는 순간에 치료를 망치는 부정적인 것으로 저항을 생각하게 되기 때문에 클라이언트들이 소극적으로 상담에 참여하고 치료 결과에 자책감을 느낄 가능성이 있다.
- 많은 클라이언트가 문제를 해결하고 싶어 사회복지사를 찾아오지만 해결을 하는 데 뒤따를 수밖에 없는 변화 때문에 주저하고 방어적이 된다는 사실을 늘 염두에 두어야 한다.
- 클라이언트가 저항하는 이유를 다양하게 탐색해 볼 필요가 있다. 그들이 저항하는 것에 대해 당신의 전문성이 부족함을 의미한다고 단언할 필요는 없다. 그러나 클라이언트가 저항하는 이유를 클라이언트의 탓으로 돌리면 사회복지사는 자신을 방어하기에 급급할 수 있다.
- 클라이언트에게 저항을 포기하라고 다그치기보다는 저항을 탐색할 수 있는 용기를 북돋아 주어야 한다.

- 단정적인 진술보다는 클라이언트의 비언어적 표현을 관찰하고 해석해야 한다.
- 클라이언트를 명명하거나 판단하지 말고 그들의 행동을 객관적으로 묘사하는 것이 좋다. 결과적으로 그들을 비판하지 않는다는 사실을 그들이 알 수 있도록 해야 한다.

### (3) 비자발적 클라이언트와 함께하기

비자발적 클라이언트란 스스로 도움을 요청하지 않거나, 사회복지기관과 사회복지사가 도움이 필요하다고 판단되어서 도움을 주었을 때 도움의 필요성을 인정하지 않는 사람들을 말한다. 즉, 법적 처분이나 다른 사람들이 필요하다고 인정해서 도움을 받는 사람들이다.

비자발적 클라이언트와의 관계 형성을 하는 데 있어서 우선은 클라이언트의 비자발성을 자발성으로 전환해야 한다. 비자발적 클라이언트라 하더라도 진정성을 갖고 상호관계의 상황을 설명하면 충분히 자발적 클라이언트로 바뀔 가능성이 있다. 따라서 클라이언트를 비자발적 위치에 놓아 두지 않고 자발적 클라이언트로 바뀌도록 노력해야 한다.

이와 함께 비자발적 클라이언트와 도움과정에 함께하는 지침은 다음과 같다(Kirst-Ashman & Hull, 2009).

- 사회복지사는 클라이언트가 비자발적이고 사회복지사와 함께 있는 상황을 원하지 않는다는 사실을 인정한다. 클라이언트의 처지를 있는 그대로 인정하면서 클라이언트의 비자발성을 받아들이고 직면해야 한다.
- 사회복지사는 비자발적 클라이언트의 입장에 서 보도록 노력해야 한다. 클라이언트가 비자발적이게 된 까닭과 현실을 고민해야 한다.
- 사회복지사는 비자발적 클라이언트가 가진 부정적 감정을 표현하도록 도와야 한다. 왜냐하면 스스로 찾아오지 않고 다른 사람이나 기관의 강

요에 의해서 의뢰된 경우에는 도움과정이나 면담을 하는 데 있어 고통스럽거나 회피하고 싶은 마음이 있기 때문이다.

• 사회복지사는 자신이 가진 권위의 한계를 알아야 한다. 상황에 따라서 사회복지사는 클라이언트가 협조하지 않을 때 어떤 결과를 맺게 될지 말해 주어야 한다. 예를 들어, 학교폭력 가해학생이 사회복지사와의 관계와 면담에 성실히 임하지 않을 때 다른 처벌을 받을 수밖에 없음도 정확히 알려 주어야 한다. 아울러 사회복지사는 클라이언트가 선택할 수 있는 대안을 알려 주어야 한다. 이것은 클라이언트의 자기존중, 자신감, 삶에 대한 통제감을 향상시킬 수 있다.

바람직한 인간관계의 기초: 조하리의 인식 모델을 중심으로

개방된 영역
(Open area)

가려진 영역
(Blind area)

숨겨진 영역
(Hidden area)

모르는영역
(Unknown area)

자기수용(self-acceptance)은 자기 자신의 신체적 조건, 생리적 현상, 자신의 생각, 느낌, 행동, 가치관, 성격, 자신이 처한 상황에 대해 있는 그대로 받아들이는 태도를 말한다. 하나의 독립된 개체로서 존엄성을 가진 있는 그대로의 나의 모습을 인정하는 것이다.

자기개방을 통한 인간관계의 기초를 마련하는 데 있어 조하리의 창(Johari window)이 도움이 된다. 인간의 느낌, 행동, 동기 면에서 Joesph Luft와 Harry Ingham이 공동으로 개발한 '자아의식 모델'은 두 사람의 이름을 따서 '조하리의 창문(Johari Window)'으로 지칭하기도 한다.

- 개방된 영역(Open area)

  느낌이나 생각, 행동 등이 자신이나 타인에게 알려진 영역을 말한다. 자유로운 행동의 영역이며 나 자신이나 세상에 대하여 열어 논 창문과 같은 것이다.

- 가려진 영역(Blind area)

  자신의 행동이나 느낌 그리고 생각 또는 동기가 타인에게는 알려져 있으나 자신은 알지 못하는 영역이다.

- 숨겨진 영역(Hidden area)

  자신의 느낌이나 생각, 행동을 본인은 알고 있지만 타인은 알지 못하는 영역으로서 완전히 개인적인 영역이다.

- 모르는 영역(Unknown area)

  행동이나 느낌, 동기가 본인이나 타인에게 알려지지 않은 영역으로, 오직 추리나 회상에 의해서만 알게 된다.

제 9 장

# 사회복지실천의 핵심 요소: 기술(Ⅱ)-면담론

:

알고 소통하고 위로하고 도와주기

Social Work Practice

**팽팽하다.**

긴장감이 돈다.

마주하는 순간, 눈을 응시해야 한다.

첫 만남. 기싸움에서 지는 순간 게임은 진거다.

해보자. 한번, 누가 이기나.

순간,

"자네는 이 소리가 안 들리는가?"

아니 무슨 잔뜩 전의를 불태우고 있는데 뜬금포인가……

"바스락거리는 소리가 안 들리나?" 그게 뭐란 말인가? 뭘 들으라고? 눈을 뚫어지게 보고 있는데 그런 나는 안 보이나…….

"사람은 꼭 싸우려고 상대를 제압하기 위해 마주보는 건 아닐세."

그럼 평소 사이도 그리 좋지 않은 나하고 왜 보자고 했을까?

"그냥 자네에게 맛있는 사탕이 생겨서 두어 개 주려고. 뭐 딱히 이유는 없네. 마주보기 싫으면 사탕만 받고 가게. 사탕을 보는 순간 왠지 자네 생각이 나서 말일세. 여하튼 와 줘서 정말 고맙네. 또 볼 수 있음 보세."

아! 한방 맞았다. 내가 졌다. 먼저 생각하고 표정 짓기보다는 세심히 들어야 하는데 말이야… 의문 아닌 정확한 1패.

그러자. 편견 없이 마주보며 듣자. 그게 먼저일 것 같다.

위이이잉~

봄이 되면 흔하게 접할 수 있는 꿀벌은 자신들만 알아들을 수 있는 소통방법이 있다고 한다. 바로 춤이다. 꿀이 많은 곳을 발견했거나 새로운 집터를 발견했을 때 춤을 추어 다른 꿀벌들에게 그 위치를 알려 준다. 꿀벌은 엉덩이를 흔들며 춤을 추는데, 엉덩이춤에는 원을 그리며 추는 원형 춤과 8자 모양으로 추는 8자 춤이 있다.

놀랍지 않은가?

관계를 맺고 그 관계를 형성하는 방법에 있어 언어적 또는 비언어적인 의사소통의 방법을 사용하는 인간처럼 집단생활을 하는 꿀벌도 관계를 형성하는 데 있어 '춤'이라는 커뮤니케이션 방법을 사용한다는 점에서 인간과 매우 유사하다는 것을 알 수 있다.

따라서 동물들에게도 의사소통은 관계를 형성할 때 매우 중요한 수단으로 작용하며, 또한 클라이언트와 사회복지사와의 관계에 있어서도 의사소통은 중요한 매개체로 작용한다.

최아연, 최정원

중고등학교 시절 한 번쯤 선생님과 진로나 학업에 대해서 면담한 경험이 있을 것이다. 이처럼 면담은 두 사람 사이에 어떤 목적을 갖고 이루어지는 대화를 말한다. 사회복지실천에서 클라이언트를 돕는 행위는 여러 가지 방법으로 나타난다. 그런데 모든 도움은 사회복지사와 클라이언트의 관계 속에서 이루어지며 그 핵심은 면담이다. 이러한 면담은 클라이언트의 형편을 이해하여 그들을 잘 도울 수 있는 기능을 하는 데 기본적인 목적이 있다. 더 나아가 면담과정을 통해서 클라이언트가 자신을 보다 잘 이해하고 현재 겪고 있는 문제나 욕구에 대해서 정확히 파악하여 해결할 수 있는 실마리를 탐색하는 데에도 도움이 될 수 있다. 나아가 면담과 깊은 관련이 있는 상담을 통해서는 클라이언트의 정서와 심리적 문제를 함께 해결해 나갈 수 있으며, 마음의 안정을 찾는 데 큰 역할을 할 수 있다. 이처럼 면담은 사회복지실천기술의 핵심 중의 하나이다.

## 1. 커뮤니케이션의 이해

사람은 관계지향적 존재이다. 다른 사람과 관계를 맺을 때 비로소 인간다움은 더 빛나고 자신을 더 많이 파악할 수 있다. 사회적 동물로서 인간은 다른 사람과의 관계를 맺지 않을 수 없고, 어떤 관계를 형성하느냐에 따라서 삶의 의미마저 달라진다. 그런데 사람 간의 관계 형성은 주로 언어와 비언어의 두 가지 커뮤니케이션(communication) 방법을 통해서 주로 이루어진다.

사회복지실천에서 클라이언트를 돕기 위해서는 그들과 좋은 관계를 맺고 유지하고 발전시켜야 한다. 예를 들어, 의사와 환자 간의 좋은 인간관계는 환자의 질환을 더 빨리 치료하고 회복시키는 데 큰 도움이 되는 것과 마찬가지이다.

이러한 인간관계는 주로 커뮤니케이션을 통해서 이루어진다.

사회복지실천의 핵심 활동은 사회복지사와 클라이언트 간의 커뮤니케이션을 수단으로 특별한 도움관계를 형성해서 문제를 해결하고 상황에 적응하고 조정해 나가는 데 있다. 이와 같은 커뮤니케이션은 사회복지실천에서는 면담의 장면에서 이루어진다. 그런데 일반적인 면담의 범위를 넘어서 면담 자체가 클라이언트를 바람직한 방향으로 직접 변화시키는 도구로서의 역할도 한다. 따라서 클라이언트의 욕구와 문제해결을 위한 면담은 상담의 속성을 내포한다.

　　사회복지실천에서 인간관계가 사회복지사와 클라이언트 사이의 태도와 역할을 규정한다면, 면담은 클라이언트를 돕는 과정에서 사회복지사가 갖고 있는 매우 중요한 기술이다. 마치 의사가 수술과 약물로서 환자를 치료하는 것처럼 사회복지실천 현장과 장면에서 일어나는 많은 문제와 방안은 클라이언트의 변화를 목적으로 하는 면담(상담)을 통해서 이루어진다. 그리고 면담은 상호 간의 커뮤니케이션의 범위에서 이루어진다. 따라서 사회복지실천에서 면담의 의미를 파악하기 이전에 일반적인 커뮤니케이션에 대한 이해가 선행되어야 할 것이다.

## 1) 커뮤니케이션의 정의

　　커뮤니케이션(communication)은 각종 기호를 매개로 해서 정보, 사고, 감정 등을 전달하는 인간의 상호작용과정이다. 또한 나와 다른 사람이 서로 다르다는 사실을 경험하기 위한 상호행위이다.

　　우리는 언어 및 비언어적 표현 등을 통하여 상대와 정보(의사, 감정 등)를 전달하고 받는다. 이것은 단순히 정보의 공유(공통인식)에만 머무르지 않고, 상대를 인식하며 다른 사람과 다른 자신을 자각한다. 또한 이러한 정보는 사실에 대한 인식의 변화를 유도하고, 상대를 보고, 생각하고, 행동하는 방법의 변화를 촉진할 수 있다. 아울러 관계 본연의 모습을 변화시켜 나가기도 한다.

이러한 커뮤니케이션은 인간과 인간을 결합하고 현실을 인식하며 공유하는 수단이다. 동시에 자기와 다른 사람이 다른 것을 명확히 함으로써 대인관계를 형성할 때 개인의 태도 및 말과 행동을 규정하는 힘을 갖는다.

　커뮤니케이션은 크게 주로 음성언어를 통한 언어적인 커뮤니케이션과 행동, 몸짓, 억양 등 비음성으로 의사표현을 하는 비언어적 커뮤니케이션으로 나눌 수 있다.

　언어적 커뮤니케이션은 말로써 자신과 상대의 의사를 명확히 전달하고 전달받지만, 비언어적 커뮤니케이션은 언어적 커뮤니케이션에 비해서 해석이 모호하여 의사전달이 분명하지 않을 때가 많다. 즉, '나는 배고프다'라는 말은 상대에게 자신이 처한 상황과 욕구를 분명히 전달할 수 있는 데 비해서, '배가 너무 고파서 배를 움켜쥐는 행동'은 상대에게 '배가 고픈가 보다' '배가 아픈가 보다' '무엇인가 불평하고 짜증이 나는 것 같다' 등 다양한 해석을 일으킬 수 있다.

## 2) 커뮤니케이션의 성격

　사회복지실천 면담에서 관심을 갖는 중요한 커뮤니케이션 유형은 대인 커뮤니케이션이다. 사회복지실천 면담의 궁극적인 목적은 사회복지사와 클라이언트의 관계가 하나의 정형화된 형태를 이루고 상호 간에 행동과 사고 등에 대한 예측가능성을 증가시키는 데 있다(Bateson, 2000). 즉, 서로를 잘 알고 이해하고 소통이 원활한 관계를 만들고 유지하는 데 초점을 맞춘다는 뜻이다. 만일 사회복지사와 클라이언트 사이에 좋은 관계가 형성되면 때에 따라서는 서로 말하지 않고도 의사소통이 잘 이루어질 수 있다. 여기에는 보이지 않는 (숨겨져 있는) 관심과 신뢰 그리고 이해 등의 규칙이 만들어졌기 때문이다. 이처럼 서로 이야기하면서, 즉 커뮤니케이션을 통해서 만들어진 바람직한 패턴 또는 보이지 않는 상호 의사소통 규칙은 자율성을 갖고 좋은 순환

구조로 유지된다. 요컨대, 지금 있는 그대로의 상태를 유지하기 위해서 상호 관심과 신뢰의 에너지가 끊임없이 움직이고 변화하여 좋은 관계가 바람직한 의사소통을 또한 바람직한 의사소통이 좋은 관계를 유지·발전시키는 구조를 만든다는 말이다.

그런데 이러한 관계가 긍정적이지 못하고 불충분하고 불만족스런 상태를 가져온다면 문제가 발생한다. 일반적으로 상대와 심리적 거리를 두는 것으로 이 문제를 해소한다. 하지만 공동의 목표로 구성된 폐쇄적 집단이나 가족 등에서 생기는 바람직하지 못한 대인관계를 해소하는 데 일정한 심리적 거리를 두는 것은 쉽지 않다. 왜냐하면 늘 정서적으로 생활로 묶여 있어 항상 보고 만나고 살아야 하기 때문이다. 따라서 이러한 집단 또는 가족관계에서 형성되었던 체계나 커뮤니케이션 규칙 등이 바람직하지 않은 성격으로 고착화되거나 관계의 유연성을 갖지 않는 경우에는 희생자를 만들어 집단과 가족의 안정성을 추구하게 된다. 즉, 희생자 IP(Identified Patient)를 통해서 커뮤니케이션의 구조가 주는 긴장감을 병리적 방법으로 해결하려는 의도가 확연히 드러나거나 때로는 암묵적으로 나타난다.

### 3) 커뮤니케이션 오해 발생 요인

우리 앞에 나타난 사실을 보는 관점과 해석이 다르고 한 개인이 갖는 정서는 독특하게 움직이기 때문에 대인 커뮤니케이션 과정에서 오해는 불가피한 일이다. 최선을 다해서 내 생각을 전했는데 상대가 알아듣지 못했거나 들은 것이 서로 다르거나 또는 생각이 다른 상황들은 일상생활에서 흔히 볼 수 있다. 이것들은 말하는 사람의 언어내용(content)이 명확하게 전해지지 않았고, 말하지 않은 부분(숨겨진)의 진의(眞意)가 전달되지 않았거나 하는 경우에 나타난다.

커뮤니케이션은 정보를 전달하려는 사람이 언어 및 비언어 등(신호)을 통해 전달하려는 내용을 상대에게 송신한다. 그런데 송신하는 과정에서 외부로부터 잡음이 들어가는 경우가 있다. 송신된 언어 및 비언어 등의 신호는 귀 및 눈을 통해 수신기로 받아들여지고, 상대는 이것을 해독하고 수신한다. 물론 이 모델은 일방통행으로서의 커뮤니케이션 구조를 설명한 것이고, 이것을 중심으로 오해의 요인을 설명하려 한다.

　인간은 고유의 사회·문화·가정 환경의 중심에서 살아간다. 또한 여러 가지 심신의 특징을 가지며, 양육환경으로 인해 독특한 나름의 성장 및 발달을 하면서 이로 인해 인지·기억·행동 패턴 등의 인격의 기초가 형성되고, 또 다른 여러 가지 경험을 지나면서 현재의 개체로서 자신이 되는 것이다.

　또한 그러한 개인이 상대에게 무엇을 전달하는 경우, 그 전달내용은 상대에 대해서 이미지(영상) 및 관계, 이전 경험으로부터도 영향을 받게 된다. 즉, 보내는 사람의 전달내용의 의미를 정확히 이해하기 위해서는 어느 정도 개인의 정보 및 상대와의 관계 등을 알아야 할 필요가 생기기 때문이다. 전달내용 중에는 구체적인 정보 및 의도, 감정 등이 포함되어 있다. 보내는 사람에게는 그것의 전달내용을 머릿속에서 명확히 하고, 정리 및 통합하는 능력, 효과적인 표현의 방법을 공부하는 능력 등이 필요하다.

　우리는 전달내용을 받는 사람과 공통언어 등의 수단에 의해서 표현한다. 그 경우, 양자(兩者) 간의 언어 및 신체어 등이 상호이해가 가능하다는 것을 전제로 한다. 그런데 같은 말이라도 사람에 의해서 의미가 다른 경우 및 표정을 읽지 못하는 경우가 있다. 언어표현이 뛰어난 사람도 있고 미숙한 사람도 있다. 또는 말이 많은 사람도 있고 과묵한 사람도 있다.

　돌려서 말하거나 말꼬리를 흐리는 경우도 있다. 더구나 말하는 것과 태도가 달리 나타나는 경우도 있다. 그리고 그 사람을 만나기 전에 들었던 왜곡된 이야기나 평가 등으로 인해 커뮤니케이션이 훼손되기도 한다. 예를 들면 ,어떤 사람을 만나 좋은 사람이라고 느꼈을지라도, 나중에 그 사람에 관해서 부정적으로 평가하는 남의 이야기를 듣게 되면 그 사람의 언동을 의심하고, 믿지 않는 경우도 있다.

　이러한 이유는 [그림 9-1]에서 볼 수 있듯이 커뮤니케이션 구조 층에서 보면 언어는 드러난 일부에 불과하다. 그 바탕에는 비언어적 표현과 반응이 있다. 더욱이 중요한 것은 심층에 있는 맥락(context)이다. 이 맥락은 커뮤니케이션을 하는 사람 간의 관계 규정에 따라 달라지고 개인적인 의미 부여에 따라서도 달라지기 때문에 단순화하기 어렵다. 예를 들어, '나는 사과는 매우 유용한 과일이라고 생각한다'라고 했을 때 사과의 영양가를 평가하는 것인지, 아니면 정물화를 그리기 좋다는 뜻인지, 아니면 맛이 좋다는 말인지 다양할 것이다. 이처럼 어떤 표현의 숨겨진 이면을 아는 것은 어려우면서도 중요한 일이 된다.

　한편, 받는 사람은 전체 감각기관을 통해서 보내는 사람의 언어 및 신체어 등의 신호화(표현)된 정보를 파악한다. 정보는 그 의미를 이해할 수 있을 때

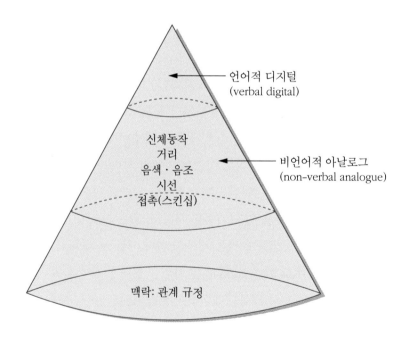

[그림 9-1] 다양한 커뮤니케이션의 구조 층

유용한 것이 된다. 받아들이는 사람이 정보를 이해하기 위해서는 보내는 사람의 개인정보 및 양자의 관계, 언어 및 신체어 등의 정보를 정리하고, 통합해야 하기 때문에 의미를 파악하는 능력이 필요하다. 또한 상대의 특징 및 서로 다른 것을 느끼고 취하는 감수성도 필요하다.

또한 커뮤니케이션은 '내용(context)' 못지않게 '관계(relation)'로 인해 규정된다. 직장의 경력직원과 신입직원 간의 커뮤니케이션은 내용보다는 관계에 의존하는 경우가 많다. 예를 들어, 직장 업무에 관해서는 신입직원보다 경력직원이라는 상호 역할과 관계의 불균형이 커뮤니케이션 내용보다 더 중요하게 작용할 때가 많다. 자칫 일방적 소통 구조가 만들어질 때가 있다. 즉, 직장의 업무 외에도 경력사원이 "오늘 점심은 우동을 먹지요."라는 말을 하면 점심의 메뉴 선택은 개인적 취향임에도 불구하고 오늘 점심은 우동을 먹는 것이 합리적이고 신뢰가 간다는 착각을 할 때가 있다. 이처럼 업무 이외에 다른 커뮤니케이션 내용도 관계규정에 의해서 결정되는 경우가 있다. 그와는 반대로 다른 사람과 커뮤니케이션에서 대화를 주도하는 사람은 현재 함께하는 대화의 주제 외에도 많은 지식과 경험을 가진 것처럼 착각해서 그에 대한 신뢰와 의존성이 생길 수 있다.

## 4) 커뮤니케이션의 수단

앞서 말한대로 인간은 언어와 비언어로 커뮤니케이션을 한다. 일반적으로 언어적 커뮤니케이션은 비연속적인 속성을 가지고 있고, 비언어적 커뮤니케이션은 연속적이다. 즉, 언어적 커뮤니케이션은 말하는 사람이 입을 다물면 아무런 정보도 읽지 못하는 데 반하여 비언어적 커뮤니케이션은 함께 교류하는 상대에게 항상 노출되어 있어 비록 오해가 있더라도 상대가 해석과 판단이 가능한 정보를 제공한다. 이와 같은 언어와 비언어적 커뮤니케이션을 분류하면 〈표 9-1〉과 같다.

| 표 9-1 | 커뮤니케이션의 수단 |
| --- | --- |
| 언어적 커뮤니케이션 | 말로서 표현되는 내용 |
| 비언어적 커뮤니케이션 | 신체어: 표정, 자세, 몸짓, 손짓, 신체 운동, 시선 등 |
| | 준(準)언어(파라언어): 음성의 질, 성량, 언어 외의 음성, 어조, 억양, 행간의 의미, 기침 등 |
| | 비언어: 복장, 화장, 액세서리, 내음(향기), 거리, 촉감, 체온 등 |

(1) 언어적 커뮤니케이션: 이야기하는 것의 의미와 효과

인간의 말(음성언어)은 서로 정보 교환을 가능하게 하고, 대화하는 상대에 대해 많은 지식을 얻을 수 있게하며, 이를 토대로 상호 성장과 발전의 귀중한 도구가 된다. 따라서 언어 커뮤니케이션의 중요성은 아무리 강조해도 지나치지 않다. 인간은 자신의 생각과 신념 등을 언어화하여 자신에게 의미를 부여하고 완성해 나간다.

사회복지실천 현장에서 사회복지사는 언어를 통해서 다른 사람과의 다양한 수준의 관계를 맺는다. 클라이언트도 마찬가지이다. 클라이언트도 주로 언어를 통하여 자신의 마음상태와 처지, 생각, 신념 등을 사회복지사에게 알리면서 스스로 정리하기도 한다. 이런 관점에서 클라이언트의 이야기는 다음과 같은 의미 및 효과가 있다.

- 말하는 것 자체가 정신 운동이 되고, 정신 활동을 활성화한다.
- 인간관계를 맺고 다른 사람과 소통한다.
- 자기 표현을 연습하고 대인관계기술이 학습된다.
- 다른 사람을 이해하고, 자신이 타인에게 이해받을 수 있도록 충분히 자신을 알린다.
- 마음의 응어리를 발산할 수 있다.
- 말, 즉 이야기를 통해서 자신의 기분 및 생각이 정리되고 명확해진다.
- 자신의 상황 및 주변의 동정이 뚜렷해진다.

- 자신의 기분 및 생각을 단념할 수 있다.
- 대화하는 가운데 새로운 기분과 욕구가 떠오른다.
- 대화 중에 억압되었던 일 및 감정이 떠오른다. 그것과 직면할 수 있게 된다. 이러한 직면은 현재의 자신의 체험이 되고 직면한 사실과 감정을 보다 위협적이지 않은 것으로서 새로운 의미를 부여할 수 있게 된다.

이렇듯 클라이언트는 말을 통해서 자신의 많은 내적인 문제를 봄으로써 생각과 느낌 그리고 현재 부딪히는 문제를 명확히 볼 수 있는 가능성을 갖게 된다.

따라서 사회복지사는 클라이언트가 이야기를 잘할 수 있는 분위기를 만들고, 클라이언트 스스로 말을 통해서 감정(특히, 부정적인 감정)을 발산하고 정리할 수 있도록 잘 듣고 공감하는 역할을 수행해야 한다. 그러므로 사회복지사로서의 면담과정에서 기본적인 역할 및 태도는 연습 등을 통해서 몸에 붙도록 하는 것이 필요하다. 궁극적으로는 사회복지실천에서의 전문적 도움관계의 태도 및 도움 기술을 잘 습득하는 것이 요구된다.

### (2) 비언어적 커뮤니케이션: 보이는 것에 대한 의미

우리는 커뮤니케이션을 할 때 언어내용뿐만 아니라 상대의 비언어적인 표현까지 인식해야 한다. Mehrabian(1981)은 사람이 상대에게 호감을 느끼는 표현을 연구한 결과, 얼굴 표정 등(비언어적 표현)에 의한 표현에서 55%, 목소리가 38%, 말의 내용은 7% 정도 비중을 차지하는 것으로 보고하였다. 이 자료에서 비언어적인 소통의 중요성을 알 수 있다. 실제로 사랑하는 사람에게 때로는 어떠한 언어표현보다 정다운 눈빛을 보내는 것이 말하는 것 이상으로 상대의 마음을 강하게 사로잡을 수 있다. 또한 '말을 하지 않아도 얼굴만 봐도 알 수 있다' 등의 말은 비언어적 표현의 중요성을 강조한다. 외국인과 말을 할 때에도 상대에 대해서 언어뿐만 아니라 신체 및 표정, 눈빛, 어조 등 몸

전체를 사용하여 정보를 전달한다. 이를 통해서 다른 언어를 사용하는 환경에서도 더 정확한 의사소통을 할 수 있다. 이처럼 언어내용을 신체어 및 준언어(파라언어)로 보완할 때 상대가 전달하려는 의미와 내용 등을 더 잘 알 수 있다.

특히 비언어적 커뮤니케이션은 사회복지실천과 같은 임상장면에서 클라이언트의 심리상태를 나타내는 지표로서 볼 수 있다. 비언어적 커뮤니케이션은 언어내용을 보완하는 한편, 언어내용과는 별도의 의미를 표현하거나 무의식적인 문제를 표현하는 데 활용된다. 그러므로 언어와 동시에 비언어적 메시지를 받아들인다면 상대의 이야기 및 마음상태 등까지 정확히 이해할 수 있을 것이다.

또한 사회복지실천 현장에서 비언어적 커뮤니케이션은 사회복지사가 클라이언트에게 자신의 태도 및 기분상태 등을 전달하는 방법으로도 사용한다. 클라이언트와의 첫 대면에서 사회복지사의 비언어적 표현, 즉 미소 및 친절하고 부드러운 태도 등은 따뜻하고 수용적임을 표현하고, 클라이언트를 받아들이는 자세를 보일 수 있다.

사회복지사는 사회복지실천 면담에서 듣는 역할을 많이 한다. 그다지 많이 말을 하지 않을 수도 있다. 그러나 클라이언트의 말과 이야기에는 민감해야 한다. 클라이언트를 수용하고 존중하며 관심을 보이고 있다는 태도는 말 이외에 비언어적 표현을 통해 더 많이 전달되는 경우가 있다. 따라서 사회복지사는 사회복지실천 면담의 장면에서 클라이언트가 하고 있는 언어 못지않게 비언어적 표현에 세심히 주의를 기울여야 한다. 즉, 비언어적 커뮤니케이션은 사회복지사의 태도 및 의사, 감정, 생각 등을 간접적으로 전하는 수단이 되고, 또한 클라이언트는 스스로 어떻게 생각하고 있는지를 판단하기 위한 도구로도 사용된다.

## 2. 사회복지실천에서의 면담

### 1) 면담의 중요성

면담은 사회복지실천의 기본적인 수단이며 기법이다. 의사는 환자를 수술과 약으로 치료하지만 사회복지사는 면담을 통해서 클라이언트에게 도움을 제공한다. 따라서 사회복지실천에서 사회복지사와 클라이언트 사이의 도움(관계)은 면담을 통해서 이루어지기 때문에 면담은 매우 중요하다.

### 2) 사회복지 면담의 특성

Compton과 Galaway(1975)에 의하면 사회복지 면담은 다음의 네 가지 특성을 가진다고 했다.

#### (1) 맥락이나 세팅(setting)을 가진다

특정한 문제를 가지고 오는 클라이언트에 대하여 규정된 서비스를 제공하는 특정한 기관의 상황(전후의 관계)이나 장(setting)을 말한다. 예를 들어, 노인복지기관에 아동과 청소년 문제를 호소하기 위해서 온 사람에 대해서는 노인복지기관이 갖고 있는 서비스 규정과 시설 활용 범위 안에서 도움을 줄 수 있다는 것이다. 또한 기관 방침이 노인복지서비스에 국한한다면 아동과 청소년 문제는 관련 기관에 의뢰하면 될 것이다. 이것은 물론 상호교류의 측면에서 한정하며 특정한 상황과 관련되지 않은 자료들을 배제하기 위한 것이다. 즉, 할 수 있고 해야 하는 책임 범위 내에서 특정한 상황과 시간, 공간 속에서 이루어진다는 뜻이다.

### (2) 목적과 방향이 있다

구체적인 목적 달성을 위해서 수행되는 과정이며, 면담은 우연한 정보와 교환 또는 비공식적인 대화가 아니다. 즉, 클라이언트를 돕기 위한 목적이 뚜렷한 면담이다. 그리고 클라이언트가 자신이 갖고 있는 욕구와 문제를 풀어 나가고 환경을 조정하고 적응하며 자립할 수 있도록 전문적으로 도울 수 있는 방향에서 면담이 이루어진다는 것이다.

### (3) 계약(contract)에 의한다

클라이언트와 사회복지사가 목적 달성을 위한 일련의 과정을 상호합의한다. 사실 도움이 필요해서 사회복지기관이나 사회복지사를 찾는 사람을 편의상 클라이언트라고 호칭하지만, 정확한 개념은 아니다. 사회복지사와 내담자(내방자) 사이에 계약관계가 성립되어 조건이 맞을 때 비로소 클라이언트로 불린다.

계약 조건에는 클라이언트의 형편에 따라서 다르지만 주로 도움을 주는 방법, 클라이언트의 참여와 역할, 상호 준수해야 할 사항과 의무, 사회복지사와 클라이언트의 권리 등이 포함된다.

### (4) 역할관계가 규정된다

사회복지사와 클라이언트의 역할이 각각 규정된다. 사회복지 면담은 커뮤니케이션의 특수한 형태로서 사회복지실천 범위 내에서 전후 관계적이고 목적성과 한정성을 가지며 특수한 역할관계를 수반한다.

사회복지사와 클라이언트는 서로 마음을 격의 없이 터놓을 수 있으면 상호 이해를 넓혀서 좋은 관계를 가질 수 있다. 그런데 사회복지사와 클라이언트의 역할은 범위 내에서 가능해야 하고 이루어져야 한다. 각자 역할에 충실할 때 사회복지사와 클라이언트가 목표하는 바를 성취할 수 있다.

## 3) 면담의 물리적 조건

면담을 잘 진행하기 위해서는 면담자인 사회복지사와 피면담자인 클라이언트 사이에 신뢰감 조성과 클라이언트의 심리적 편안함 등 심리적 · 정서적 환경이 중요하다. 그런데 물리적 환경도 좋은 면담을 진행하는 데 필요한 부분이다. 물리적 환경에는 안락한 공간뿐만 아니라 공간 내 집기의 구조 및 의자의 위치 그리고 전등의 밝기와 온도 등 신체적으로 편안할 수 있는 조건 등도 필요하다.

### (1) 쾌적한 환경 조성

심리적 안정감만큼 중요한 것이 물리적 환경이다. 쾌적한 공간과 설치물은 사회복지사와 클라이언트 모두 편안하고 기분 좋게 면담을 할 수 있는 기회를 만들어 준다. 적절한 환기와 조명, 쾌적한 실내 온도, 여유로운 공간, 안락한 의자 그리고 어울리는 실내장식 등도 고려되어야 한다.

### (2) 사적인 공간 확보

클라이언트들은 자신들이 하는 이야기가 사회복지사 이외의 사람들에게 들릴 수 있다면 집중하거나 자신을 표현하는 데 어려움을 가질 것이다. 이것은 자기의 개인적인 정보를 다른 사람이 듣는다면 클라이언트가 방어적으로 변할 가능성이 크기 때문이다(Hepworth & Larsen, 2006). 그러므로 개인적인 공간이 충분히 확보된 상태에서 면담이 이루어지는 것은 중요하다. 만일 별도의 면담 장소가 개인적 공간을 충분히 확보하지 않았다면 사회복지사는 클라이언트를 위해서 최대한 개인의 사적 공간 환경을 조성하려는 노력을 해야 한다. 그렇다고 면담을 약속한 공간 밖(예를 들면, 사회복지관 밖의 커피숍)에서 진행하는 것은 불가피한 경우를 제외하고는 바람직하지 않다. 왜냐하면 사회복지실천과정에서 면담은 특정한 장소와 목적 그리고 관계 속에서 이루어지는 공적인 활동이기 때문이다.

### (3) 안전한 공간 구성

면담 도중 예기치 못한 결과가 발생되는 것을 방지하기 위해서 사회복지사와 클라이언트 사이에 안전이 확보될 수 있는 설치를 해야 한다. 간혹 비자발적 클라이언트와 면담 도중에 클라이언트가 감정이 격해져서 통제하지 못하고 신체적 행동을 하는 경우가 있다. 물론 그러한 상황이 만들어지지 않도록 다각적으로 세심하게 살펴야 하겠지만 물리적 공격이나 침해를 예방하기 위한 공간의 설치는 사회복지사와 클라이언트를 위해서 필요하다. 면담 장소에서 사회복지사가 문에 가까운 쪽에 앉는다거나 도움을 요청할 수 있는 긴급장치(벨 등)를 설비하는 일 등이 될 수 있다. 안전한 공간은 사회복지사뿐만 아니라 클라이언트에게도 필요한 장치로 볼 수 있다.

## 4) 사회복지사의 태도

### (1) 편견 없는 자세

사람마다 취향이 있다. 사람을 대하는 데에도 마찬가지이겠지만 사회복지사는 적어도 클라이언트를 공적으로 만나는 순간부터 가급적 첫인상에 대한 선입견부터 시작해서 말투와 태도에서 비치는 모습에 대한 편견을 갖지 말아야 한다. 인간에 대한 애정과 열린 마음과 자세로 클라이언트를 있는 그대로 받아들일 수 있어야 한다. 사회복지사가 방어적인 마음을 갖거나 꾸미거나 작위적인 태도와 말씨를 보이면 클라이언트는 자신의 상황이나 사정에 대해서 충분히 말하지 않거나 왜곡되게 전달할 수 있어 바람직하지 못한 환경이 조성될 수 있다.

(2) 열의

자기에게 관심을 갖고 있는 사람에게는 솔직하게 자신을 표현할 수 있다. 따라서 사회복지사가 면담과정에서 클라이언트에 대해서 적극적인 자세를 갖는 일은 매우 중요하다. 즉, 클라이언트의 말과 행동 그리고 느낌에 집중하면서 온전히 클라이언트에게 기울이는 모습을 가져야 한다.

(3) 여유

사회복지사가 느긋하고 여유 있는 자세를 취하지 않으면 클라이언트도 초조할 수 있다. 어떤 일에 쫓기는 듯하고 다른 생각을 골똘히하면서 조급한 태도를 갖는 사회복지사에게 편하게 말할 수 있는 클라이언트는 없다. 따라서 수용적인 태도로서 여유를 보이는 모습이 바람직하다.

(4) 사회적 거리

인간관계는 적절한 거리감이 있어야 한다. 더구나 사회적 관계, 특히 사회복지사와 클라이언트의 관계는 사적 관계가 아니기 때문에 너무 친밀해서는 안 된다. 그렇다고 전문적 도움관계의 특성상 기계적인 공적 관계도 아니기에 너무 냉정하거나 어색해서도 안 된다. 사회적 거리란 친하지도 냉정하지도 않은 태도를 말한다. 실제 장면에서 쉽지 않지만 수많은 관계적 노력과 경험을 통해서 습득할 수 있으며, 이것은 전문적 도움관계의 면담에서 매우 중요한 요소이다.

## 3. 면담과 상담

### 1) 면담과 상담의 공통점

상담(counseling)은 면담(interview)과 관련이 있다. 일반적으로 사회복지실천 면담, 특히 사정부터 치료적 면담까지를 임상심리실천 현장에서는 상담이라고 부른다. 엄격히 말하면 사회복지실천과 임상심리 분야는 각각의 학문적 배경, 자격 제도 및 조건, 교육과 훈련의 방법 등이 다르다. 그렇지만 도움이 필요한 사람들을 돕는다는 철학이 같고, 실천과정의 기술(skill)에서 상당 부분 동일한 방법을 사용하고 있기 때문에 실제 기법 상에서 명확한 구별은 되지 않는다.

면담과 상담의 공통점은 다음과 같이 제시할 수 있다.

- 인간을 대상으로 한 과학적 배경지식을 바탕으로 전문적인 원조기술을 갖고 있다.
- 대상자가 주로 개인이나 가족 또는 소집단이다.
- 목표가 클라이언트(내담자)가 제시하는 현재의 문제해결인 동시에 그들의 성장과 변화에 관심을 둔다.
- 인간관계에서의 의사소통을 중심으로 전문기법을 확장시켜 사용한다.

### 2) 면담과 상담의 차이점

면담은 특별한 목적을 갖고 면담자와 피면담자가 대화를 하는 것이다. 그런데 면담은 일정 부분 공식적인 성격을 갖는다. 면담자는 피면담자에게 면담의 목적과 과정 그리고 기록 여부에 대해서 사전에 충분히 알려 주어야 한다.

　반면, 상담은 피상담자(클라이언트)와 상담자 사이의 관계를 통해서 피상담자가 자신과 다른 사람 그리고 사회 환경에 대해 통찰하도록 도와서 피상담자 스스로 문제를 해결하는 과정을 통해 긍정적인 방향으로 변화하도록 돕는 활동이다. 상담의 목표는 사람의 성장과 발달을 촉진하는 데 있다. 즉, 당면한 문제해결과정을 통해서 다가오는 다양한 상황에 대처하는 능력을 키우는 데 있다.

　또한 상담은 주로 심리적인 개입을 통한 피상담자의 행동 변화 및 사회적 적응에 초점을 맞춘다. 따라서 일반적으로 개인 및 가족 등에게 사회복지의 다양한 서비스를 제공하지 않는다. 즉, 개인의 심리와 인성(personality)의 문제를 중요시하며, 사회복지에서 강조하는 개인을 둘러싼 환경 조정 등의 사회적 관점에서의 지원은 미약하다.

　다시 말해서, 사회복지 면담은 클라이언트를 돕기 위한 정보 수집과 사정에도 목적을 갖고 있으며 그 자체가 개입과정의 중요 기술이 되는 반면, 상담은 내담자의 문제해결 및 성장 도모에 있다.

## 3) 상담과 심리요법

　상담은 정신의학의 영역에 있어서 심리요법과 여러모로 혼동된다. 그러나 넓은 의미에서 상담은 사회생활에의 적응을 목표로 하고 있는 반면에, 심리요법은 정신생활에 깊이 관여하며 병리에 초점을 맞춘다.

　정신의학 분야에서는 이것을 정신요법(psychotherapy)이라고 부르며, 심리요법으로 부르는 임상심리학 및 교육학 분야에서의 호칭과 구별하는 경향도 있다. 그러나 이용하는 사람들 입장에서는 상담과 심리요법의 명확한 구별이 있는 것은 아니다. 또한 이론과 접근방법에서도 큰 차이가 나지 않는다. 단지 상담은 주로 정상적인 사람(normal person)을 대상으로 삼는 데 비하여, 심리요법은 비정상적인 사람(abnormal person)이 주된 대상이 된다.

전통적으로 상담은 세 가지 인간관과 이론체계에 영향을 받아 다양한 기법과 모델을 발전시켰다.

- 인간의 심적 활동에 무의식이 크게 영향을 미친다는 생각을 한 Šigmund Freud를 중심으로 하는 역동론적 입장이다.
- 퍼스낼리티(personality)의 성장을 주장하는 자아이론 및 가치실현 등의 개념으로 대표되는 Carl R. Rogers 등의 입장이 있다.
- 행동상담을 포함한 학습이론적 입장으로, 이것은 문제를 잘못 학습한 결과에 의해 발생하는 것으로 보아 피상담자에게 새로운 행동을 학습하고 획득케 함으로써 문제를 해결한다고 보는 학습이론 및 행동주의이론을 활용한 입장이다.

### 4) 상담과정

상담이론과 상담자의 성향 그리고 상담에 관련한 문제 특성과 상황 등에 따라 상담은 다르게 전개될 수 있다.

| | |
|---|---|
| 클라이언트의 이야기를 듣는다. | 1. **문제**: 빈곤한 가정이지만 열심히 살아보겠다는 의지로 남편과 맞벌이를 하면서 생활해 왔다. 하지만 어느 날 남편이 일하다가 사고로 다쳐서 직장에 나가지 못하면서 성격이 변하기 시작했다. 하루 종일 불만스러운 표정과 화를 내기 십상이고 폭력적인 행동도 보인다. 그리고 감정의 기복이 점점 심해져서 함께 생활하기가 두렵다. |
| 클라이언트의 문제와 욕구가 무엇인지 정의한다. | 2. **클라이언트**: 이전과 같은 상황으로 돌아가고 싶다. 남편이 되돌릴 수 없는 사고결과를 담담히 받아들이고 조금 넉넉하지 않아도 남편과 마음 편하게 살고 싶다. |

| | |
|---|---|
| 클라이언트의 문제, 욕구와 관련된 감정을 자유롭게 표출하도록 도와준다. 특히, 부정적 감정을 정리하면서 스스로 통찰을 갖도록 유도한다. | 3. **클라이언트**: 남편의 사고 이후 대화가 많이 없었다. 나도 예기치 않은 일이라 당황스럽고 솔직히 짜증도 났다. 그래도 힘든 내색하지 않고 묵묵히 남편을 뒷바라지해 주었다고 생각한다. 그런데 남편은 자기 힘겨운 것만 생각했지 옆에서 병간호하면서 직장생활하는 나는 전혀 고려하지 않는 것 같다. 그런 사람이 아니라고 생각했는데 사실 실망도 컸다. 어려울 때 사람의 참 모습을 안다고 했지 않은가? <br><br> 사회복지사: 남편이 주로 언제 화를 많이 내나요? <br><br> 클라이언트: 평소에 얼굴을 맞대면 불만스러운 표정을 짓기에 그러지 말라고 이야기하면 그때부터 폭발하기 시작해요. 그리고 자기 분에 못 이겨서 소파를 차는 등 폭력적인 행동을 해요. <br><br> 사회복지사: 남편이 불만스러운 표정을 짓는다는 것을 남편 스스로도 인정하나요? <br><br> 클라이언트: 내가 볼 때에는 무척 불만스러운 태도와 표정이에요. 그런데 생각하니 남편이 먼저 불만스러운 감정을 나타낸 적은 별로 없는 듯해요. <br><br> 사회복지사: 혹시 힘겨운 남편의 표정을 불만스러운 모습으로 판단하는 것은 아닌가요? <br><br> 클라이언트: (생각에 잠기며) 그럴지도 모르겠어요. 남편은 불만스럽다고 말은 안 하지만 내가 볼 때에는 불만이 가득한 표정이어서 내가 먼저 시비를 걸 때도 많았어요. 그럴 때마다 남편은 어이없다는 반응을 보이기도 했어요. 그럴지도 모르겠어요. 남편이 힘들어서 짓는 표정을 나에 대한 불만으로 받아들였는지도 말이에요. |
| 문제를 둘러싸고 있는 부정적 감정이 해소되고 진정되면 문제를 직면하도록 한다. | 4. **클라이언트**: 좀더 차분히 남편과 이야기를 해 보는 것이 좋겠다. 그리고 사고 때문에 남편의 마음이 많이 편치 않다면 병원을 가든지 다른 방법을 둘이 찾아보아야겠다. 그리고 당분간 맞벌이는 힘들 테니 남편하고 상의해서 지금보다 더 시간을 내서 좀더 많은 보수를 주는 직업을 구하고 그동안 집안일은 남편이 많이 하는 것으로 상의하고 싶다. |
| 문제에 대한 해결방안을 함께 탐색한다. | 5. **사회복지사**: 남편과의 대화를 통해서 가능한 경우를 미리 생각하는 것도 좋고, 동시에 남편과 상의해서 경제적 문제와 심리 정서적 문제에 도움을 받을 수 있는 친지나 친구들을 찾아보는 것도 좋겠다. 아울러 사회복지와 관련한 기관을 통해서 새로운 직업을 알아보는 것도 방법이라고 본다. |

| | |
|---|---|
| 해결방안에 대한 클라이언 트의 행동과 결심이 지속 되도록 격려와 동기 부여 를 한다. | 6. **사회복지사**: 살아가면서 예상되는 어려움도 있지만 그 못지않게 예기치 않은 곤란도 부딪힌다. 누가 잘못하거나 문제가 있어서가 아니라 생활에서 일어나 는 불가피한 결과라고 생각하고 남편, 가족과 함께 문제를 극복하는 과정을 통해서 긍정적이고 새로운 부분을 발견한다면 더 나은 가정을 만들어 나가 는 데 전화위복이 될 수 있다. 그리고 클라이언트의 통찰과 의지를 보면 충 분히 더 나은 상황으로 만들 수 있는 동기와 능력이 보인다. |

## 4. 면담의 기술

### 1) 관심

관심은 첫 면담에서 중요한 기술이다. 관심의 시작은 인사와 웃는 표정이다. 비록 상대의 반응은 다르겠지만 인사와 밝은 표정을 보고 싫어하는 사람은 거의 없다. 사랑의 반대말이 미움이 아니라 무관심이라는 말에서도 알 수 있듯이 사람은 다른 사람에게 관심을 받을 때 똑같은 관심을 나타낸다.

관심은 사회복지사가 클라이언트의 이야기와 행동을 끌어내는 가장 기초적이고 기본적인 수단이 된다. 또한 관심은 한 인간에 대한 존중의 표현이기도 하다.

이와 같은 관심은 사회복지사의 가치와 태도에서 비롯되지만 기술적인 측면도 면담에서는 중요할 수 있다. 그중 하나가 미러링(mirroring)이다. 미러링은 친밀감(라포, Rapport)를 맺는 기술 중 손쉬운 기술이지만 때로 그 효과는 적지 않다. 미러링이란 거울에 상대가 투영되듯이 상대의 작은 습관이나 행동을 따라하는 것을 말한다. 그러나 상대를 따라하는 쉬운 방법 때문에 상대가 쉽게 알아차린다면 오히려 라포 형성에 더 어려움을 줄 수 있고, 상대에게 경계심을 줄 수도 있기 때문에 조심해야 한다. 그러므로 이 기술을 사용할 때에는 상대가 알아차리지 못하게 자연스럽게 해야 한다.

### 미러링

아이들이 부모와 눈을 마주칠 때 그 눈에 담긴 자신의 모습을 보고, 그 모습대로 세상을 살아간다고 말한다. 부모의 눈을 통해 자아상을 형성해 나가는 것을 '미러링(mirroring)'이라고 한다. 즉, 부모가 찌푸린 얼굴에 화난 눈으로 아이를 보면 아이는 그 눈 속에 담긴 자신의 모습을 찌푸리고 화난 모습으로 간직한다. 부모의 환한 눈빛을 마주친 아이는 그 눈 속에서 자신의 모습이 환하게 담겨 있음을 본다. 부모가 얼굴을 찌푸릴 때 아이에게 세상은 회색빛이고, 부모가 환히 웃을 때 아이는 즐겁고 활기찬 세상을 본다. 그러므로 무엇보다 부모의 환하고 밝은 표정이 아이에게는 최고의 선물일 수도 있다.

남녀 간의 연애과정에서도 미러링 기술은 중요하다. 휴대전화 SNS 대화에서 'ㅋㅋ' 'ㅎㅎㅎ' 등의 웃음표현을 개수에 맞추어 따라하고 이모티콘을 따라하는 것, 또한 말투와 어조 그리고 행동 습관을 따라하는 것도 그와 내가 동일한 세계 속에서 비슷한 습관과 의식을 공유한다고 믿어 더 한층 친근해지는 방법이 될 수 있다.


## 2) 경청

경청(listening)은 상대의 말을 잘 듣는 행위이다. 즉, 상대가 전하는 메시지를 잘 들어서 이해하고 나아가 자신이 이해한 사실을 다시 상대에게 은연중에 확인까지 한다. 경청은 사회복지실천 면담에서 가장 기초적인 기술(skill)이다.

들고 말한다. 잘 들어야 잘 말할 수 있다. 사회복지실천 면담에서 사회복지사는 먼저 클라이언트의 말을 잘 들어야 한다. 그런 다음 말하는 것이 순서이다. 클라이언트의 이야기를 잘 들으면 들을수록 클라이언트는 더 많은 말을 하고, 이러한 말을 통해 클라이언트의 현재 심리상태와 욕구, 그리고 문제 등에 대한 정보를 더 많이 얻어낼 수 있다. 아울러 잘 듣는 행위는 클라이언트의 감정과 정서를 편안하게 해 주는 효과도 있다.

특별히 사회복지실천 면담에서는 적극적 경청(active listening)이 필요하다.

적극적 경청은 클라이언트의 말을 그냥 듣는(hearing) 것이 아니라 주의 깊게 말과 비언어적 표현까지 읽어 내면서 능동적으로 듣는 행위이다. 적극적 경청은 사회복지사가 클라이언트의 표현에 적극적인 관심이 있다는 것을 알려 주는 수단이 되며 사회복지사가 클라이언트에게 온전히 몰입하고 있다는 사실을 보여 준다. 더욱이 이를 통해 클라이언트로 하여금 생각이나 감정을 자유롭게 표현할 수 있도록 북돋아 준다는 데 더 큰 의미를 가진다. 적극적 경청을 위해서는 사회복지사가 클라이언트의 언어적 표현(말)뿐만 아니라 비언어적 표현을 잘 듣고 정서적인 교류를 해야 한다.

적극적 경청은 단순히 듣는 행위만 뜻하는 것이 아니다. 말에 대한 좋은 반응까지 포함한다. 만일 사회복지사가 클라이언트의 말을 중간에서 끊거나 말에 대해서 아무런 반응이 없다면 관심이 없다는 인상을 줄 수 있다. 클라이언트의 입장에서는 적절한 질문과 반응 그리고 요약을 통해서 자신이 이해받을 때 자신의 문제와 의견 그리고 느낌을 활발하게 말할 수 있다.

한편, 침묵하는 클라이언트에게 조급하게 질문하거나 의견을 말하는 것도 세심하게 주의해야 한다. 클라이언트에 따라서는 침묵이 필요할 때가 있다. 성급히 침묵을 클라이언트의 주저나 저항으로 판단하는 일은 사회복지사가 클라이언트에 대해서 심각한 편견을 갖게 할 수 있다. 또한 사회복지사가 클라이언트의 침묵을 못 참고 이야기를 하라고 다그치는 태도를 보이면 클라이언트는 중요한 이야기대신 대화를 이어 가는 데 편한 이야기만 할 가능성이 있다. 이러한 경우에는 문제의 본질에 접근하지 못할 수 있다. 따라서 클라이언트가 어떻게 표현해야 할지, 또는 이어지는 말을 생각하느라고 침묵할 때에는 사회복지사는 기다렸다가 침묵이 길어지면 적절한 말을 통해서 이야기를 하도록 격려해야 한다. 클라이언트의 침묵까지 경청할 수 있는 사회복지사의 태도와 기술이 필요하다.

이러한 기본적인 경청을 위한 사회복지사의 태도는 다음과 같다.

- 클라이언트와의 좋은 인간관계를 형성한다.
- 클라이언트의 여러 조건과 개인 및 가족 그리고 사회적 배경을 이해한다.
- 클라이언트가 이해할 수 있는 말과 내용을 정확히 선택하여 표현한다.
- 클라이언트가 듣기 쉽게 소리를 분명하고 명료하게 한다.
- 클라이언트의 이야기에 곧바로 결론을 내리거나 가치 판단하는 말을 하지 않는다.
- 어조 및 클라이언트를 대하는 태도에 주의하고 경어를 사용한다.
- 공감을 갖고 듣고, 함께 생각하는 자세를 가진다.

그리고 사회복지사가 경청을 잘하고 있다는 반응을 비언어적 표현을 통해서도 나타낼 수 있다. 이를 위한 몇 가지 방법은 다음과 같다.

- 개방적이고 허용적인 자세를 취한다. 사회복지사가 불안한 마음을 가지면 클라이언트 또한 편하게 말하기가 힘들다. 상대가 편안하게 느낄 수 있는 태도를 가짐으로써 잘 들을 준비가 되었다는 반응을 보이는 것이 중요하다.
- 적당하게 시선을 처리한다. 상대를 지속적으로 빤히 바라다보는 것도 어색한 일이지만, 클라이언트가 이야기하는데 눈을 마주치지 않고 다른 곳을 계속 바라보면서 "예." "계속 말씀하시지요." 등 언어적인 반응만 보인다면 클라이언트는 자신의 이야기를 건성으로 듣고 있다고 느낄 수 있다. 따라서 간간히 클라이언트와 눈을 마주치면서 따뜻한 시선으로 그의 이야기를 잘 듣고 있다는 표현과 격려해 주는 표현이 중요하다.
- 몸을 기울인다. 의사소통 시 상대가 나에게 흥미를 끌만한 표현을 하면 자연스럽게 몸이 상대에게로 기울어지게 된다. 우선은 사회복지사가 클라이언트의 이야기를 진지하게 따라가면서 듣다 보면 자연스럽게 몸을 기울이게 되지만, 의식적으로도 클라이언트가 중요한 이야기를 하는 순

간이라는 판단이 서면 몸을 기울임으로써 클라이언트가 많은 사실과 느낌을 이야기하도록 조장한다.
• 끄덕거리는 행동이다. 머리를 끄덕이는 행동은 상대로 하여금 이야기를 하는 데 기분 좋은 긍정으로 작용한다. 따라서 몸을 기울이는 행동과 같이 조금은 의식적으로 경청하고 있다는 표현을 하는 기술이 될 수 있다.

한편, 상대의 마음을 읽으면서 그의 말을 잘 듣는 경청은 매우 중요하지만 불필요한 정보는 흘려들을 수 있는 능력도 필요하다. 만약 불필요한 정보까지 경청하게 된다면 사회복지사는 쉽게 지칠 수 있기 때문이다. 그렇지만 클라이언트가 하는 이야기가 불필요한 것인지 아닌지의 여부는 판단하기 쉽지 않다. 그래서 사회복지사는 지속적인 훈련을 통해서 많은 지식과 함께 경험을 쌓아야 한다.

### 3) 공감

만일 내가 느끼는 아픔과 슬픔 또는 기쁨과 희열을 다른 사람도 똑같이 느낀다면 어떤 기분일까? 행복할 것이다. 슬픔은 나누면 반으로 줄고 기쁨은 함께하면 배가되는 것과 마찬가지이다.

그런데 사회복지실천 면담에서는 주로 고통과 슬픔 등 부정적인 감정에 대한 교류가 더 많다. 실제로 고통과 슬픔 등의 감정을 사회복지사가 공유하느냐에 따라서 클라이언트의 부정적 감정이 완화되거나 제거될 수 있다. 그런데 엄밀히 말하면 고통을 나누는 일은 매우 어렵다. 고통을 겪고 있는 사람 옆에서 그와 똑같은 감정을 느낄 수는 없지만 슬퍼한다는 모습과 처지 그리고 감정의 흐름을 함께할 수는 있다. 어떨 때에는 클라이언트의 아픔을 똑같이 느끼는 것보다 그 곁에서 함께하면서 아픔의 줄기를 이해하는 게 문제해결을 위해서 더 큰 도움이 된다. 예를 들어, 사랑하는 사람과 헤어지는 일은 무척 괴롭고 슬픈 일이다. 그렇지만 사랑하는 사람과 헤어졌다고 똑같은 슬픔과 괴로움을 모든 사람이 갖지는 않는다. 사람에 따라서 미치도록 괴로울 수도 있고, 허탈할 수도 있고, 분노가 치밀 수도 있고, 너무 괴로워서 계속 울기만 하는 경우도 있다. 사람이 느끼는 감정은 그동안 각자 경험한 사실, 정서, 사고, 가치, 느끼는 정도 등에 따라서 다르다. 그렇기 때문에 당신의 아픔을 똑같이 갖고 있다는 말은 정확한 표현이 아니다. 단지 당신이 겪는 아픔을 옆에서 함께 느끼며 그 설명하기 힘든 아픔을 순간 이해할 수는 있을지 모른다.

이렇듯 공감(empathy)은 사회복지사가 클라이언트의 세계(사고, 정서, 경험, 느낌 등)를 함께 느끼는 것이다. 즉, 공감은 다른 사람들이 주관적으로 경험한 것에 대해 느끼고 그들의 눈을 통해 그들의 세계를 보는 능력이다(제석봉 역, 2006). 상대방의 감정과 관점을 이해할 수 있는 능력을 말한다. 상대방이 겪고 있는 감정과 똑같아지는 것을 뜻하기보다는 상대방의 감정의 줄기(frame)을 이해하고 함께하는 일이다.

사회복지실천 기술에서 공감의 중요성은 아무리 강조해도 지나치지 않다. 사회복지사가 공감적 태도와 공감적 기술을 보일 때 클라이언트는 사회복지사를 강력히 신뢰하며 또한 좋은 라포관계를 형성할 수 있다.

공감을 하는 데 있어 사회복지사는 클라이언트의 고통에 말려들지 않으면서 그의 정서적 세계에 들어갈 수 있어야 한다. 자신과 자신의 감정에 안정감을 가진 사회복지사는 자신의 정체성을 잃지 않고 클라이언트 내면의 세계로 들어갈 수 있다.

Rogers는 공감은 단순한 기술 이상의 것이라고 말한다. 그것은 타인과 함께하는 하나의 방법이다. 그는 "내담자의 사적 세계를 마치 자기 것처럼 민감하게 느끼지만 '마치 그런 것처럼 느끼는 것'의 특성을 놓치지 않아야 하며, 내담자의 화, 두려움 또는 혼란을 자신의 것처럼 민감하게 느끼고 그러면서도 자신의 그런 감정을 그것에 결합시키지 않는 것이 필요하다."고 강조했다. Rogers는 공감에 관해 다음과 같은 중요한 언급을 하였다. "타인의 세계에 편견없이 들어가기 위해서는 자신의 관점과 가치관을 따로 제쳐 두어야 한다. 어떤 면에서 그것은 자기 자신을 제쳐둔다는 것을 의미한다. 이것은 타인의 낯설고 괴상한 세계에서 길을 잃지 않고 자신이 원할 때 자신의 세계로 편안히 돌아올 수 있다는 것을 알고 있는, 스스로에 대해 충분히 자신 있는 사람에 의해서만 수행될 수 있다.”

동양철학서 중『장자(莊子)』의 유명한 〈나비의 꿈〉도 공감에 비유할 만하다.『장자』에 나오는 유명한 〈나비의 꿈(胡蝶之夢)〉은 인간 인식의 상대성을 강조한 예시이다.

“언젠가 나 장주는 나비가 되어 즐거운 꿈을 꾸었다. 나 자신이 매우 즐거웠음을 알았지만, 내가 장주였던 것을 몰랐다. 꿈에서 깨고 나니 나는 분명히 장주였다. 그가 나비인 꿈을 꾼 장주였는지, 그것이 장주인 꿈을 꾼 나비였는지 나는 모른다. 장주와 나비 사이에는 어떤 차이가 있음은 틀림없다. 이것을 일컬어 사물의 변환이라 한다.” 장자가 ‘도’를 설명한 의도와는 다를지 모르나, 공감에 있어서 사회복지사는 잠깐 클라이언트가 되어 함께하면서도 늘 클라이언트로부터 일정한 공간과 거리를 갖고 나올 수 있는 능력을 가져야 한다. 이것이 공감적 능력이며, 이를 통해서 공감적 태도와 공감적 기술이 나타날 수 있다. 이와 같은 공감적 능력은 진실성을 바탕으로 이루어져야 한다. 단순히 동정심을 갖고 공감하는 것처럼 보이는 행위는 공감이라고 볼 수 없다.

한편, 사람들은 다른 사람들이 자기를 편견 없이 공감적으로 이해한다고 느끼면 자신을 있는 그대로 받아들이고 있다고 믿기 때문에 스스럼없이 자신을 개방하고 편안한 마음을 가질 수 있다.

### 사회복지사의 공감과정

모든 사람에게는 감정의 준거틀(frame of reference)이 있다. 사람들은 이 준거틀에 따라서 감정을 조절하고 분출한다. 그런데 사람은 예기치 않은 사실이나 자신이 원하지 않는 상황에 직면하면 준거틀에서 나오는 감정을 나타내는 데 혼란을 느낀다. 따라서 자신이 바람직하게 여기지 않는 감정의 상태가 되면서 원치 않는 감정과 행동이 나타난다.

공감은 감정의 준거틀, 즉 구조(줄기)를 이해하는 일이다.

어떤 사람은 슬프면 운다. 어떤 사람은 슬프면 크게 웃는다. 물론 항상 슬프면 울거나 또는 웃는 사람은 흔하지 않다. 사람마다 성장과정과 경험에서 갖는 감정의 틀은 다르다. 이러한 것을 이해하는 일은 단순히 지금 그 사람이 겪고 있는 아픔이나 어려움, 기쁨을 함께 나누는 동감(同感)과 동정의 수준을 넘어서야 한다. 누군가를 돕는 사람이 돕기 위한 목표를 갖기 위해서는 냉정한 심리적 거리감을 유지하면서 그 사람이 지금 표현하고 체험하는 감정을 보다 적확하게 이해해야 한다. 즉, 나뭇잎의 모습에 대응하는 것이 아니라 그 줄기에 대응하여 그 나무 전체의 상황과 색깔을 이해하는 것과 같다고 볼 수 있다.

다시 말해서, 공감은 다음의 그림과 같이 자기를 비우고 잠시 클라이언트의 감정을 자신의 감정의 준거틀에 넣는 일이다. 이것을 위해서는 클라이언트가 지금 어떤 감정을 가진 상태인지를 잘 알아야 한다. 그런 다음 사회복지사는 클라이언트의 감정의 준거틀에 자신을 연결하여 그 감정을 끌어와야 한다. 그리고 사회복지사가 갖고 있는 출구를 통해서 그 감정을 쏟아 내야 한다. 때에 따라 사회복지사는 클라이언트가 새로운 감정을 표출할 수 있도록 '색이 없는 감정'을 넣을 수도 있어야 한다.

이것은 고도의 집중력이 필요하며, 또한 많은 에너지가 소비된다. 결국 사회복지사와 클라이언트 모두 새로운 감정을 넣을 수 있는 빈 감정의 준거틀을 만들어 나가는 일이 된다.

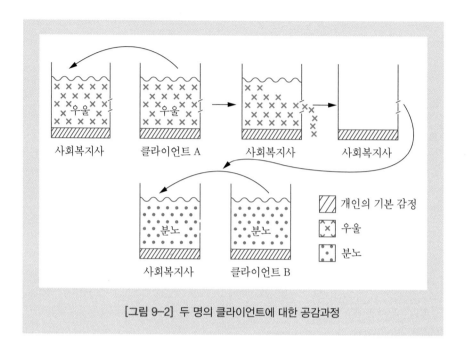

[그림 9-2] 두 명의 클라이언트에 대한 공감과정

비록 공감에 특별한 공식이 있는 것은 아니지만 일반적으로 기초적인 공감을 하는 훈련을 위해 사회복지사는 클라이언트에게 어떤 감정과 정서를 일으킨 사실을 말하고 그에 따라 클라이언트가 느끼는 감정이나 정서를 지적해 주는 것이 바람직하다.

이에 따른 공감의 공식은 '～하기 때문에 ～한 느낌이 드는군요'로 표현할수 있겠다. 그리고 공감의 반응에도 몇 가지 수준이 있다.

사례를 통해서 살펴보면 다음과 같다.

사회복지사와 친한 친구를 사귀고 싶어 하는 청소년 클라이언트와의 대화과정이다.

(1) 표면적 공감

클라이언트가 자기 자신을 나타내 보이는 수준만큼 사회복지사가 그를 이해함을 보여 주는 반응을 말한다.

> 상황) 저는 마음을 터놓고 이야기할 친한 친구가 없어요.
>
> 반응) 마음을 터놓고 이야기할 만한 친구가 없어서 외롭겠구나(마음을 터놓고 이야기할 수
> 있는 친구가 없기 때문에 외롭다고 느끼는구나).

### (2) 깊은 수준의 공감

클라이언트가 현재 알고 있는 이상의 것까지 이해하고 있으며, 클라이언트의 심층에 있는 욕구를 전달하는 반응을 말한다.

> 상황) 저는 마음을 터놓고 이야기할 친한 친구가 없어요.
>
> 반응) 마음에 맞는 친구가 있어 깊은 우정을 나눌 수 있기를 바라는구나.

### (3) 더 깊은 수준의 공감

클라이언트가 말하는 감정의 구조(줄기)에 들어가서 좀 더 적극적으로 그가 갖는 욕구가 성취되었을 때의 결과까지도 살펴서 보이는 반응이다.

> 상황) 맞아요. 저는 마음에 맞는 친구가 있으면 굉장히 잘 대해 줄 거예요.
>
> 반응) 친한 친구를 사귀고 싶은 마음이 무척 간절하구나. 친구가 있으면 정말 너무 잘할 수
> 있는데 기회가 없다는 말이지.

## 4) 질문

대화는 일반적으로 묻고 답하는 방식이다. "참 날씨가 맑지요?"라고 질문하면 보통 "네, 참 좋은 날이네요."라고 답한다. 또는 "이곳까지 교통편은 어떻게 오셨어요?"라는 물음에 "네, 집에서 마을버스를 타고 전철역에 가서 전

철을 타고 이곳까지 왔습니다."라고 답한다. 질문은 면담에 있어서 핵심이
되는 기법이다.

　사회복지사는 질문을 통해서 클라이언트와 친밀감을 나눌 수 있을 뿐만 아
니라 면담의 목표를 성취하기 위한 많은 정보를 얻을 수 있다. 또한 사회복지
사가 묻는 좋은 질문은 클라이언트로 하여금 자신의 문제를 깊이 개방하고
성찰할 수 있는 효과를 나타낸다. 즉, 효과적인 질문은 클라이언트 스스로 문
제해결에 접근할 수 있도록 돕는다. 그만큼 질문은 클라이언트에게 자극을
주어 자신의 문제를 개방하도록 하고, 나아가 클라이언트가 자신에 대해서
성찰할 수 있는 기회를 제공하는 역할을 한다. 예를 들어, 진로문제로 자녀와
갈등을 겪는 부모에게 "그동안 자녀가 살아온 경험을 이해하고 그 입장에서
한 번쯤 생각을 해 보셨나요?"라는 질문은 자녀와의 관계에서 겪는 상황을
여러 측면에서 깊이 고민하도록 할 수 있다.

### (1) 질문의 형태
　질문은 크게 두 가지로 구분한다. '개방적 질문'과 '폐쇄적 질문'이다.

#### ① 개방적 질문
　개방적 질문은 클라이언트에게 자유롭게 답변할 수 있도록 한다. 개방적
질문을 통해서 클라이언트의 관점과 사고 그리고 감정까지 끌어낼 수 있다.

#### ② 폐쇄적 질문
　폐쇄적 질문은 클라이언트에게 특정한 답변만을 하도록 이끄는 질문 형태
이다. 폐쇄적 질문은 클라이언트에게 명백한 사실만을 요구하는 경향이 강
하다.
　다음은 개방적 질문과 폐쇄적 질문의 예시이다.

> –시험이 끝나고 기분이 어떤지요? (개방적) / 시험이 끝나서 시원하지요? (폐쇄적)
> –영철이를 어떻게 생각하는지요? (개방적) / 영철이가 좋아요? 싫어요? (폐쇄적)

앞의 예시에서 볼 수 있듯이 개방적 질문 형태는 클라이언트에게 다양하고 자유롭게 답변할 수 있는 기회를 주지만, 폐쇄적 질문 형태는 클라이언트가 긍정과 부정의 매우 제한된 답변만 할 수 있게 한다. 일반적으로 개방적 질문 형태가 면담에서 더 효과적인 질문으로 사용되지만 클라이언트가 자기 의견을 나타낼 수 없는 처지에 있거나 정서적으로 매우 혼란스러운 상황에 있을 때에는 폐쇄적 질문이 더 효과적일 수 있다. 또한 명백한 사실관계를 확인하는 데에도 폐쇄적 질문 형태가 도움이 된다. 따라서 면담 상황과 과정, 클라이언트의 연령, 감정상태 등에 따라서 질문의 형태를 적절히 활용해야 한다.

### (2) 주의해야 할 질문 형태
질문을 하는 데 있어 신중하게 고려해야 할 몇 가지 주의 사항이 있다.

### ① '왜'라는 질문
일반적으로 '왜'라는 단어는 클라이언트에게 힐난이나 질책의 의미를 내포할 수 있다. 클라이언트는 사회복지사가 비난의 뜻을 갖고 질문한다고 느낄 수 있다는 것이다. "왜 학교는 안 갔니?" "왜 그렇게 매일 친구들과 노니?" "왜 그런 음악을 좋아하니?" 등의 질문은 마치 도덕적으로 추궁하는 느낌을 받게 한다. 따라서 명확한 원인 결과 관계를 파악하기 위한 의도가 아니라면 '어떻게'라는 질문 형태가 더 바람직할 수 있다.

### ② 이중질문

이중질문은 하나의 물음 또는 문장에 두 개의 질문을 포함시키는 것이다. 이러한 이중질문은 클라이언트가 둘 중의 하나를 선택해야 하거나 최악의 경우에는 어느 질문에도 답을 하지 못하게 만드는 형식의 질문을 말한다. 또한 사회복지사도 클라이언트의 답변이 어느 질문에 대한 것인지를 잘 알지 못하게 할 수 있다.

예를 들면 다음과 같다.

> 철수: 영희야 어제 어디 갔다 왔니? 그런데 어머니는 잘 계시니?
>
> 영희: 무엇부터 먼저 이야기해야 하니?

이중질문은 한 문장에 반드시 두 개의 물음이 있는 형태만 아니라 한 물음에도 이중질문이 될 수 있다.

> 사회복지사: 철수는 3월 초에 친구들과 오토바이 폭주를 했지?

앞의 질문은 한 질문 같지만 철수의 입장에서 "아니오."라고 대답했을 경우에도 "그러면 3월 초가 아니라 다른 때 폭주를 했다는 말이니?"라는 질문을 되받게 될 수 있다. 즉, "3월 초에 오토바이 폭주를 했냐?"라는 질문 속에는 폭주를 했느냐는 질문과 3월 초에 한 행동이냐 라는 두 질문이 내포되어 있다.

### ③ 유도질문

유도질문은 사회복지사가 클라이언트에게 특정한 반응을 이끌어 내기 위한 질문 형태이다. 이러한 유도질문은 클라이언트 입장에서는 위협적이고 모욕적이기 때문에 클라이언트가 정면으로 반박하기보다는 거짓말을 하도록 상황을 몰아갈 수 있다(Sheafor & Horejsi, 2006). "네가 먼저 친구한테 싸움을 걸었지?" "대학을 안 간다는 네 생각은 잘못되었다고 생각하지 않니?" 등이 유도질문의 예라고 볼 수 있다.

## 5) 반영과 말을 바꾸어서 설명하는 기법

반영(reflection)과 말을 바꾸어서 설명하는 기법(paraphrasing)은 모두 클라이언트의 말을 자기가 이해한 말로 간략히 정리하는 기법이다.

두 기법의 차이를 살펴보면 반영은 주로 내담자의 말과 행동의 정서적 측면에 초점을 두는 반면, 말을 바꾸어서 설명하는 기법은 인지적(cognitive) 측면을 강조한다.

### (1) 반영

반영은 클라이언트가 하는 말과 행동에서 표현된 기본적인 감정, 생각 및 태도를 사회복지사가 다른 참신한 말로 다시 설명해 주는 것이다. 이것은 클라이언트에게 자기이해를 도와줄 뿐만 아니라 클라이언트로 하여금 자기가 이해받고 있다는 인식을 갖게 한다. 그런데 클라이언트가 한 말을 앵무새처럼 다시 반복하는 식의 반영을 하게 되면 클라이언트는 자기의 말이 어딘가 잘못되지는 않았나 하고 생각하게 되거나 사회복지사의 그러한 반복에 지겨움을 느끼게 되기 쉽다. 따라서 반영을 할 때에는 가능한 한 다른 말을 사용하면서 관심을 가지고 이해하려 한다는 태도를 보여야 한다(나동석, 서혜석, 2008).

다음은 반영의 예시이다.

> 철수: 선생님. 영희는 매일 아침 몸이 불편한 친구를 도와서 함께 학교로 와요. 영희는 아름
> 다운 마음을 행동으로 실천하는 것 같아서 부러워요.
> 사회복지사: 철수는 영희가 좋은 인성을 갖고 있는 친구라고 느끼는구나.

### (2) 말을 바꾸어서 설명하는 기법

말을 바꾸어서 설명하는 기법은 자신에게 전달된 메시지를 확인하기 위하여 상대방의 말을 자기가 이해한 말로 바꾸어서 표현하는 것을 말한다.

말을 바꾸어서 설명하는 기법의 효과는, 첫째, 클라이언트가 말하고 있는 바를 사회복지사 자신이 제대로 이해했는지 확인해 준다. 둘째, 클라이언트의 입장을 이해하려는 사회복지사의 노력을 알려 줄 수 있다. 셋째, 클라이언트의 생각을 구체화하고 명료화할 수 있다.

다음은 말을 바꾸어 설명하는 기법의 예시이다.

> 철수: 저는 친구 용식이를 이해하기 힘들어요. 어느 날은 제게 무척 친절하다가 또 다른 날
> 은 매우 쌀쌀하게 대해요. 종잡을 수 없는 친구인 것 같아요.
> 사회복지사: 용식이가 철수를 대하는 태도가 변화가 많고 일관성이 없다는 말이구나.

### 6) 요약

요약은 한 주제에서 다른 주제로 넘어갈 때 그동안 클라이언트가 이야기한 내용을 핵심만 간단히 집약해서 정리하는 기술이다. 요약은 중요한 사실, 쟁점, 주제들만 주의 깊게 선정하고 강조해야 한다는 점에서 어렵다(이원숙, 2008). 그러나 요약은 사회복지사와 클라이언트 모두에게 면담내용의 초점을 유지하고 방향을 설정하는 데 많은 도움이 된다.

즉, 요약은 다음과 같은 상황에서 도움이 된다.

첫째, 클라이언트가 전달하려는 바가 분명하지 않고 무슨 말을 하는지 혼란에 빠져 있을 때 클라이언트에게 통찰을 주어서 주제의 초점을 찾는 데 도움을 준다.

둘째, 클라이언트가 여러 가지의 주제 내용, 상황, 사건 등을 한꺼번에 말할 때 이야기의 방향을 유지하는 데 유용하다.

셋째, 면담이 마무리될 때 클라이언트가 이야기를 정리할 수 있는 기회를 준다.

넷째, 연속 면담과정에서 다음 면담이 시작될 때 이야기를 쉽게 끌어낼 수 있는 상황을 조성해 준다. 이와 함께 새로운 주제로 전환할 때에도 도움이 된다.

다섯째, 사회복지사가 클라이언트를 확실히 이해하고 있는지 의심스러울 때 요약을 통해서 클라이언트에게 그동안의 내용을 확인받을 수 있다.

## 7) 대결

사회복지실천 현장에서 이루어지는 면담은 사회복지사와 클라이언트의 이상적인 관계와 대화를 통해서만 이루어지지는 않는다. 다양한 성격을 가진 클라이언트를 만나고, 클라이언트는 또한 여러 가지 상황에 처해 있기 때문에 사회복지사의 의도나 방향으로 면담이 이루어지지 않는 경우가 종종 있다. 대결은 이와 같은 상황에서 요구되는 기법 중의 하나이다. 대결은 클라이언트가 말하는 내용과 주제가 조리에 맞지 않거나 사회복지사가 관찰하고 느끼는 것과 크게 차이나게 이야기를 하는 경우에 필요하다.

대결이란 상대방이 모르고 있거나 인정하기를 거부하는 생각과 느낌에 주목하도록 하는 기술이다. 클라이언트가 생각하거나 느끼는 것, 말하는 것과 행동하는 것 사이의 불일치에 대결한다. 예를 들어, 클라이언트가 "나는 괜찮아요."라고 말하면서도 계속 초조한 눈빛을 보이거나 울먹거릴 때에는 상황을 직면하도록 하지만, 그럼에도 클라이언트가 자신의 감정과 느낌을 외면하려 할 때에는 사회복지사가 대결을 통해서 클라이언트가 현실 인식을 갖도록 돕는 기법을 제시할 수 있다.

이러한 대결은 직면과 함께 클라이언트가 말하는 모순에 대해서 클라이언트 자신의 기대 및 상황을 정리하기 위해서라도 매우 중요한 기법이 될 수 있다.

## 5. 면담의 도전

### 1) 전이

전이(轉移-,transference)는 클라이언트가 과거에 알았던 사람에 대한 감정과 태도 등의 경험을 사회복지사에게 옮기는 것을 말한다. 즉, 이전 경험을 토대로 현재 일어나고 있는 사실에 대해서 지나치게 일반화하며 왜곡된 인식을 갖는 것이다. 사회복지관계에서 전이는 클라이언트가 어린 시절에 누군가에 대하여 갖는 감정인 '바람, 원망, 사랑, 두려움' 등을 사회복지사에게 드러내 보이는 것이다.

다음은 전이의 예시이다.

- 클라이언트가 외모에 지나치게 신경을 쓰고 정해진 면담 장소(사회복지 기관이나 시설) 이외의 장소에서 만나기를 원하는 경우이다.
- 사회복지사의 사적인 생활이나 개인적인 취향에 관심을 갖고 사소한 사회복지사의 태도나 행동을 칭찬하거나 비난하는 경우이다.
- 다른 클라이언트와는 다르게 특별한 배려나 대우를 원하는 경우이다.

## 2) 역전이

사회복지사도 클라이언트를 마치 자신의 과거의 어떤 인물처럼 느끼고 무의식적으로 그렇게 반응하는 경우가 있다. 이것이 역전이(counter-transference)이다. 이러한 감정은 클라이언트의 전이와 마찬가지로 현실 또는 비현실적일 수 있다. 이러한 역전이 현상은 이유없이 클라이언트가 싫거나 좋은 경우 또는 클라이언트가 괜히 어렵고 만나도 편안하지 않은 경우도 있고, 또한 클라이언트의 문제와 이야기에 대해서 공감할 수 없을 때에도 역전이를 의심해 볼 수 있다.

## 3) 전이와 역전이에 대한 처리방법

전이와 역전이를 해결하는 방법 중의 하나는 자기성찰이다. 자기성찰을 위한 몇 가지 핵심적 질문은 다음과 같다.

- "나는 이 클라이언트와는 왜 불편할까? 내가 좀더 자유롭게 그와 관계하지 못하는 것은 내 속의 그 무엇 때문일까?"
- "내가 그와 같은 반응을 할 때 내가 느끼는 것은 무엇인가? 나는 클라이언트의 욕구에 부응하는가, 아니면 나 자신의 욕구에 부응하는가?"
- "나의 행위나 메시지는 클라이언트의 이익을 위한 것인가? 나는 왜 이 클라이언트가 싫은가? 이러한 나의 감정은 합리적인 것인가? 또는 그 클라이언트가 나로 하여금 과거의 어느 누구를 연상시키기 때문인가?"
- "이 클라이언트의 특정 문제에 부딪히기가 싫은 것은 내 안에서 무슨 일이 일어나고 있기 때문인가? 나는 클라이언트 측의 부정적 반응을 두려워하고 있는가?"
- "어떤 목적에서 나는 이 클라이언트와 언쟁을 하고 있는가?"

• "왜 나는 그토록 말을 많이 하고 충고를 많이 했는가? 내가 클라이언트 에게 뭔가를 주어야 할 필요를 가졌는가?"
• "이 클라이언트에 대해 환상을 가지고 있는 내 안에서 무슨 일이 벌어지고 있는가?"

## 6. 면담 기록

### 1) 기록의 중요성

사회복지실천 면담에 있어서 기록은 매우 중요하다. 기록에 근거해서 사회복지실천과정을 판단하고 평가하고 클라이언트에게 나은 서비스를 제공할 수 있기 때문이다. 좀 더 구체적으로 기록의 중요성을 살펴보면 다음과 같다.

• 클라이언트의 기본적 인권과 권리를 지켜 준다.
• 사회복지사의 권리에도 관련되어 있다.
• 사회복지 서비스의 일관성을 담보하고 도움과정의 효율성과 적절성에도 유용하다.
• 클라이언트의 문제와 관련된 사실을 기록함으로써 제한된 사람만 볼 수 있으므로 클라이언트의 비밀을 보장해 줄 수 있다.
• 사회복지실천 교육의 사례 등의 자료로 활용할 수 있다.
• 사회복지사가 슈퍼비전을 받는 주요한 자료가 된다.

## 2) 기록의 양식

### (1) 쓰기

사회복지실천 면담에서의 기록은 일반적으로 서면으로 작성한다. 면담과정 중에 간단한 메모 등을 하거나 면담 후에 면담내용을 서면으로 기록하는 것이다. 기억력의 한계 때문에 면담과정에서 써 두는 것이 좋지만 자칫하면 클라이언트에게 부담을 줄 수도 있고 면담의 흐름을 놓칠 수도 있다. 따라서 면담과정을 기록하기 위해서는 특별한 사유가 없는 한 미리 클라이언트에게 기록하는 이유에 대해서 양해를 구하고 시작해야 한다.

### (2) 녹음(동영상)

녹음(동영상)은 면담 전체의 과정을 빠짐없이 기록해 주기 때문에 쓰기보다는 훨씬 더 면담내용을 상세히 파악하고 돌이켜볼 수 있다. 또한 녹음(동영상)등은 클라이언트의 행동과 몸짓 등 비언어적 표현까지 담아낼 수 있기 때문에 면담과정 전체의 정서와 사회복지사와 클라이언트 사이의 교감을 파악하는 데 도움이 된다.

그러나 녹음(동영상)은 면담 후에 정리하고 살펴보는 데 많은 시간이 소요될 수 있으므로 그리 효율적인 방법은 아니다. 사실에 근거한 자료로서의 의미는 크지만 많은 클라이언트와 만나는 사회복지사에게는 경제와 시간의 소모가 크다. 써서 기록하는 것과 마찬가지로 녹음(동영상)도 클라이언트에게 사전 동의를 구하는 것이 원칙이다.

## 3) 기록의 활용

사회복지실천면담 기록은 서비스를 유지·관리하고 클라이언트의 욕구와 문제를 명확히 하는 등 아래와 같이 활용 할 수 있다.

- 클라이언트의 욕구를 확인하는 데 도움을 준다.
- 서비스 내용을 보고한다.
- 사례의 지속성을 유지할 수 있다.
- 전문가 간의 의사소통을 원활하게 한다.
- 클라이언트와 기록을 공유할 수 있다.
- 지도감독, 자문, 동료 검토를 원활히 할 수 있다.
- 서비스 과정과 효과를 점검한다.
- 학생과 다른 전문가들에 대한 교육에 필요한 자료가 된다.
- 행정적 과업을 위한 자료를 제공한다.
- 조사를 위한 자료를 제공할 수 있다.

### 4) 기록의 유형

#### (1) 과정기록

과정기록은 사회복지사와 클라이언트가 면담과정에서 일어난 모든 사실(대화)을 기록하는 것이다. 즉, 시간의 경과에 따라서 면담의 전반적인 모습을 알 수 있도록 기록한다. 때로는 단순한 면담과정의 내용만이 아닌 사회복지사의 판단과 해석 그리고 감정도 담아낼 수 있다. 이러한 경우에는 면담의 전반의 풍경과 흐름도 쉽게 알 수 있다.

과정기록은 사례 전체를 파악하는 데 큰 도움이 된다. 그러나 면담 후에 과정을 기록하기 위해서는 사회복지사의 기억력에 의존하게 됨에 따라서 부정확할 수도 있다. 물론 면담과정을 기록할 수 있겠지만 시간과 경제적 소모가 크다는 단점이 있다. 과정기록은 면담의 전 과정을 기록함으로써 사례 회의와 교육 및 슈퍼비전을 할 때 매우 유용하다. 또한 이러한 과정기록은 사회복지사와 클라이언트(서비스 요청자)와의 대화를 기록하는 것과 면담내용을 상세히 설명하는 방식이 있다.

## 대화체 과정기록의 예시

인근의 병원 의사가 의뢰를 해 왔다. 할머니가 당뇨합병증으로 당장 발을 수술해야 하는데 입원이 어렵다는 것이다.

입원이 어려운 이유를 할머니로부터 들었다.

　사회복지사: 입원이 힘드신 이유가 무엇인가요?

　할머니: 30세가 된 자식이 있는데 알코올중독 때문에 병원에 입퇴원을 반복하고 있어
　　　마음이 편치 않아서요…….

　사회복지사: 아들을 돌보아 줄 다른 자녀는 없나요?

　할머니: 28세 된 딸이 있어 점심 때는 오빠를 돌볼 수 있어 걱정하지 않아도 되는데, 밤
　　　이 되면 아들이 때때로 소리를 지르며 폭력적이 되고 자해소동을 벌여서 내가 없
　　　으면 힘들어요.

할머니가 입원을 할 수 없는 이유는 명확하다. 낮에 잠시 병원에 갈 때에는 비교적 아들이 차분히 잘 생활하고 있으나 밤이 되면 달라지기 때문에 입원이 힘들다는 것이었다. 따라서 사회복지사는 할머니가 입원하고 있는 동안 정신과 병원의 야간응급서비스를 이용하여 할머니가 편하게 병을 치료할 수 있도록 야간응급센터를 소개해 주었다. 그 결과 할머니는 병원에 입원하기에 이르렀다.

## 설명체 과정기록의 예시

인근 병원 의사가 의뢰해 왔다. 할머니의 주된 호소는 다음과 같다.

의사로부터 당뇨로 인한 합병증의 치료를 권유받았다. 그런데 알코올중독 때문에 정신과에 입퇴원을 반복하는 아들이 염려되어 입원을 망설이고 있다. 장남은 낮에는 괜찮다가 밤이 되면 때때로 소리를 지르고 폭력적이 되며 자해소동까지 일으킨다. 통원치료나 낮에 병원에 다니면 장녀가 보살필 수 있지만 밤에는 안심할 수가 없다. 자신이 단기간이라도 입원하면 매우 힘들 것이라고 생각한다.

사회복지사는 할머니의 불안을 제거하기 위해서 안심하고 치료에 전념할 수 있도록 아들이 급작스럽게 발병할 때 대응할 수 있는 야간응급센터를 소개했다. 그 결과 할머니는 입원을 결심하였다.

## (2) 요약기록

요약기록은 문자 그대로 면담과정에서 다루어진 사실 중 주요한 사항을 요약해서 기록하는 것이다. 사회복지실천 현장에서 많이 사용하는 방식이다. 요약기록은 주로 사회복지사의 판단에 따라서 전체 서비스 과정에서 필요한 자료나 사정, 개입방법과 기술 등이 포함될 수 있다.

---

**요약기록의 예시**

인근 병원 의사로부터 소개받은 면담. 입원을 권유했지만 장남의 정신과 병원 입퇴원의 반복, 특별히 야간에 상태가 악화되어 염려함. 따라서 입원을 주저. 단기간 입원을 고려함. 정신과 야간응급센터를 소개함. 입원을 결심함.

---

## (3) 문제중심기록

문제중심기록은 주로 의료 분야와 같은 다학문적 접근을 하는 장(setting)에서 사용된다. 여기에는 네 가지 요소가 포함되는데, 첫째, 나이, 성별, 결혼관계와 같은 클라이언트와의 면담에 관련된 기본적인 자료, 둘째, 초기단계에서 관련된 사람들이 언급하는 불만들을 중심으로 한 문제목록, 셋째, 각 문제에 대한 목표와 계획, 넷째, 활동을 통해 이룬 것과 결과에 대한 진행노트이다(Johnson, 1983; 양옥경 외, 2011에서 재인용). 이를 기록하는 방법은 SOAP 방식으로 다음과 같다.

- 주관적 시각(Subjective information): 클라이언트 또는 가족이 자기보고를 하는 것으로서 주된 호소내용, 문제의 시작점 등을 기재한다. 클라이언트가 문제 상황을 어떻게 느끼고 있는가를 나타낸다.
  - 클라이언트의 문제
  - 클라이언트의 생활양식과 가정생활

- 클라이언트의 정서나 태도
- 클라이언트가 갖는 목표
- 객관적 시각(Objective information): 사회복지사가 직접적인 관찰, 체계적인 자료 수집 등에 의해서 얻어진 자료를 기록한다.
- 사정(Assessment): 주관적·객관적 정보를 토대로 한 사회복지사의 판단, 평가, 분석을 정리하여 기록한다.
- 계획(Plan): 앞으로의 개입 계획 등을 기술한다.

---

**문제중심기록의 예시**

S: 알코올중독을 앓고 있는 아들이 야간에 심한 고통과 폭력적 행동으로 인해 집을 비우기 어려움. 통원치료를 받고 싶음.

O: 할머니는 당장 입원치료를 받아야 함.

A: 아들을 야간에 맡길 수 있는 환경을 마련함으로써 할머니가 편하게 치료를 받을 수 있도록 조치

P: 야간에 아들에게 문제가 생기면 도와줄 수 있는 야간응급센터를 소개하고 할머니의 입원 권유.

제 **10** 장

# 사회복지실천의 핵심 요소: 기술(Ⅲ)-과정론
# (1): 접수, 자료 수집 및 사정

⋮

클라이언트를 친절히 맞이하고, 유용한 많은 자료를 모아

잘 살펴보고 지속적으로 판단하기

Social Work Practice

'CHANEL'

고급스러운 치장을 한 백화점 1층 매장에서 볼 수 있는 단어이다.

채널(channel)로 읽히기도 하는 '샤넬'이다.

아마도 어떤 물건이 명품이 될 수 있는 기준은 희소성, 역사적 일관성, 전문성 그리고 시장성 등 다양할 것이다. 여하튼 이 기준에 맞는지는 모르겠지만 우리 사회에는 많은 명품이 돌아다닌다. 그런데 샤넬이 명품인지는 잘 모르겠다. 하지만 옷이든 가방이든 비쌀 것이다(구입한 적이 없어서 확실하게 말할 수 없음이 유감이다).

19세기 중반까지만 해도 상류층과 부르주아(bourgeois) 계층의 여성들의 옷은 무겁고 거추장스러웠다. 혼자서는 입을 수 없을 정도로 옷을 입기 위해서는 많은 시간과 도움이 필요했다고 한다.

샤넬은 어떤 의미에서 보면 힘겹게 옷을 입고 생활하는 여성들에게 옷에 대한 새로운 인식과 세계를 보여 주었다. 여성의 몸매를 드러내게 하면서도 간편하고 실용적인 그 당시 남성들과 마찬가지로 활동적인 옷을 만들어서 여성 패션의 획기적인 전환점을 만들었다.

생각을 비약하면 이렇다. 샤넬은 그동안 옷으로 구별해 온 남성과 여성의 차이를 일순간 활동의 구분으로 전환시켰다. 물론 아이러니하게도 지금은 샤넬이라는 제품이 명품으로 불리기도 해서 부유와 빈곤을 구별 짓게 하지만 말이다…….

아리스토(aristo)!

귀족과 빈민은 구별이다. 구별은 곧 차별을 낳는다. 물론 공과 사의 구별처럼 구별이 반드시 나쁜 용어만은 아니다. 하지만 구별은 나와 다른 사람을 있는 그대로 나누는 구분의 행위가 아니라 가른다는 뜻이다. 구분은 경계를 넘나들 수 있지만, 구별은 자신들만의 경계를 만들어서 넘나들지 못하게 한다.

반드시 필요한 경우가 아니면 구별 짓기보다는 구분하는 마음가짐이 필요하다. 사회복지실천은 구별을 구분으로 만들려는 이상적이지만 그래도 부단히 현실적으로 이루어 가려는 노력이 아닐까? 참. 구별은 폐쇄체계이고 구분은 개방체계라는 말도 그럴 듯하다.

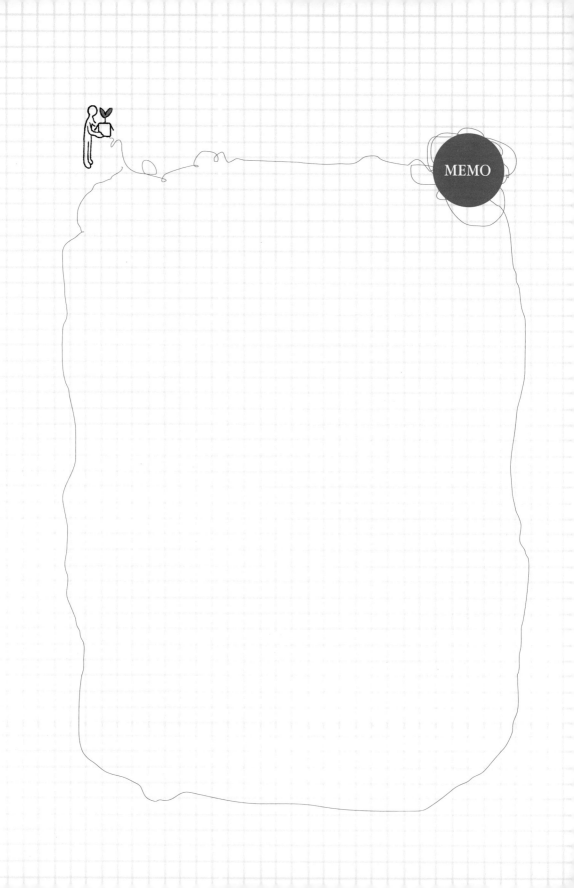

MEMO

# 1. 접수

호영은 일용 노동자이다. 매일 새벽마다 인력사무소에서 소개를 받아 필요한 노동 현장에 나가서 일한다. 호영은 용접 기술자이기 때문에 건설 현장에서 단순한 노동을 하는 사람들보다는 다소 많은 일당을 받지만 쉬는 날이 많아서 한 달 벌이로 따지면 근근히 살아가는 형편이다. 호영의 처인 미혜는 둘째 아들이 태어난 지 3년 되는 해인 10년 전에 사고로 크게 다쳐서 움직임이 불편해 집에서 간단한 음식을 만드는 일 외에는 두 명의 자녀도 돌보기 힘든 형편이다. 그래서 호영은 일을 할 때에도 늘 고등학교 2학년인 딸과 중학교 2학년인 아들 걱정에 마음이 편하지 않다. 자녀의 학업성적은 우수하지 않지만 성품이 좋고 학교생활도 비교적 잘하는 것 같아서 가족 모두 큰 불만 없이 생활하고 있었다. 그런데 어느 날 호영이 다른 노동자와 일을 하다가 다툼이 생겨 3층 높이의 건설 현장에서 떨어져서 허리와 다리를 다쳤다. 생명에는 지장이 없으나 중상이어서 석 달을 입원한 후 다시 석 달 가량 요양을 해야 한다는 진단을 받았다. 저축해 놓은 금액으로 한 달 정도는 버틸 수 있지만 이후 살길이 막연해서 답답하던 차에 친분이 있던 인력사무소 직원이 복지관이 어려운 사람들을 도와주는 곳이라는 말을 들었다며 지역에 있는 사회복지관에 가서 상담을 받아 보라고 권유하였다. 누구에게 도움을 받는 일이 익숙하지 않아 망설이다가 자녀를 생각해서 용기를 내어 사회복지관에 전화를 걸어서 도움을 요청하였고, 이후 집에서 멀지 않은 곳에 사회복지관이 있어서 미혜가 사회복지관에 찾아가서 사회복지사에게 자초지종을 설명하였다. 사회복지사는 미혜에게 도움의 절차를 간단히 알려 주고 동의를 받은 후 도움에 필요한 몇 가지 정보를 기록할 수 있는 기록지를 작성하도록 하였다. 그러고는 가족 상황을 듣고 「긴급복지지원법」에 따른 긴급구호대상자로 선정될 수 있도록 동 주민센터 사회복지전담공무원에게 의뢰하는 한편, 호영이 부상당한 이후로 무기력하고 쉽게 짜증을 내는 등 마음상태가 안정되지 않아 일주일에 한 번씩 사회복지사가 부부상담을 하는 것을 제의하였고, 호영과 미혜는 함께하기로 동의하였다.

이후 호영과 미혜는 사회복지사와 매주 화요일에 정기적으로 1시간씩 부부상담을 받았고, 호영은 동 주민센터 사회복지전담공무원의 도움을 받아서 긴급구호대상자로 선정되어 정부로부터 지원을 받게 되었다. 이 과정에서 사회복지사와 친해진 호영과 미혜 부부는 점점 커가는 자녀 진로 교육에 대한 어려움을 토로하고 도움을 요청하였다. 즉, 호영은 고등학교를 졸업하였으나 미혜는 고등학교를 중퇴한 상태로 큰 딸의 대학 진학과 진로 문제를 풀어 나가기에 부모로서 여러 면에서 벅차다고 말하면서 큰 딸의 진로에 부모로서 역할을 하고 싶어 했다. 특히 호영과 미혜 모두 활달한 성격이 아니어서 이웃과 인사 정도는 하고 지내지만 친하게 지내는 지인은 거의 없는 편이어서 딸의 진로를 상담하고 함께 이야기 할 수 있는 기회를 갖지 못했다. 큰 딸은 가정형편을 생각해서 고등학교를 졸업하고 미용기술을 배워 직장에 취업하고 싶다고 말한다고 했지만 중학교 입학 이후 의상디자이너의 꿈이 강하다는 것을 호영, 미혜 부부가 알고 있어 그 꿈을 꺾고 싶지 않다고 했다.

호영이 다치고 병원을 퇴원한 후 집에서 요양하는 동안 정기, 부정기적으로 부부상담과 가족상담 그리고 큰 딸과 면담을 통해서 대학에서 장학금을 받을 정도의 성적이 된다면 진학을 하고 그렇지 않으면 일단 큰 딸의 생각대로 고등학교 졸업 후 사회복지기관에서 소개해 주는 기업형 미용업체에서 세운 미용학원에 들어가 기술을 배우기로 하였다. 사회복지사는 호영과 미혜 부부와 자녀 모두 성실하게 생활하려는 노력과는 달리 주위 친척이나 지인들이 많지 않아 예기치 않은 어려움에 닥쳤을 때 도움 받을 수 있는 사회 자원이 거의 없다는 것을 파악했다. 따라서 호영이 요양을 끝낸 후 지금의 일용직보다는 안정된 직장을 구할 수 있도록 체계적인 정보를 제공하도록 돕기로 하였고, 또한 당분간 지역사회복지실무협의체 관계자들과 논의하여 사례관리 프로그램을 적용할 수 있도록 조치를 취했다.

앞의 호영, 미혜 부부와 가족의 사례에서 보듯이, 실천과정의 첫 순서는 접수(intake)이다. 문제나 욕구를 가진 사람이 직접 접수하는 경우도 있고, 아니면 그 사람과 관련이 있는 가족이나 친지, 친구 또는 중요한 타인 등이 접수하거나, 제삼자가 접수하기도 한다.

접수단계에서 사회복지기관이나 사회복지사는 도움을 줄 수 있는 대상인지, 또는 도움이 가능한 문제나 욕구인지를 파악하여 도움 가능 여부를 살핀다. 즉, 접수는 해결하고 싶은 문제나 욕구를 가지고 도움을 청하러 온 서비스 이용자(잠재적인 클라이언트)가 사회복지 기관 또는 시설의 서비스에 접근했을 때 그가 갖고 있는 문제나 욕구 등이 해당 기관에서의 규정과 정책 그리고 서비스 내용에 적합한지 여부를 판단하는 첫 과정이다. 도움이 어떻게 시작되는지는 사회복지 기관 또는 시설 등에 따라 다르다. 서비스 이용자가 자발적으로 도움을 요청하였는가, 문제의 중심에 서비스 이용자가 있는가, 그로 인해 곤란을 겪는 사람이 있는가 등 여러 측면에 따라 서비스 시작은 달라질 수 있다. 이렇듯 도움이 이루어지는 상황과 형편은 다르지만 어떠한 문제이든 사회복지실천과정은 접수로부터 시작된다.

접수는 다양한 형식으로 이루어진다. 전화나 인터넷, 방문 등 방법도 여러 가지이면서 그 내용에 있어서도 첫 면담으로 끝나는 경우에서부터 실제 면담을 실행하고, 많은 내용이 이야기되는 것까지 다양하다.

---

**Intake worker**

사회복지기관이나 시설에 따라서는 첫 회 접수면담만을 담당하는 사회복지사(intaker worker)를 말한다. 주로 신참 사회복지사가 담당하는 경우가 많고, 계속적인 면담과정은 경력이 많은 사회복지사 등 다른 사회복지사가 담당한다.

---

그런데 접수과정에서는 다음의 사항을 고려해야 한다.

## 1) 문제의 확인 및 명확화

첫째, 서비스 이용자의 욕구(need)를 명확히 해야 한다. 둘째, 해당 사회복지기관이나 시설이 서비스 이용자의 욕구에 적합한 서비스를 제공할 수 있는가를 확인해야 한다. 셋째, 서비스 이용자가 서비스를 받을 자격이 있는지를 확인한 뒤에 해결하고 싶은 문제를 명확화하면서 원조를 행하는 것에 대한 합의와 어떻게 원조를 행하는가에 대한 합의를 해야 한다.

## 2) 의뢰

접수과정에서 서비스 이용자의 욕구와 사회복지기관 또는 사회복지시설의 서비스 제공 내용이 다르면 해당 기관에서는 적절한 사회복지서비스 관련 기관이나 시설에 의뢰(refer)한다.

## 3) 관계 형성

첫 면담과정에서 사회복지사와 서비스 이용자 간의 신뢰관계 수립은 중요하다. 이것을 위해서 사회복지사에게는 인간존중이라는 개인적 태도와 자세도 중요하지만 아울러 사회복지 기관 또는 시설이 신뢰할 수 있는 장소여야 할 것이다. 이러한 첫 신뢰관계(라포, rapport)는 사회복지실천 전체 과정에 걸쳐서 사회복지사와 클라이언트의 관계 형성에 디딤돌이 된다. 따라서 사회복지사는 서비스 이용자의 이중의 불안—'나 자신의 욕구를 충족할 수 있을까?' '내가 괜히 도움을 요청한 것은 아닐까?' '나는 스스로 내 문제도 해결하지 못하는 사람인가?'—을 경감시키고, 변화의 가능성에 눈을 돌리고, 문제를 해결할 수 있다는 믿음을 주는 것이 필요하다. 사회복지실천과정을 포함한 모든 도움의 과정은 시작이 중요하기 때문이다.

이것을 정리하면 다음과 같다.

- 5W1H(언제, 누가, 어떻게, 무엇을, 왜)를 명확히 할 것. 누가 곤란에 처해 있고 욕구를 가지고 있는가?
- 접수과정에서 이미 개입은 시작

– 라포(rapport)의 형성: 수용과 공감

   – 서비스 이용자의 욕구와 기대 등을 탐색

   – 정보 수집과 문제의 명확화

   – 목표 설정을 위한 대화
 • 접수에 필요한 물리적 환경: 편안한 분위기, 안락한 시설 등
 • 역할과 서비스 내용의 명확화

# 2. 자료 수집 및 사정

접수과정에서 수집했던 정보와 관계자들로부터 정보를 수집해서 사정
(assessment)하고 목표를 설정하는 과정이다.

## 1) 자료 수집

자료 수집은 사정을 위한 전 단계로서 서비스 이용자의 문제를 이해하고 분
석하여 문제해결에 필요한 자료를 모으는 것을 말한다. 자료 수집과정에서는
사회복지사와 서비스 이용자가 목표 달성을 위해 협동하면서 서로의 합의를
명확히 하는 것이 중요하다. 특히 사회복지사가 자료 수집을 하는 데 있어서
서비스 이용자 본인에게 승낙을 얻는 일은 필수적이다. 또한 개인의 정보와
자료도 시간의 흐름과 상황에 따라 계속 변화한다는 사실도 이해해야 한다.

## (1) 자료 수집에 포함될 요소

| 요소 | 세부 내용 | 호영의 사례 |
|---|---|---|
| 클라이언트가 갖고 있는 문제의 성격 | 클라이언트가 호소하는 문제와 욕구의 성격 및 유형 등을 말한다. | 표면적인 클라이언트인 호영의 처인 미혜와 잠재적 클라이언트인 호영은 예기치 않은 사고로 인해 깨어진 일상의 문제를 호소했고, 그들이 갖고있는 긴급한 위기 상황을 극복하는 데 있다. |
| 클라이언트에 대한 기본적인 정보 | 접수할 때 작성했던 면접지(초기면접지, intake sheet)에 기록된 이름, 성별, 나이, 직업, 가족관계, 주된 호소내용 등을 말한다. | 미혜가 지역 사회복지관에 방문했을 때 사회복지사는 미혜에게 도움의 절차를 간단히 알려 주고 동의를 받은 후 도움에 필요한 몇 가지 정보를 기록할 수 있는 기록지를 작성하도록 한다. |
| 개인력(personal history)과 가족력(family history) | 개인력은 클라이언트가 살아온 생활 역사를 말한다. 주로 생애발달단계를 중심으로 수행한 과업 성취 여부, 생활사건, 관계, 질병 등이 포함된다. 한편, 가족력은 가족의 역사로서 클라이언트를 중심으로 가족의 구조와 상황 및 가족관계 등을 말한다. | 호영, 미혜와 상담을 통해서 개인적 성향과 생애과정을 알고 개인과 가족이 갖고 있는 일상의 문제와 욕구에 대해서 파악한다. |
| 클라이언트 및 가족의 대처능력 | 클라이언트가 갖고 있는 문제와 욕구에 대한 클라이언트와 가족(중요한 타인 포함)의 대처능력과 함께 정서적·인지적·신체적 기능과 문제해결능력 및 대인관계기술 등을 말한다. | 호영과 미혜는 노동의 소중함을 이해하고 가족을 위해서 성실하게 일상을 살아가지만, 미혜의 신체적 불편으로 인해 가정이 경제적인 어려움을 갖고 있다. 호영과 미혜 모두 활달한 성격이 아니어서 이웃과 인사 정도는 하고 지내지만 친하게 지내는 지인은 거의 없다. 하지만 직면한 호영의 사고에 대한 지지와 지원이 이루어진다면 또다시 자립생활을 할 가능성이 높다. |

| | | |
|---|---|---|
| 문제해결에 필요한 자원 | 클라이언트가 자신의 문제를 해결하고 성장하는 데 필요한 활용 가능한 사회적 자원 및 서비스 등을 말한다. | 호영, 미혜 부부는 도움을 주고받을 만한 친척과 친지가 없는 상태이다. |
| 문제해결에 대한 클라이언트의 동기, 강점, 한계 | 클라이언트의 기능과 자원을 파악하는 일과 더불어 '환경 속의 인간'으로서 클라이언트가 갖는 동기와 강점 그리고 한계 등을 말한다. 특별히 이 자료는 임파워먼트적 접근으로서 사정에 매우 유용한 요소이다. | 호영과 미혜가 서로 존중하고 위기를 극복하기 위해서 격려를 한다는 점과 자녀도 가족의 상황을 이해하고 협조적이라는 것 등은 자녀가 성장하고 호영이 하는 일에 대한 경제적 여건이 호전된다면 지금보다 경제적이나 심리 사회적인 면에서 안정되고 행복할 수 있는 동기와 조건을 갖고 있는 사례이다. |
| 클라이언트 문제에 관여하는 체계와 관계성 | 클라이언트가 문제와 관련하여 다른 사람과 상호관계를 맺고 있는 상황과 클라이언트가 직간접적으로 영향을 받는 사회 체계와 관계 상황을 파악하는 일은 중요하다. 또한 문제와 관련하여 클라이언트의 상호작용에 따라 일어나는 사회 체계 상황을 파악하는 것을 포함해서 말한다. | 가장 큰 핵심은 호영이 갖고 있는 용접 기술이 직업적으로 더 유용하게 쓰일 수 있는 환경과 직장을 찾는 일이어서 건설 경기가 좋아지면 자연스럽게 연결되어 호영의 상황도 개선될 것이며, 아울러 향후 용접기술을 더 유용하게 사용할 수 있는 직업과 사회적 기회를 찾는 것이 필요하다. |

## (2) 자료의 출처

### ① 클라이언트의 이야기

클라이언트가 면담과정에서 직접 말한 내용이다. 사정에 가장 중요한 자료이지만, 일반적으로 인간은 기억이 불확실하거나 사실에 대한 편견과 왜곡이 있고 스스로를 정확히 인식하는 데에도 한계가 있다. 따라서 클라이언트의 이야기만으로 정확한 자료를 얻기는 어렵다. 그러므로 클라이언트의 이야기를 토대로 다른 방법으로 얻은 자료를 보완하여 사정에 필요한 자료로 활용해야 한다.

### ② 클라이언트가 작성한 양식

개인력, 사회력 등 클라이언트가 사회복지 기관 및 시설에서 사용하는 양식에 직접 기재한 내용을 통해서 자료를 얻는 것이다. 클라이언트에 대한 기초적이면서도 일반적인 자료를 얻는 데 유용하다.

### ③ 부가적인 정보

클라이언트 외에 가족, 이웃, 친구, 친척, 학교 등으로부터 얻은 정보를 말한다. 이러한 부가적인 정보를 얻기 위해서는 클라이언트의 동의가 반드시 필요하다. 그런데 부가적으로 얻은 자료는 한 가지 사실에 대해서 서로 다른 시각이 있을 수 있다. 예를 들어, 노인요양시설에서 적응하는 것에 힘들어 하는 노인에 대해서 요양시설에서는 노인의 위생 관념 때문이라고 하지만 함께 생활하는 노인들은 그 노인의 괴팍한 성격 때문이라고 말하고, 가족은 기존에 생활하고 있는 노인들의 텃세라고 여길 수 있다. 따라서 사회복지사는 자료를 얻는 과정에서 제공하는 사람에 대한 신뢰 여부와 상호작용을 통해서 정확한 자료를 추출하도록 노력해야 한다.

### ④ 심리검사

클라이언트에 대한 다양한 심리적인 검사를 통하여 얻는 이차적 자료이다. 마이어스-브리그스 성격유형 검사(Myers-Briggs Type Indicator: MBTI), 미네소타 다면적 인성 검사(Minnesota Multiphasic Personality Inventory: MMPI), 자아개념검사 등의 검사는 클라이언트의 성향과 심리상태를 이해하는 데 도움이 된다. 다만 이러한 검사를 실시하고 분석 및 판단할 때에는 전문적 지식이 필요하다는 사실을 명심해야 한다.

### ⑤ 클라이언트의 비언어적 표현

클라이언트가 말하는 것이 아닌 비언어적 표현(목소리 톤, 제스처, 눈물 등)

을 통해 사정에 필요한 자료를 얻는 것을 말한다. 클라이언트의 비언어적 표현은 그의 감정과 정서를 읽는 데 큰 도움이 된다. 직접 말로 표현하지 않는 분노, 아픔, 두려움, 당혹감 등을 파악할 수 있다. 따라서 사회복지사는 늘 클라이언트의 비언어적 표현에 민감해야 한다.

### ⑥ 중요한 사람과의 상호작용

클라이언트와 중요한 사람과의 상호작용을 관찰함으로써 읽어 내는 자료이다. 때로 클라이언트가 이야기하는 것과 실제 가족 등 중요한 사람과의 상호작용을 통해서 관찰하는 내용과 차이가 있을 수 있다. 예를 들면, 클라이언트가 자신의 아버지는 엄하고 유머가 없어 친해지기 어렵다고 말하지만 실제 아버지와 클라이언트를 면담하는 과정에서 아버지는 억양이 강하고 목소리 톤이 높을 뿐 말하는 내용은 친근하고 부드럽다는 것을 발견한다. 이러한 클라이언트를 둘러싼 중요한 사람의 상호작용은 정확한 자료를 수집하는 데 큰 도움이 되지만, 사회복지사의 관찰이 정확할 수 없다는 것을 늘 염두에 두어야 한다.

### ⑦ 사회복지사가 클라이언트와 상호작용하면서 느끼는 감정

전문적 경험과 지식을 가진 사회복지사가 클라이언트를 만나 상호작용을 통해서 느끼고 판단하는 감정은 매우 중요하다. 이는 클라이언트가 해결을 요구하는 문제에 대한 클라이언트의 생각, 느낌, 행동 등을 객관적으로 볼 수 있는 중요한 자료가 된다.

### ⑧ 클라이언트의 자기모니터링

클라이언트가 자신의 문제를 명확하게 인식하지 못하는 경우, 문제행동 빈도와 문제행동 발생 시 감정 등을 스스로 체크해 보도록 하는 것이다. 즉, "지금 일어나고 있는 문제로 인해 얼마나 자주 화를 내고 있는가? 누구의 어떤

행동으로 인해 고통받고 있는가?" 등 객관적인 정보와 자료를 얻음으로써 목
표를 설정하는 데 도움을 준다. 이것은 잠재적으로 유용한 자료의 출처이며,
클라이언트는 자신의 상황에 대한 통찰력을 얻을 수 있고, 협력자의 역할을
수행하여 문제해결에 적극적인 참여를 유도하고, 클라이언트의 무력감을 감
소시킬 수 있다(Zastrow, 1995; Hepworth & Larsen, 2006).

### (3) 자료 수집방법

- 면담(면접): 면담은 목적을 갖고(사회복지실천에서는 주로 클라이언트의 문
  제해결 및 환경 조정 등) 개인과 개인 또는 개인과 집단 사이에 언어와 비
  언어적 의사소통수단을 통하여 이루어지는 대화를 말한다.
- 클라이언트의 자기관찰 및 사회복지사의 관찰: 클라이언트가 스스로에
  대한 자기보고(self-report)를 기입하도록 하는 것과 사회복지사가 관찰
  하는 방법이다. 특히 사회복지사의 관찰은 상대의 언어와 비언어적 표
  현을 세심하게 파악하는 것으로서 주로 비언어적 형태의 자료를 수집할
  때 유용한 방법이다.
- 검사: 주로 심리 또는 정서 검사를 말한다. 클라이언트의 지능, 동기, 자
  아 개념, 불안이나 우울 등의 정서적 상태를 주로 구조적 검사지를 통하
  여 파악하는 것이다.

### (4) 수집 자료의 활용

수집한 자료의 활용방안은 다음과 같다.

- 문제를 규정하는 방법을 결정한다. 즉, 문제의 유형과 상황의 심각성 및
  독특성을 판단하는 데 도움이 된다.
- 문제의 요인 및 정보와의 관계성을 파악함으로써 해결의 긴급성 유무와
  해결 가능한 요소를 판단할 수 있다.

• 서비스(개입)에 필요한 기초 지식의 활용방안과 클라이언트가 함께할 수 있는 부분을 명확히 하는 데 도움을 준다.

## 2) 사정: 예술적 측면과 과학적 측면

사회복지실천은 '예술(art)'인 동시에 '과학(science)' 행위이다.

실제로 사회복지실천이 예술인지, 과학인지에 대한 논쟁은 끊임없이 지속되어 왔다(Richmond, 1917; Reamer, 1994; Munro, 1998). 사정(assessment)은 이와 같은 논란의 중심이 될 수 있는 중요한 사회복지실천 용어이다. 그만큼 사정이 사회복지실천과정에서 얼마나 중요한 위치를 차지하고 있는가를 역설적으로 증명하는 것이다.

만일 완전한 과학적 지식과 기술이 있더라도 사람을 직접적인 대상으로 적용하는 데에는 한계가 있다. 특히 사회복지실천과 같이 사람이 갖는 경제, 심리, 사회, 문화 등 복합적인 생활문제와 욕구에 대응하는 도움은 매우 한정된 범위 내에서 사용할 수밖에 없다. 왜냐하면 사람은 서로 개성이 전혀 다르고 끊임없이 변화하고 성장하는 존재이기 때문이다. 그래서 과학적 지식과 기술 못지않게 사회복지사가 많은 경험을 통해서 터득한 지혜가 더 신뢰받을 수 있다. 그러나 이것 또한 개인의 취향이나 주관적 경험에 기반할 수 밖에 없어 조직적이고 체계적인 접근방식이라고 보기 어렵다.

사정은 이와 같은 사회복지실천의 복합적인 접근을 요구하는 개념이다. 사정은 단순히 과학적으로 정해진 순서대로 측정하거나 특정한 방법이 정형화되어 있지 않다. 사정이 사회복지사의 경험과 상황 판단에 의해서만 이루어져서도 위험한 행위이다. 사정은 사회복지사의 과학적 지식과 기술, 경험 등에 더하여 실천과정에서 일어나는 상황과 환경에 대한 판단과 함께 클라이언트와의 상호교류 등에서 나타나는 다각적 요소가 종합적이고 복합적으로 구성되는 판단과 평가를 넘어서는 개념이고 행동이다.

결국 사정은 사회복지사의 과학적 지식과 폭넓은 경험이 상호교차하면서 심사숙고하여 이루어지는 과학적이면서도 예술적인 판단과정이라고 할 수 있다. 그러므로 사정은 과학적·이론적·기교적·논리적·실천적 요소가 포함되어야 한다.

---

**사례**

민수는 지역사회 정신건강센터에 상담하러 왔다. 얼마 전부터 민수는 기분이 가라앉아 있었고 무기력함을 느껴 왔다. 일이 손에 잡히지 않았다. 센터에서는 민수를 돕기 위해 사정을 하였다.

**사정 a**

영희는 사회복지실천에서 예술적 측면을 중시하는 접근방법을 선호해 왔다.

민수의 호소 내용을 주의 깊게 들으면서 그의 말의 흐름에 따라가도록 노력하면서 민수가 최대한 말을 할 수 있도록 내버려 두었다. 영희는 민수의 이야기를 듣고 그동안 자신이 경험한 바에 따라서 민수가 마음의 상처를 입은 상태라고 사정하고, 민수에 대한 집중적인 정신건강 지원 프로그램을 결정하였다.

**사정 b**

화정은 사정을 하는데 늘 조직적이면서도 과학적인 접근방법을 취했다.

화정은 민수와 비슷한 사례를 살펴보면서 다른 사람들이 사용해서 효과적인 방법을 선택하기로 하였다. 화정은 민수의 상황은 정신건강 취약성 지표에서 위험영역 이하이기 때문에 간단한 정기적인 상담만 받으면 좋아질 것이라고 판단하였다.

---

앞의 사례에서 보듯이 '영희'와 '화정'이 취한 사정 중 어느 편이 더 옳은 사정의 방향이라고 단정하기는 어렵다. 그러나 사회복지사가 수집한 자료를 갖고 곰곰이 생각하여 판단하고 사정하는 과정에 따라 클라이언트에 대한 개입의 수준은 전혀 달라질 수 있다. 따라서 사정은 매우 포괄적이고 신중해야

하며, 또한 사회복지실천과정 동안 항상 지속적으로 이루어져야 한다.

## 3) 사정의 개념

전통적인 사회복지실천과정에서는 조사(study), 진단(diagnosis), 치료(treatment)라는 세 과정을 구분하였지만, 오늘날에는 사정(assessment)에 조사와 진단을 포함한다. 그리고 치료는 계획과 개입으로 구분한다(Johnson & Yanca, 2007).

실제 사정은 의료모델에서 언급하는 진단(diagnosis)과는 차이가 있다. 진단은 전형적인 의사-환자와의 관계에서 의사가 전문적인 지식과 경험을 갖고 환자의 호소에 따라 각종 문진과 검사를 하여 병명을 파악하는 것과 같은 것이다. 그러나 사정은 진단보다는 더 포괄적인 개념이 포함되어 있다. 사회복지사와 클라이언트와의 관계는 의사와 환자와의 관계와는 다소 차이가 있다. 물론 사회복지사가 돕는 전문직으로서의 지식과 경험 그리고 기술을 가지고 클라이언트의 문제와 욕구에 접근하는 것은 유사하다. 그러나 클라이언트의 문제와 욕구는 그의 특성과 기질에서 비롯될 뿐만 아니라 가족 등 주변 환경과 밀접한 관련이 있다. 또한 클라이언트의 문제와 욕구는 그의 주변 또는 사회의 상호이해관계와 관련되어 있는 것이 적지 않다. 아울러 클라이언트의 문제는 생활과정에서 나오는 연속적인 욕구와 문제의 맥락 안에 있다. 따라서 진단과는 달리 사정은 자신에 대해서 가장 잘 알고 있는 클라이언트의 입장과 그가 지금 처해 있는 어려움과 충족되지 않는 욕구로 인해 명료하지 못한 상황을 이해하는 사회복지사의 상호협력 안에서 판단되고 결정되어야 한다. 이것이 사정의 과정이고 특수성인 것이다.

사정은 클라이언트의 문제와 강점 및 약점, 자원을 이해하며 문제에 영향을 주는 환경을 파악하고 클라이언트와 환경 간의 상호교류를 이해하는 과정이다. 또한 그 상호교류가 문제에 어떻게 영향을 미치는지 그리고 어떻게 영향을 받는가에 대하여 이해하는 과정이다(Hepworth & Larsen, 2006).

결론적으로 사정은 자료 수집을 통해서 모아진 자료를 분석하여 곰곰이 생각해 내리는 결정과정으로서 실천과정에서 목표 설정 이전 단계에서 우선 필요하지만, 실천 전 과정을 통하여 사정은 지속적으로 이루어져야 한다. 또한 사정은 사회복지사가 혼자서 판단하는 것이 아닌 서비스 이용자(클라이언트)와 함께 변화하는 문제, 욕구, 감정, 생각, 행동 등을 계속해서 살핌으로써 최적과 최선의 도움의 결과를 만들어 나가는 핵심적인 요소가 되어야 한다. 사정은 계속적이고 유동적이며 역동적인 접근방법이다(Hepworth, & Larsen, 2006; Department of Health, Department for Education and Employment, Home Office, 2000).

---

진단과 사정의 차이(Kirst-Ashman & Hull, 999)

○ 어떤 문제 상황을 이해하려고 할 때 클라이언트 상황에 대한 중범위(mezzo) 및 거시적 (macro) 측면이 포함되는 클라이언트의 환경적 측면도 미시적 측면만큼 고려

○ 문제가 클라이언트 외부에도 존재한다고 인식하기 때문에 외부 체계도 변화 표적이 될 수 있음

○ 문제해결과정에의 클라이언트의 참여. 의료모델에서 클라이언트는 문제를 가진 것으로 진단. 따라서 사회복지사는 클라이언트의 치료를 돕기 위해 어떤 유형의 치료를 추구. 클라이언트는 치료에 대한 반응을 하며 변화의 과정의 파트너가 되기보다는 변화의 표적이 됨. 사회복지실천에서 사정은 사회복지사가 클라이언트에 '관하여'가 아닌 클라이언트와 '더불어' 활동하는 것을 강조

○ 클라이언트의 강점에 대한 관심. 진단에서는 병리에 초점. 사정은 클라이언트의 문제에만 초점을 두지 않고 클라이언트의 강점에도 관심

## 4) 사정의 특성

### (1) 사정은 계속되는 과정이다

사정은 실천 과정 전체를 통하여 계속된다. 초기 사정뿐만 아니라 면담을 통해 사회복지사와 서비스 이용자의 상호협력과정에서 새로운 정보가 나타나고 서비스 이용자의 욕구와 문제에 대한 인식 변화 등이 일어날 수 있으므로 사정은 실천 과정 동안 계속되어야 한다.

### (2) 사정은 두 가지 초점을 갖는다. 하나는 상황 속의 클라이언트를 이해하는 것이고, 다른 하나는 개입 계획의 기초를 제공하는 것이다

사정은 클라이언트의 내면과 성격을 이해하고 판단하며 사정하는 것뿐만 아니라 클라이언트를 둘러싼 인간과 환경에 대한 이해를 통한 포괄적인 사정이 필요하다. 이것을 위해서 정보는 다양한 경로와 형태로 수집되어야 하지만 가장 중요한 것은 클라이언트 자신의 이야기를 잘 듣는 일이다. 물론 클라이언트의 언어뿐만 아니라 비언어적 표현 등도 중요한 정보 제공원이 된다. 한편, 상황 속의 인간으로서 클라이언트(체계)를 이해하는 것과 동시에 수집된 정보를 통하여 클라이언트의 욕구와 관심을 이끌어 냄으로써 클라이언트와 주변 환경의 변화를 위한 개입의 중요한 기초를 쌓을 수 있어야 한다.

### (3) 사정은 클라이언트와 사회복지사의 상호성을 기초로 한 과정이다

사정은 기본적으로 사회복지사와 클라이언트의 상호과정 속에서 나타난 자료 수집을 통해서 진행된다. 즉, 사회복지사의 관찰 및 클라이언트의 이야기 등을 통해서 자료가 제공된다. 사회복지사는 클라이언트를 둘러싼 환경의 이해를 획득하고 사실의 의미를 수립하기 위하여 클라이언트와 함께 관찰한 것과 다른 정보에 대해서 토의해야 한다. 이러한 과정은 클라이언트의 역량을 강화시키는 의미뿐만 아니라 정확히 어떤 것이 중요한 것인지 등을 알 수 있는 방법이 된다.

### (4) 사정의 과정은 끊임없이 움직인다

인간을 둘러싼 문제와 사실은 그것을 보는 시각과 상황의 변화에 따라서 계속적으로 변화한다. 따라서 클라이언트를 둘러싼 문제 상황과 그것을 해석하는 의미에 따라 사정도 계속적으로 역동적으로 움직여야 한다.

### (5) 사정은 수평적 · 수직적 탐색 모두 중요하다

일반적으로 사정의 초기에는 수평적 탐색이 이루어진다. 클라이언트를 둘러싼 가능한 모든 것들을 폭넓게 조사한다. 이것을 통해 클라이언트가 욕구에 필요한 환경체계(eco-system)에 있는 자원과 강점 등을 파악할 수 있다. 한편, 수직적 탐색은 클라이언트를 둘러싼 환경에 대한 정보(자원, 강점 등)가 얼마나 클라이언트의 욕구와 정서에 부합되는지를 심도 있게 찾는 일이다. 자료 수집과정은 수평에서부터 수직으로 옮겨질 수 있다. 사회복지사는 수평적 탐색과 수직적 탐색 중 어느 것이 필요한 시점인지에 대한 판단을 항상 해야 한다.

### (6) 사정에는 지식이 필요하다

사정은 클라이언트의 이해가 선행되어야 한다. 이를 위해서는 사회복지실천과 관련한 인간이해에 대한 생리 및 심리를 비롯하여 사회 환경에 대한 포괄적인 지식적 근거가 필요하다. 이러한 사정에 사용되는 지식은 계속적으로 발전하고 변화해야 한다. 즉, 클라이언트의 상황과 성격의 특수성을 감안하면서 지식은 계속 수정되고 응용되어야 한다.

(7) 사정은 욕구를 발견하고 욕구 만족을 방해하는 것이 무엇인지를 생활 상
    황과 관련지어 명확히 하기 위한 과정이다

사정은 사회복지사가 클라이언트가 원하는 것이 무엇인지를 발견하고 그
것을 얻지 못하는 이유에 대해서 클라이언트의 전체적 상황을 파악하여 명확
히 하는 과정이다. 우리는 어떤 문제에 부딪혔을 때 문제해결을 위해서 원하
는 바를 정확히 알 수도 있지만, 문제로 인해 정서적으로 매우 혼란스러운 상
태가 되면 자신의 욕구를 인식하는 일조차 힘들다. 더욱이 문제가 가족 및 생
활상의 다양한 상황과 결합되어 복잡해진 경우에는 더욱 그렇다. 따라서 사
회복지사는 사정을 통해서 클라이언트의 욕구를 정확히 밝혀 내는 일이 무엇
보다 중요하다.


(8) 사정은 개입과정에 기초가 되는 클라이언트와 환경체계의 강점을 포함
    해야 한다

인간은 스스로 강점을 발전시킨다. 강점에는 한계가 없다. 클라이언트가
갖고 있는 신체, 정신, 정서, 행동과 관련한 강점을 사정을 통해서 파악하고,
그러한 강점 자산을 과업과 목표를 성공적으로 달성하는 데 활용해야 한다.
클라이언트의 강점 규명은 욕구를 충족할 수 있는 상황과 환경, 그리고 클라
이언트 체계에서 현재 나타나는 확인된 자원을 요구한다.


(9) 사정은 개별적이다

인간 개인이 처해 있는 상황은 매우 복합적이고 다중적이다. 따라서 클라
이언트에 따라서 사정의 방법 및 방향은 달라야 하며, 또한 클라이언트가 다
른 상황과 연관되어 있는 부분도 고려해야 한다.

### (10) 사정은 판단이 요구된다

사정에는 여러 가지 결정이 있어야 한다. 어떤 내용에 어떤 지식을 응용할 것인지 그리고 어떤 부분을 고려할 것인지, 그것을 클라이언트와 어떻게 연결시킬 것인지, 어떻게 문제 정의를 할 것인지 결정해야 한다.

### (11) 사정은 완벽할 수 없다

어떠한 사정도 완벽할 수는 없다. 즉, 상황에 대한 완벽한 이해는 불가능하며 또한 바람직한 것도 아니다. 클라이언트를 완전히 이해하는 데에는 항상 한계가 있다는 것을 알아야 한다.

## 5) 사정에 유용한 기법(도구)

### (1) 가계도

가계도(genogram)는 사정단계에서 2~3대에 걸친 가족관계를 시각적으로 표현하는 도구이다. 이러한 가계도는 클라이언트가 현재 호소하는 문제가 본인 또는 가족과의 직접 관련성의 원인을 찾는 데 도움을 준다. 가계도는 원칙적으로 사회복지사와 클라이언트가 함께 작성해야 한다. 어떻게 보면 가계도는 하나의 '스냅사진'이다. 본인 또는 가족이 어떻게 구성되어 있는가, 시간의 흐름의 가운데 있는 한 순간을 어떻게 지냈는지를 알려 준다. 이것을 통해서 지금 문제를 일으키는 부분과 결핍되어 있는 정보, 그리고 갖고 있는 욕구를 사회복지사가 분명히 아는 데 많은 도움이 된다. 때로는 클라이언트와 함께 클라이언트의 보다 깊은 부분까지도 이해하게 된다.

한편, 가계도는 사회복지사가 사정만을 목적으로 작성하는 것은 아니다. 가계도 작성도 도움 서비스 개입과정에 클라이언트를 참여시켜서 협력적 활동을 모색하려는 과정이다.

가계도 작성은 어떻게 보면 꽤 단순한 작업이다. 그렇지만 그것은 매우 강

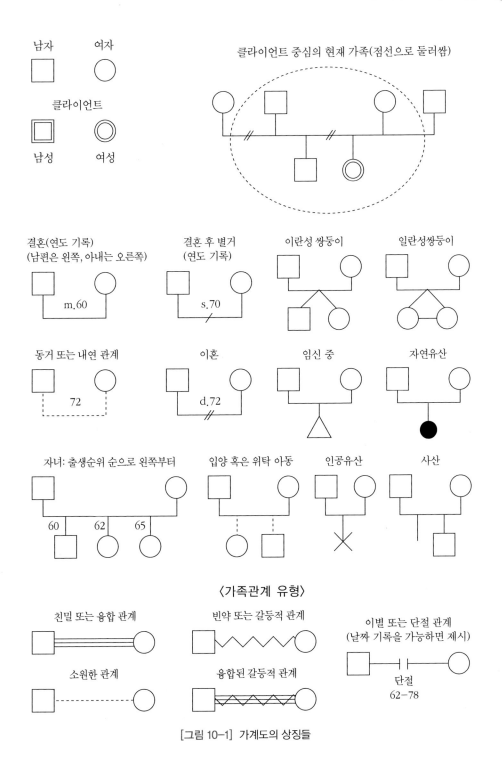

[그림 10-1] 가계도의 상징들

력한 과정이 될 수 있고, 가계도를 작성하는 과정을 통해서 클라이언트는 수 많은 감정의 변화를 나타낼 수 있다. 사회복지사는 이러한 클라이언트의 변화에 민감해야 한다. 또한 가계도는 현재 중요한 문제를 도출하는 데 도움을 줄 수 있다. 그러나 가계도는 클라이언트가 많은 부분을 개방하면서 때로는 고통에 직면할 수 있기 때문에 작성하면서 클라이언트의 정서의 흐름에 맞추어야 하며, 특히 어린이 또는 청소년의 경우에는 연령 및 발달을 고려하여 들어가지 않으면 안 된다. 사람들은 자기 자신의 것, 자신의 생활 및 가족에 대한 정보를 이해하려는 시간이 필요하기 때문이다. 이와 같은 사회복지사의 배려는 클라이언트로 하여금 자신의 감정과 상황을 존중받는다고 느끼게 해서 사회복지사와 상호 좋은 협력관계를 전개하는 데에도 도움을 줄 수 있다.

**가계도 예시**

　다음의 그림에서 보듯이 문식(남, 40세)과 영애(여, 39세)는 1996년에 결혼해서 딸(현미, 15세)과 아들(주원, 12세)을 하나씩 두고 있다. 셋째를 임신했으나 인공유산을 했다. 문식은 2녀 1남 중 막내로 부모님은 모두 살아 있다. 영애는 1녀 1남 중 장녀로 아버지는 2000년도에 대장암으로 죽고 어머니만 살아 있다. 영애 동생인 영식은 현재 문식과 영애 가족과 함께 살고 있다. 남편인 문식과 영애는 별거까지 생각하는 갈등관계에 있다. 장녀인 현미는 아버지와는 매우 밀접한 관계에 있고 어머니와도 그리 사이가 나쁜 편이 아니다. 또한 외삼촌인 영식과도 매우 친밀한 관계이다. 반면 동생인 주원은 어머니인 영애와는 친밀하지만 아버지와 갈등관계에 있고 외삼촌과도 소원한 관계이다. 주원은 현재 자신감의 결여와 자기패배의식이 강해 상담을 받고 있는 상태이며, 어머니인 영애는 주원이 힘든 상황에 처한 이유는 아버지인 문식의 억압적 태도 때문이라고 판단하고 있다.

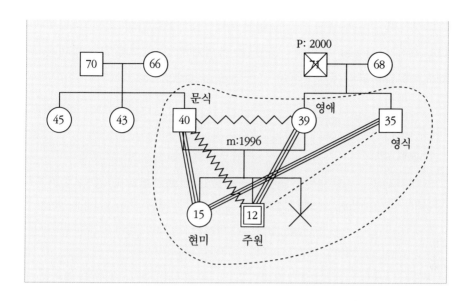

## (2) 에코맵(eco-map)

가계도는 세대 간에 걸친 역사와 연결을 연속적으로 보여 주고 현 시점에서 가족 상황을 보이도록 하는 것이다. 반면, 생태도라고 일컫는 에코맵은 사정과 분석을 하는 특별한 시각적인 표현이다. 가족 및 개인의 구성원을 공간에 위치하여 정보를 제공하고 클라이언트(서비스 이용자)로 하여금 생활하거나 문제를 해결하는 데 있어 가족을 둘러싼 이용 가능한 환경에서 네트워크를 발견하도록 한다. 이 네트워크는 클라이언트가 상호작용하는 여러 개인 또는 단체, 기관을 표시한다.

에코맵은 시스템이론에 기초를 두고 있기 때문에 가족 및 개인의 성원에 관한 일련의 시스템과 하위체계 간의 여러 상호관계를 표시한다. 이것은 에코맵이 가족의 성원이 서로 어떻게 행동하고 반응하는가, 그리고 가족이 전체로서 사회 중심에 어떻게 다른 가족, 집단 및 단체와 관계하고 있는가를 나타내 보이려는 것을 의미한다.

그것은 환경상의 생활 시스템 내에 여러 수준(레벨) 간의 상호관계를 나타
내는 데에도 사용될 수 있다. 시스템과 하위체계가 상호작용하는 방법을 시
각적으로 표현하는 것도 유용한 이유 중의 하나이다.

**생태도 예시**

　　다음 그림은 부부(남 38세, 여 36세)와 두 자녀(남 14세, 여 10세)의 가족 생태도를 그린
것이다. 가족에서 아버지는 피부과 병원에서 도움을 받고 있으며 테니스를 좋아하고 직장생
활도 비교적 만족스러운 것으로 평가할 수 있다. 어머니는 이웃과는 단절된 상태이나 종교생
활을 열심히 하고, 특히 자매와는 친밀한 정서적 관계를 유지하고 있다. 또한 친구들과는 상
호정보를 교류하고 스트레스를 풀 수 있는 창구가 되고 있다. 아들은 야구를 취미로 하고 학
교에는 별로 가고 싶어 하지 않으며, 딸은 학교생활은 만족스럽지만 학원은 가기 싫어한다.
또한 딸은 친구관계도 좋아 생활에 유익한 자원이 되고 있다.

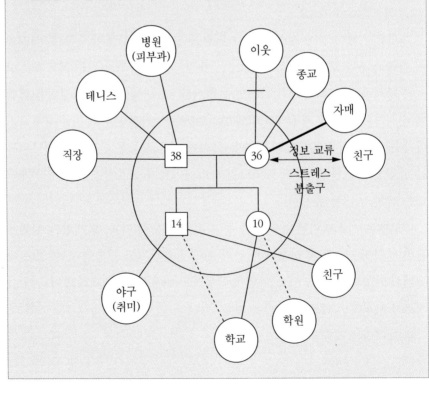

제 **11** 장

# 사회복지실천의 핵심 요소: 기술(Ⅲ) - 과정론(2): 계획과 목표 설정 및 계약 그리고 개입

도움의 목표와 내용 그리고 사회복지사와 클라이언트의
역할과 책임을 말하기. 다양한 자원과 클라이언트의 역량.
지식 및 경험을 활용하여 돕기

Social Work Practice

우리 집은 특수부위만 취급합니다.

소고기 특수부위는 다음과 같다.

안창살, 차돌박이, 치마살, 부챗살, 살치살, 제비추리, 업진살, 우설 등등이다. 왜 특수부위일까? 맛이 독특하고 양이 적기 때문이다. 등심이나 안심, 양지 등에 비해서…….

그런데 특수부위나 일반부위나 모두 소고기라고 부른다.

대다수의 사람은 일반부위를 선호한다. 특수부위를 선호하는 사람들은 고기에 대한 특별한 관심이나 그 부위를 좋아하는 입맛을 가졌기 때문이다. 누구나 소의 혀(우설)나 족발을 좋아하지 않는다. 그런데 어떤 사람은 그 부위만 찾는다. 이렇듯 일반과 특수의 구분은 다름(역할, 기능, 생김, 구조 등)에서 비롯된다.

그것을 전문과 비전문으로 착각해서는 안 된다. 같은 소라도 한우와 수입 소는 다르다. 같은 소이지만 구분한다. 그래서 한우고기 전문점, 수입소고기 전문점으로 이름 붙인다.

사람도, 직업도 다 독특하고 특수하다. 그런데 유독 특수한 부분이라고 말하는 이유는 다수인 평균 범위에서 벗어난 영역이기 때문이다.

사회복지실천도 특수하고도 일반적이어야 한다. 일반적이어야 특수하다.

오랜 동안 돌고 돌아 사회복지실천도 결국 일반에서 특수로, 특수에서 일반으로 돌아왔다. 하지만 처음의 일반과 나중의 일반은 똑같지 않다. 다르다. 발전하고 변화했다.

"산은 산이요. 물은 물이다. 그런데 산은 산이 아니고 물은 물이 아니다. 그렇지만 결국 산은 산이고 물은 물이다."

처음 산과 나중 산은 같은 산이 아니다. 그 산을 찾기 위한 치열한 과정의 산물로 나타난 다른 느낌과 인식의 '산'이다.

내가 처음 본 이성이 오랫동안 사랑을 나누고 함께한 지금의 이성과 같은 사람이지만 다르다. 그래서 행복한 것이다.

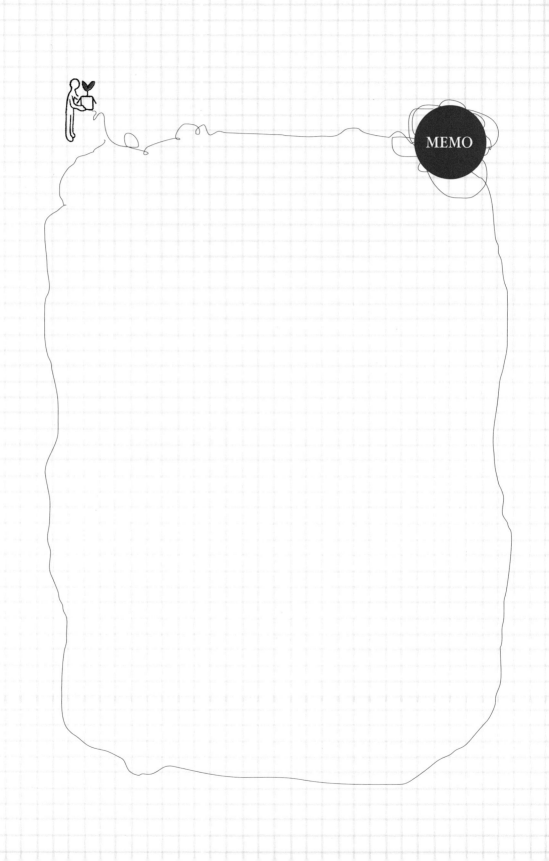

MEMO

# 1. 계획과 목표 설정 및 계약

목표 설정과 계획은 변화에 초점을 둔 개입 행동과 사정 사이에 다리 역할을 한다. 그렇다고 엄격히 구분되어 있기보다는 사정에서 개입으로 가는 도중에 문제의 본질과 변화의 목표를 뚜렷이 짚고 넘어가는 변화과정(change process)의 하나이다.

계획과 목표 설정은 사정을 통해 환경 속의 클라이언트를 이해하고, 그가 가진 잠재적 자원과 강점을 문제해결을 위해 어떻게 접목시킬 것인가를 구체적이고 명확하게 진술하는 과정이다.

## 1) 계획

계획은 사회복지실천 도움과정에서 변화에 초점을 두고 사정과 개입을 연계하는 교량 역할을 한다(Johnson & Yanca 2007; 이원숙, 2008). 또한 계획(plan)은 목표 설정과 연결되어 있다. 사정을 통해서 클라이언트에 대한 이해를 하고 잠재적 자원을 찾아낸 후, 계획과정은 사정이 바라는 결과를 구체적이고 정리된 진술로 전환한다(Johnson & Yanca, 2007).

이러한 계획은 사회복지사와 클라이언트가 함께 밝혀 낸 문제해결을 위한 자료들을 구조화하여 필요한 정보를 토대로 목표를 설정하고, 클라이언트와 계약을 하는 이전 과정인 동시에 계획은 목표 설정과 계약을 포괄하기도 한다.

Kirst-Ashman과 Hull(2009)이 제시한 계획과정의 주요 8단계는 다음과 같다.

- 1단계: 클라이언트를 계획과정에 참여시킴으로써 클라이언트가 변화할 수 있는 동기를 부여한다.

- 2단계: 사회복지사는 클라이언트가 갖고 있는 문제 또는 문제 처리방법 중 우선순위를 정하고 먼저 해결할 문제나 방법을 선정한다.
- 3단계: 클라이언트가 갖고 있는 문제를 욕구로 전환함으로써 해결방법을 보다 구체화한다. 예를 들어, 어떤 청소년이 '이성 친구가 없어서 문제이다'라는 진술보다는 '이성 친구를 갖고 싶다'는 욕구 진술로 전환하면 해결방법이 구체적으로 떠오를 수 있다.
- 4단계: 미시적 · 중도적 · 거시적인 실천적 접근방법을 동원하여 총체적 · 효율적인 해결전략을 수립하고, 그 과정에서 클라이언트의 강점을 최대한 활용한다.
- 5단계: 목적을 수립해서 개입의 이유를 명료화한다. 명확히 진술한 목적은 개입의 성공 여부를 평가할 수 있다.
- 6단계: 목적을 성취하기 위한 구체적인 목표(objective)를 설정하여서 누가, 언제, 무엇을, 어떻게 목표 달성을 위해 활동하며 노력할 것인가 뿐만 아니라 평가방법에 대해서까지 논의한다.
- 7단계: 목표 달성을 위한 구체적인 행동전략을 수립한다. 시간 및 활동 단계별 실천과정에서 누가, 무엇을, 언제까지 어떻게 수행할 것인지를 구체화한다.
- 8단계: 목적과 목표가 분명해진 상태에서 사회복지사와 클라이언트 간에 개입과정에서 필요한 역할, 기간 등에 대한 합의를 한다. 즉, 공식적으로 계약한다.

## 2) 목적과 목표 설정

목적과 목표를 동일한 단어로 사용하기도 하지만, 엄밀히 따지면 목적(goal)은 개입을 통해서 변화하고자 하는 궁극적인 상태를 말하고, 목표(objective)는 목적을 달성하기 위한 구체적이며 측정 가능한 개념이다.

예를 들어, 인간의 행복한 삶을 보장하기 위해 '국민의 삶의 질 향상'을 목적으로 삼았다면, 이에 따른 목표는 모든 국민에게 최저한의 소득(최저생계비 유지)을 보장하는 것과 모든 국민에게 2년에 한 번씩 건강검진을 하도록 하는 것 등이 될 수 있다.

사회복지실천에서의 목적과 목표는 명확하다. 개입과정을 통해서 클라이언트가 보다 나은 상태로 변화하는 데 있다. 이와 같은 변화를 목표로 할 때 목표와 관련하여 몇 가지 지침이 필요하다(Hepworth & Larsen, 2006; Johnson & Yanca, 2007; Kirst-Ashman & Hull, 2009).

첫째, 목표는 뚜렷해야 하며 측정 가능한 용어로 되어야 한다. 이는 목표 달성 여부를 평가하는 데 있어 매우 중요한 지침이다. 어떤 결과는 주관적인 판단이 아닌 관찰 가능한 객관성에 의해서 평가가 가능하기 때문이다. 예를 들어, 가족관계 향상보다는 가족 성원 간에 칭찬과 상호격려의 표현을 일주일에 얼마나 하는가 등으로 구체적으로 표현되어야 한다. 그래야만 목표 달성에 대한 객관적 평가가 가능하다.

둘째, 목표는 달성이 가능해야 한다. 클라이언트를 돕기 위해 실현 가능성 없이 소망만 나열하면 클라이언트는 더욱 낙담할 수 있다. 왜냐하면 클라이언트가 사회복지사나 사회복지기관을 찾았을 때에는 자신의 문제에 대해서 누구보다 고민하고 해결하려고 행동하다가 결국 실패해서 온 것이다. 이러한 때 달성이 불가능한 비현실적인 목표를 설정한다면 실망하고 좌절하여 개입을 하지 않은 것보다 못한 결과를 가져올 수도 있다. 따라서 목표는 작더라도 실현 가능하고 클라이언트 스스로 동기부여가 되어 노력할 수 있는 것으로 설정해야 한다.

셋째, 목표는 사회복지사가 자신의 지식과 기술 범위 내에서 다룰 수 있는 것이어야 한다. 목표는 사회복지사의 지식과 기술의 범위 내에서 해결될 수 있어야 한다. 만일 사회복지사의 능력 범위를 벗어난 목표라면 다른 기관이나 동료 또는 전문가에게 의뢰해야 한다. 그리고 상황에 따라서 자신의 지식과 기술 범위를 넘어서더라도 슈퍼비전을 통해서 가능한 지식과 기술 범위 내에서 목표를 설정할 수도 있다.

넷째, 목표는 클라이언트의 성장을 강조하는 긍정적인 형태로 작성되어야 한다. 목표는 가능하다면 긍정적인 용어로 진술되어야 한다. 부정적인 행동을 제거하는 방식은 계속해서 문제라는 범주에서 벗어나지 못해 클라이언트 스스로를 결함 있는 존재로 인식하게 된다. 또한 고통스럽고 부정적인 일의 제거라는 것 이상의 결과를 얻지 못할 수 있다. 만일 긍정적인 형태로 목표 진술이 된다면 희망하는 문제를 제거할 뿐만 아니라 클라이언트의 성장과 같은 유익한 결과를 맺을 수 있다.

다섯째, 목표는 클라이언트가 스스로 목표를 선택하고 집중할 수 있도록 기술되어야 한다. 목표는 클라이언트가 바라는 것과 연결되어서 스스로 동기부여가 되고 목표에 집중할 수 있도록 기술되어야 한다. 목표가 사회복지사나 주위가 바라는 것이 아닌 클라이언트가 원하는 것일 때 성취 가능성이 높다. 예를 들어, 청소년의 진로 선택 과정에서 애니메이션 분야를 목표로 정했을 때 다양한 애니메이션 분야 중 청소년이 원하는 애니메이션의 이야기 구성을 배울 수 있도록 돕는 것이 목표 달성과 성장을 위해서 필요한 일이 된다.

여섯째, 목표가 사회복지사의 권리를 침해하거나 가치에 맞지 않는다면 동의해서는 안 된다. 클라이언트가 요구하는 목표가 사회복지사의 기본적 권리를 침해하거나 사회복지사의 개인적 가치와 다르다면 사회복지사는 목표 설정에 동의해서는 안 된다. 예를 들어, 낙태를 죄악시하는 종교적 신념이 강한 사회복지사에게 클라이언트가 유산을 요구한다고 해서 동의하면 안 된다. 이것은 사회복지사와 클라이언트 모두 실천 개입과정에서 혼란과 곤란에 빠질 수 있다. 따라서 다른 전문가에게 의뢰하여야 한다.

일곱째, 목표는 사회복지 기관 및 시설의 기능과 맞아야 한다. 사회복지사는 대부분 사회복지 기관 또는 시설에 소속되어 일한다. 클라이언트가 원하는 목표는 사회복지 기관 또는 시설의 원칙과 기능 그리고 범위 내에서 설정

되어야 한다. 예를 들어, 사회복지기관을 방문한 클라이언트가 단순히 직업
상담과 구직을 원할 때에는 관련 기관에 의뢰해서 클라이언트가 필요로 하는
서비스를 받도록 돕는 것이 바람직하다.

## 3) 계약

흔히 집을 사거나 팔 때 계약서를 작성한다. 이후 계약서를 통해서 약속된
사항을 이행한다. 이처럼 계약은 서로 합의한 일에 대하여 상호 지켜야 할 의
무를 미리 정해 놓고 약속을 지킬 것을 다짐하는 행위로서 주로 말이나 문서
로 남긴다.

### (1) 계약의 의의

사회복지실천 현장에서 계약은 개입을 통한 변화 노력 계획에 사회복지
사와 클라이언트가 서로 동의하는 것을 말한다. 계약을 통해서 사회복지사
와 클라이언트는 서로 간의 역할을 명확하게 하고 개입방법과 전략 및 기술
에 대하여 합의한다. 이러한 계약은 기본적으로는 권리를 보호하는 한편, 자
율적 선택권을 주어 개입과정에서 클라이언트가 스스로 자신을 통제하고 몰
입시키려고 하는 데 있지만(Kirst-Ashman & Hull, 2009), 사회복지사의 역할과
권리, 한계 및 책임을 명확히 함으로써 사회복지사의 권익도 보장하는 데 의
의가 있다.

사실 정확한 뜻에서 보면 '클라이언트(client)'라는 용어는 사회복지사(사
회복지기관 또는 시설)와 도움을 요청한 잠재적 클라이언트 간에 업무 동의
(working agreement)나 계약(contract)이 이루어졌을 때부터 사용할 수 있다.
계약과 업무 동의는 변화를 위한 노력의 목표를 분명히 하고, 계획적인 변화
활동에 사용되는 방법과 기술을 명확히 하는 데에서부터 출발하기도 한다.

## (2) 계약의 유형

### ① 서면계약

서면계약은 근거가 명확한 공식적인 계약이다. 왜냐하면 사회복지사와 클라이언트가 합의한 내용에 대해서 서명을 한 근거가 남기 때문이다. 계약 내용에는 사회복지사와 클라이언트의 역할, 개입 내용과 방법 그리고 기간 및 조건 등이 제시될 수 있으나 이것은 문제의 성격, 사회복지 기관 또는 시설, 사회문화적 조건에 따라 달라진다. 서면계약은 역할과 책임 소재를 명확히 하고 강력한 동기부여도 될 수 있다는 장점이 있지만, 사회복지실천 상당 부분이 법적 강제성을 내포하지 않는 활동이라는 점에서 자칫 서면계약이 사회복지사의 목표 달성을 의무로 생각하게 하여 법적 책임 등의 분란이 일어날 수 있다. 따라서 사회복지사가 성공적인 목표 달성을 위해서 자의적이고 손쉬운 서비스가 가능한 목표만 설정할 가능성이 크다.

### ② 구두계약

구두계약도 계약으로서의 효력은 서면계약과 크게 다르지 않다. 그러나 사회복지사와 클라이언트 사이의 신뢰가 잘 형성되지 않은 상태에서는 형식적인 절차로 흐를 가능성이 크다. 또한 일반적으로 구두계약은 서면계약에 비하여 신속하고 쉽게 할 수 있으며, 특히 서명에 대해서 저항이 있거나 불신을 가진 클라이언트에게는 유용하다.

### ③ 암묵적 계약

암묵적 계약은 실제 말이나 서면으로 하지 않더라도 사회복지사와 클라이언트 간에 도움과정에서 암묵적으로 합의한 계약을 말한다. 많은 사회복지실천 현장에서는 서면 및 구두 계약보다는 암묵적 계약이 많이 성립된다. 그러나 이 계약의 단점은 사회복지사와 클라이언트 간에 생각이 달라서 서로 다른 내용을 동의한 것으로 이해할 수 있다는 점이다.

### (3) 계약의 내용

#### ① 구체적인 목표와 행동단계 진술
계약의 핵심이다. 측정이 가능한 목표로 진술하고, 누가, 언제, 무엇을, 어떻게 등의 행동단계를 제시해야 한다.

#### ② 개입방법과 기술
일차적 사정 결과(자료 수집 후 목표 설정을 위한 사정)에 따라서 해결하고자 하는 문제 또는 원하는 바를 성취할 수 있는 방법과 기술을 나타낸다. 사례에 따라서 개입을 위한 모델과 이론까지도 적을 수 있다.

#### ③ 시간 조건
개입 기간과 빈도 등을 정해야 한다. 일정한 기간 동안 개입을 할 것인가 아니면 시간 제약을 가진 개입인가를 결정해야 한다.

#### ④ 사회복지사와 클라이언트의 역할
조력자, 중개자, 옹호자, 중재자 등의 사회복지사의 다양한 역할 설정도 중요하지만, 클라이언트가 자신이 바라는 것과 그에 대한 솔직한 감정이나 욕구를 표현하는 역할에 대해서도 기술해야 한다.

## 2. 개입

### 1) 개입의 개념

　계획과 목표 설정을 향해서 실행하는 사회복지실천의 핵심적이고 실제적인 과정이다. 이러한 개입(intervention)은 사회복지 기관이나 시설 그리고 그곳에 속한 사회복지사의 역할과 역량, 경험과 지식 또한 클라이언트가 제기하는 호소내용(문제)의 형태 등에 따라서 여러 가지 접근방법이 있다. 그리고 이것에 따라서 사회복지사의 역할과 다양한 기술이 적용되고 수행된다. 초기 사회복지실천의 기반이 되었던 의학모델에서 개입은 치료(treatment)라고 지칭했다. 치료는 클라이언트가 가진 문제와 욕구를 사회복지사가 갖고 있는 지식과 기술을 통해 해결하는 일방적 방식이다. 이는 클라이언트를 문제를 갖지 말아야 하는데 갖고 있다는 낙인을 전제하거나 열등한 존재로 보는 까닭에 현대 사회복지실천이 추구하는 가치와 환경에 적합하지 않다. 또한 이러한 치료의 과정에 대하여 '개입'이라고 말하게 된 것은 클라이언트(서비스 이용자)가 단순히 치료해야 할 문제를 가진 사람이 아니라 클라이언트의 주변 환경과의 상호작용을 포함한 전체적인 맥락에서 클라이언트에 대하여 접근해야 한다는 의식의 변화가 반영된 결과이다. 즉, 개입과정에서는 클라이언트를 아픈 사람이 아니라 병약하고 문제 있는 체계(환경)에서 스스로 건강을 유지하고자 최선을 다하는 사람으로 인식해야 하며, 이에 따른 실천적 역할을 부여해야 한다. 사회복지사는 클라이언트의 문제체계에 개입함으로써 클라이언트와 동반자적 관계를 형성하여 욕구와 문제를 함께 해결해 나간다. 동시에 클라이언트가 자신의 상황과 문제 그리고 욕구를 주체적으로 해결해 나갈 수 있는 존재로 인식하며, 또한 그러한 방향으로 실천적 과정을 진행한다.

그렇지만 개입이라는 용어도 우리말의 어감으로 보면 사회복지사(원조자) 중심이라는 느낌이 강하다. 실제로는 변화를 향해서 사회복지사와 클라이언트가 함께 움직여 가는 서비스과정을 뜻한다. 따라서 개입은 클라이언트를 돕는 결정적인 변화과정이라고 할 수 있다. 향후 개입보다 더 좋은 용어 발굴이 요구된다.

## 2) 개입의 방법 선택

### (1) 직접적 서비스

클라이언트의 정서적 지지, 인지 구조의 변화, 문제 행동의 변화, 문제 상황과 자원에 대한 통찰력 향상을 목적으로 하여 클라이언트를 대상으로 실시하는 서비스와 클라이언트의 사회적 기능에 중요한 의미를 지니는 사람들(부모, 교사, 배우자 등)의 태도 변화를 목적으로 하는 서비스 등이 포함된다.

직접적 서비스는 주로 면담기술에 기초한 개별상담이나 개별지도, 집단지도, 가족치료 등의 방법에 의해서 제공된다.

- 개입모델: 실존모델, 행동모델, 가족치료모델, 심리사회적 모델, 정신분석, 클라이언트 중심의 형태치료(gestalt therapy), 놀이치료, 의사거래분석, 현실치료, 심리극 등

### (2) 간접적 서비스

환경적 지원을 목적으로 한 활동으로서 클라이언트를 위해 사회 자원이나 서비스를 직접 제공하거나 연결해 주는 활동, 클라이언트와 관련된 조직이나 기관의 조정, 제도나 프로그램의 변화 등이 속한다. 이를 위해서 행정, 사회계획, 정책, 평가의 방법이 활용된다.

• 서비스 모델: 지역사회 조직, 재정 및 인력 관리, 정책 분석, 프로그램 평
  가, 사회 행동

### 3) 개입(문제해결)방법

인간이 가진 문제는 상당 부분 기본적 욕구(의식주) 및 안전, 교육 등 인간을
둘러싼 환경에 대한 부조화에서 비롯된다. 그렇지만 이러한 필수적이지만 외
형적인 욕구는 개인의 내적이며 관계적 문제와 밀접한 연관성을 갖는다. 예를
들어, 한 가정이 소득의 부족과 불충분으로 인해 가난의 나락으로 빠졌다고
하자. 그 가정에 소득을 보전해 준다고 해서 이전의 상태로 돌아가기는 쉽지
않다. 왜냐하면 가난에 빠지는 과정에서 이미 가족 구성원의 심리적 · 사회
적 문제가 발생할 수 있기 때문이다. 그렇지 않을 수도 있겠으나 가난해지는
과정에서 부모 간에 갈등이 발생할 수 있고, 자녀에게도 가출 등의 어려움이
생기며, 이웃과도 관계적 갈등이 적지 않게 일어날 수 있기 때문이다. 따라
서 인간의 물리적 문제는 심리, 사회적 문제와 연결되는 것을 어렵지 않게 볼
수 있다. 이에 사회복지에서는 인간의 기본적 욕구를 둘러싼 물리적 환경의
조정을 정책과 제도의 측면에서 접근한다. 따라서 사회복지실천에서는 심리
적 · 정서적 · 사회적 · 관계적 문제와 함께 물리적 어려움이 동시에 발생하
고 심리사회적 문제를 주로 다룬다.

이러한 문제해결을 위한 개입과정에서는 사례에 따라 다양한 접근방법이
적용된다. 행동수정모델, 위기 개입 접근방법, 과제 중심 접근방법, 시스템에
기초한 가족요법적인 접근, 생태학적인 접근, 사회구성주의적 접근 등의 다
양한 접근방법을 취하고, 일반주의적인 서비스 이용자가 주체적으로 문제를
해결할 수 있도록 경우에 따라서는 옹호 기능을 활용하기도 한다.

## 4) 개입의 예시

전문적 도움은 서비스 이용자, 환경, 서비스 이용자와 환경의 상호관계에 따라 움직이는 것이고, 그 서비스 이용자의 환경으로서 당연한 일이면서 사회복지사 자신은 원조기관도 포함한 전체적인 상호영향과정을 보는 것이다. 여기서는 개입과정의 다양한 모델 중 사례를 중심으로 몇 가지 적용방법을 제시하겠다.

인간의 문제는 크게 두 가지로 구분할 수 있다. 하나는 내적인 욕구와 문제 때문에 발생하는 부분이고, 다른 하나는 다른 사람과의 관계와 상황에서 일어나는 문제이다.

직접적 개입은 주로 클라이언트의 사고와 정서 그리고 행동의 변화를 유도함으로써 문제를 완화하거나 해결 또는 도움을 주는 일이다. 비록 사고와 정서, 행동은 유기적인 상호관련성을 갖고 있기 때문에 이 중 어느 한 요소에서 장애가 생기면 다른 요소에도 영향을 준다. 예를 들어, 기분이 나쁜 날은 보이는 모든 사물에 대해서 부정적으로 생각하게 되며, 그에 따라 바람직하지 않은 행동을 할 때가 많다. 등교 전에 어머니에게 꾸지람을 들은 청소년이 기분이 언짢아 학교를 가다가 길가에 놓여 있는 돌멩이를 차서 발목이 골절되는 부상을 입은 경우를 보자. 이는 그 청소년의 감정에 따라 행동의 부정적 결과까지 나타난 예라고 볼 수 있다. 이러한 사고, 정서, 행동의 유기적 관계는 문제를 해결하는 데 긍정적으로 활용할 수 있다. 즉, 어려움에 처한 경우에 이들 중 한 가지 요소에 집중적으로 개입함으로써 자연스럽게 나머지 요소를 풀어 낼 수 있다는 것이다.

관계적 개입은 다른 사람과의 만족스럽지 못한 관계 또는 문제 상황과 연결되는 관계 속에서 일어난다. 세입자인 클라이언트가 집주인과의 집세 문제로 갈등을 겪는 상황에서 경제적인 문제뿐만 아니라 교류하는 과정에서 일어나는 감정과 정서가 동반된 관계의 문제는 단순히 집세 문제가 해결된다고 풀리지 않는다. 따라서 다른 사람과의 관계에서 나의 생각과 정서를 정확하고 왜곡되지 않게 그리고 상대를 비난하지 않고 전달하는 방법과 나 자신의 위치와 태도를 정하는 일 등은 관계 상황의 문제를 풀어 나가는 동시에 자신의 사회기술 역량을 높이는 결과로 이어질 수 있다.

여기서는 사례를 중심으로 직접적 개입과 관계적 개입의 적용방안을 살펴본다.

## (1) 심리사회모델의 적용

### 사례 1

헌우는 18세 여학생이다. 2녀 중 장녀이다. 아버지는 일찍 돌아가시고 어머니의 봉제기술로 근근이 살아간다. 헌우는 자신이 소극적이고 내성적인 성향을 가졌다고 스스로 느낀다. 고3인 헌우는 지역에 있는 대학도서관에서 공부하는 일이 자주 있었다. 집보다 편한 느낌이고 왠지 대학생을 보면 진학에 대한 동기부여도 되는 듯했다. 어느 날 헌우는 대학도서관에서 공부를 하다가 나오는 길에 자신도 모르게 어떤 책상에 있는 고급 펜과 지갑을 훔쳤다. 문 앞에서 다른 학생에게 발견되었으나 잠시 주의만 받은 채 돌아올 수 있었다. 헌우는 고민했다. 자신이 왜 물건을 훔쳤는지 이해가 되지 않았다. 그렇게 비도덕적인 사람은 아니라고 생각했고 집안이 어렵지만 남의 물건을 탐할 만큼 쪼들리지도 않았다. 어머니는 헌우를 위해서라면 많은 지원을 아끼지 않았다.

그런 일이 있은 후 얼마간 대학도서관 출입을 자제했으나 곧 잊어버리고 또 다시 대학도서관에서 공부하기 시작했다. 몇 번을 방문하다가 어느 날 공부를 마치고 나오는 순간 옆 자리에 있는 지갑을 들고 나왔다. 이번에도 문 앞에서 어떤 학생에게 발각되었다. 공교롭게도 그 학생은 지난번 헌우에게 주의를 주었던 학생이었다. 그 학생은 헌우를 데리고 대학 내 경비실에 자초지종을 설명하고 인계하였다. 졸지에 헌우는 상습범이 되었다. 경비요원은 법적 처벌 이전에 부모를 모시고 오면 사정을 듣고 용서해 줄 수 있다며 며칠 내로 부모와 함께 찾아오라고 하면서 헌우의 인적사항을 적고 돌려보냈다.

헌우는 고민이 되었다. 자기가 남의 물건을 훔친 사실을 알면 어머니의 실망이 클 것이며, 도둑질한 자신도 스스로를 이해할 수 없었다. 고민 끝에 헌우는 사회복지기관에 찾아갔다.

헌우를 면담한 사회복지사는 헌우의 개인력과 가족력에 대한 질문을 하던 중 의미 있는 이야기를 들었다. 헌우가 초등학교 3학년인 7년 전에 세탁소를 하던 아버지가 집안에서 분신자살한 광경을 목격하였는데, 바로 그날 오후부터 초경을 시작하였다는 것이다. 그래서 매달 생리를 할 무렵만 되면 이유 없이 초조하고 불안한 감정을 억누를 길이 없었으나, 누구에게 말을 할 수 없는 상황이고 다른 여자들도 다 비슷할 것이라고 생각했다. 왜냐하면 친구들도 생리 때 귀찮고 힘든 경우가 많다는 이야기를 들었기 때문이다.

사회복지사는 아버지의 분신자살 광경 목격과 헌우의 초경과의 관계에서 어릴 때 강렬하게 가진 불안감을 극복하지 못한 상태라는 것을 알았다. 사회복지사는 잠깐 동안 헌우의 어린 시절 이야기를 하면서 불안의 원천에 대해서 이야기했다. 그것을 통해서 스스로 감정 정화의 실마리를 찾도록 하였고, 또한 통찰력을 갖도록 하였다. 일차적으로 헌우의 문제해결을 위해서 경비요원에게 상담한 내용을 말하도록 권유하였고, 그 이야기를 들은 대학의 경비요원은 헌우의 상황을 이해하였다. 이후 헌우는 도벽 사실이 아니라 자신의 불안한 감정을 어머니에게 말하였고, 헌우와 어머니는 지속적으로 상담실을 찾아서 문제의 근원을 해결하려고 노력하였다.

앞의 사례는 병적 도벽의 전형이라고 볼 수 있다. 아버지의 죽음으로 인한 충격과 함께 찾아온 초경의 불안감이 맞물려서 도벽이 발생했던 것이다. 즉, 청소년기까지 자신도 강하게 인지하지 못했던 충동 해소의 병리적 방법으로써 자신의 생리 기간에 자신의 의지와 상관없이 다른 사람의 물건을 훔치게 된 것이다.

이 사례에서처럼 심리사회모델의 핵심은 인간을 생리적 · 심리적 · 사회적 · 경제적 · 문화적 상황을 포함한 포괄적인 시각인 '심리사회적'으로 본다는 것이다. 원천적으로 이 모델에 영향을 준 것은 정신분석이론이다.

이 사례에서는 심리사회모델의 핵심 기법인 지지기법을 사용하였다. 클라이언트인 헌우의 불안을 감소시키기 위해서 그의 이야기를 경청하고 수용했으며 불안 감정을 재보증했다. 이러한 사실은 정신분석에서 활용하는 클라이언트의 과거력(personal history)을 통해서 잠재된 불안의 근원을 발견한 것이다. 클라이언트와 친밀한 관계 정립을 통해서 문제해결의 동기를 높이고, 궁극적으로 현재 문제를 해결하기 위한 지시적 기법도 사용하였다.

　결국 이 사례에서는 하나의 문제에 대한 원인을 통해서 자신의 의도적이고 의식적인 문제 발생이 아닌 과거의 어떤 현상에 사로잡혀 있는 불가피한 문제를 이해하도록 하는 데 일차적인 출발점이 된다. 그런 다음 부정적 정서가 사회 환경적 상황과 맞물린 상황을 풀어 나가기 위해서 사람과 상황을 클라이언트 스스로 지각하고 문제에 대해서 부딪힐 수 있는 정보를 제공하고, 클라이언트 스스로 변호하고 올바른 방향으로 행동할 수 있는 힘을 부여한다.

　실제적으로 심리사회모델은 사회복지실천의 전통적인 모델이지만 오늘날에도 인간을 보는 관점의 제공이나 상담, 지시 및 인간의 상호작용에 대한 논리적 토론 및 역할놀이 등을 활용하는 기법과 과정은 사회복지실천의 기본이 된다고 해도 지나친 말이 아니다.

---

심리사회모델의 개입기법

○ 지지기법

클라이언트의 현재 감정과 행동을 지지하여 불안을 감소시키고 문제해결의 동기를 촉진하여 실천관계를 수립하는 기법이다. 주로 경청, 수용, 선물 주기, 신뢰감의 표현 등이 활용된다.

○ 지시기법

클라이언트가 취해야 할 태도와 행동의 방향에 대해 직접적인 지시를 하는 기법이다. 클라이언트가 스스로 행동할 수 없는 경우에 사용하는 불가피한 도움방법으로 볼 수 있다. 사회 생활 기능에서 장애가 되는 요인을 제거하는 데 목표를 두는데, 지시기법의 경우에는 클라이언트와 긍정적 관계가 확고하고 클라이언트에 대한 지식이 확실한 경우에 사용한다. 주로 직접 조언, 사회복지사가 제안하는 가능한 행동, 클라이언트를 옹호하는 행동 등이 활용된다.

○ 정화법(ventilation)

클라이언트를 이해하려는 목표와 함께 클라이언트가 갖고 있는 감정(주로 부정적 감정)을 표출하도록 함으로써 긴장을 완화하는 데 목표를 갖는다. 단, 스스로를 학대하는 자학적 성향의 사람과 정신적인 문제가 있는 사람 그리고 감정상태가 아주 격해 있거나 불안감이 높아질 가능성이 있는 사람에 대해서는 매우 조심스럽게 사용해야 한다. 주로 언어를 통한 상호교류로 감정을 풀어 내기, 화제를 전환하기, 초점을 명확히 하기 등이 활용된다.

○ 사람과 상황의 상호작용에 대한 반성적 고찰

심리사회모델 개입의 핵심 기법이다. 클라이언트가 갖고 있는 문제나 욕구에 대해 보다 더 이해를 하고, 그것을 통해 행동의 긍정적 변화를 유도하기 위해 클라이언트가 현재 바람직하지 못하게 받아들이고 있는 자신과 환경 그리고 환경 속의 자신의 상황을 현실적으로 파악하도록 하는 데 목표를 둔다. 물론 클라이언트가 자신과 상황을 살펴볼 수 있는 준비와 능력의 범위 내에서 사용한다. 주로 논리적 토의와 설명, 일반화, 행동의 시범, 역할놀이(role play), 정보 제공, 대결, 명확화, 교육, 요약 등의 기법이 활용된다.

이외에도 자신의 퍼스낼리티(personality)의 형태와 특징, 역동성을 살피는 반성적 토의와 현재의 문제를 해석하고 변화 촉진을 위해 유아기에 있었던 문제와 현재 행동 사이의 인과 관계의 연계를 클라이언트가 깨닫게 하는 유아기의 발생적 고찰의 기법도 활용된다.

○ 환경 조정(간접기법)

앞서 제시한 클라이언트와 대면 등을 통한 직접기법과는 달리 클라이언트를 둘러싼 인적·물적 환경과 관련한 문제를 해결하는 데 목표를 둔다. 심리사회모델에서 초기보다 오늘날에 환경 조정기법은 생태체계이론, 임파워먼트이론의 등장과 확장으로 인해 더욱 강조되고 있다. 즉, 클라이언트의 내면의 변화를 통한 문제 해결 못지않게 때로 더 중요한 것이 클라이언트와 그의 가족 그리고 그가 갖고 있는 문제를 둘러싼 환경을 조정하고 변화시키는 일이다.

## (2) 임파워먼트 접근: 자아존중감

---
**사례 2**

기영은 대학 3학년에 재학 중인 여성이다. 평소 외모에 신경 쓰지 않고 다니는 기영은 남학생들로부터 여성이 아닌 남성으로 취급받았다. 그래서 후배들에게도 '언니'나 '누나'보다는 '형'으로 불리는 때가 더 많았다. 기영 스스로도 자신이 여성스럽거나 이쁜 외모를 가진 사람이라고 생각하지 않았다. 그러나 기영도 내심 남학생으로부터 여성으로 인정받고 관심을 받고 싶은 마음이 있었다. 겉으로는 그래도 생활하는 데 지장이 없다고 자위하고 있었으나 속으로는 맘이 상했고 여성으로서의 자신감을 점차 상실해 갔다. 그럴수록 기영은 남성처럼 행동하고 있었다. 어느 날 기영은 친하게 지내는 같은 학교 여학생에게서 다른 학과 남학생이 기영에게 관심을 보인다는 말을 들었다. 처음에는 장난인 줄 알고 웃어넘겼던 기영은 계속되는 남학생의 관심으로 인해 마음에 동요가 일었다. 기영도 그 남학생이 누구인지 알고 있었으며, 대학교가 크지 않았기에 학과는 달라도 유사한 과목을 듣는 때도 있었다. 기영은 그 날부터 옷차림과 화장에 신경을 쓰기 시작했다. 그러자 처음에는 기영의 변신에 의아해하며 놀리던 주변의 남학생들도 호기심만 보이더니 어느 순간부터는 기영에 대하여 이성에 대한 적극적인 관심을 표하기 시작했다. 어느새 그동안 기영에게 열등감을 주어 왔던 작은 키는 남학생들에게 귀여움의 상징처럼 되었고, 기영도 점점 자신감을 갖고 학교를 다녔다. 3학년이 끝날 무렵 기영의 주변에는 '형'이라고 부르는 사람이 없어졌고, 이곳저곳에서 데이트 신청이 물밀 듯이 들어왔다.

---

사례에서 볼 수 있듯이 임파워먼트 접근에서 자아존중감(self-esteem)은 매우 중요한 요소이다. 자신에 대해서 좋은 감정을 갖는 사람은 적극적이고 위기 대처능력을 갖고 있으므로 새로운 행동을 시도할 수 있다. 또한 성별, 신체 조건, 능력 등은 자아존중감과 상호 밀접한 관련을 갖고 있다. 우리가 클라이언트를 도울 때 클라이언트가 자신의 삶에 작용하는 힘의 역동성을 확인하는 방법을 탐색함으로써 스스로의 낮은 자아존중감을 이해할 수 있다. 그리고 자아존중감의 역동성을 이해하는 것은 다른 사람들의 자존감을 지지하고 강화하는 데 도움이 된다.

이러한 자아존중감을 형성하기 위해서는 다음과 같은 노력이 도움이 된다
(Walz & Bleuer, 1992).

- 스스로 행동을 주도한다.
- 삶의 장은 학교, 직장, 친구, 가족, 자신의 외모와 신체, 그리고 재산으로
  구성된다. 따라서 이것을 충분히 활용한다.
- 자존감을 증진시킬 수 있는 감성, 행동, 인지 그리고 환경에 접근한다.

이러한 자아존중감과 비슷하게 자기효능감이 있다. Bandura(1982)에 따르
면 자기효능감(self-efficacy)은 어떤 행동을 성공적으로 수행할 수 있다는 신
념을 말한다. 사례에서 볼 수 있듯이 자기효능감에 관한 지각은 한 개인이 추
구하거나 피하려고 선택하는 활동에 영향을 미쳐서 결과적으로 그가 누구인
지, 그가 무엇이 될 것인지를 결정한다. James(1990)는 자기효능감을 도식으
로 표현하였다. 즉, 자기효능감 = 성공/요구(목표)라고 표현하였다. 따라
서 목표를 향해 성공할 확률을 높이거나 목표 자체를 낮추는 두 가지 방법이
있다고 보았다.

### (3) 합리적 정서행동모델 접근: 비합리적 신념과 싸우기(Rational Emotive Behavior Therapy: REBT)

**사례 3**

영철은 개를 싫어하는 수준을 넘어서 무서워한다. 작은 강아지도 영철에게는 위협적인 존
재이다. 영철이 개를 싫어하게 된 이유는 초등학교 시절에 다른 집에 놀러갔다가 커다란 개
에게 뒷다리를 물린 경험이 있었기 때문이다. 그 후로 영철은 개만 보면 도망갔다. 어린 시절
에 영철은 개가 왜 자신을 쫓아오는지 이해하지 못했다. 무서워서 도망가는 영철을 보고 개

는 계속 짖으면서 쫓아왔다. 어른이 되어서 영철은 개가 왜 자신을 쫓아왔는지 이해하게 되었지만 여전히 개는 무섭고 싫다. 그로 인해 지금도 시골에 사는 영철은 지름길을 놔두고 돌아서 가는 등 일상생활까지 지장을 받은 적이 많다. 이러한 영철에게 사회복지사는 인지행동요법에 대한 강의를 했다. 그리고 반드시 '모든 개가 무섭다'라는 비합리적 신념으로부터 벗어나기 위한 방안들에 대해서 함께 고민하고 논박하였다. 아직도 영철은 개에 대한 혐오와 공포감이 있지만 이전보다는 많이 나아지고 있다.

앞의 사례에서 보는 바와 같이 우리는 수많은 비합리적 신념을 갖고 살아간다. 합리적–정서적 상담이론을 주창한 Ellis는 다음의 열한 가지를 비합리적 신념의 대표적 유형으로 제시하였다.

- 모든 사람으로부터 반드시 사랑받고 인정받아야 한다.
- 모든 면에서 반드시 유능하고 성공적이어야 한다.
- 해를 끼치거나 부당한 사람이 있다면 그 행위는 반드시 비난 받거나 처벌 받아야 한다.
- 일이 바라는 대로 되지 않는 것은 끔찍스러운 파멸이다.
- 불행은 외부 환경 때문이며, 인간의 힘으로서는 그것을 통제할 수 없다.
- 어떤 일이 위험스럽거나 두려운 것으로 보이면 그 일에 압도당하고 불안해야 한다.
- 인생에 있어서 어떤 난관이나 책임을 직면하는 것보다는 회피하는 것이 더 쉽다.
- 타인에게 의존해야만 하고, 자신이 의존할 만한 더 강한 누군가가 있어야 한다.
- 현재의 행동과 운명은 과거의 경험이나 사건에 의하여 결정되며, 여기서 벗어날 수 없다.
- 주위의 어떤 사람에게 불행이 생겼을 경우, 나도 압도당하고 당황해야

한다.

- 모든 문제에는 완벽한 해결책이 있으며, 그것을 찾지 못한다면 그 결과는 파멸이다.

앞의 사례에서 클라이언트는 '개'에 대해서 비합리적 신념을 갖고 있다. 이와 같은 비합리적 신념과 싸워서 합리적 신념으로 바꾸는 것이 이 모델의 핵심적 방법이다.

Ellis는 부적절한 정서는 일반적으로 '반드시' '꼭' '절대로' 등의 절대적인 명령이나 요구같은 비합리적 신념에서 나온다고 보았다. 이러한 부적절한 정서는 개인이 싫어하는 조건을 바꾸도록 돕기보다는 오히려 조건을 악화시킨다. 따라서 합리적인 신념에서 비롯되는 '~하기를 바란다' '~하기를 원한다' '~하기를 더 좋아한다' 등의 적절한 정서로 전환시켜야 한다는 것이다.

---

ABCDE 이론

비합리적 신념을 합리적인 신념과 적응적 정서로 바꿀 수 있는 것인가를 설명해 준다.

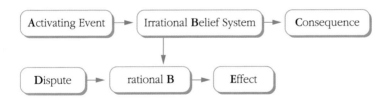

- A: 개인에게 정서적 혼란을 일으키는 사건. 예를 들어, 시험에 떨어졌다든지, 실직, 상사에게 꾸지람을 듣는 등 인간의 정서를 유발하는 사건
- B: 어떤 사건이나 행위 등과 같은 환경적 자극에 대해서 개인이 갖게 되는 태도 또는 사고방식. 여기에는 합리적 신념과 비합리적 신념이 있다.
- C: 선행사건에 접했을 때 비합리적 태도 또는 사고방식을 가지고 그 사건을 해석함으로써 느끼는 정서적 결과. 대개의 경우 지나친 불안, 두려움, 비판, 죄책감, 원망 등 비합리적 정서나 감정을 느낀다.

- D: 자신이 갖고 있는 비합리적 신념이나 사고에 대해 도전해 보고, 과연 그 생각이 사리에 맞는 것인지를 다시 탐색하도록 사회복지사가 촉구하는 것
- E: 클라이언트가 가진 비합리적 신념을 철저하게 논박함으로써 합리적 신념으로 대치한 후에 느끼게 되는 자기수용적인 태도와 긍정적인 감정의 결과

### 논박(dispute)의 유용성

- 논박의 본질은 비합리적인 생각을 변화시키는 데 있다.
- 논박은 클라이언트가 도움을 받을 준비(동기)가 충분할 때 실시한다. 즉, 변화과정에 적극적으로 참여할 때 실시한다.
- 논박하는 데에는 상당한 시간과 다양한 방법, 지속적인 노력 그리고 열정이 요구된다.
- 논박은 개입과정에서 반복적으로 일어날 수 있다.
- 논박은 클라이언트의 근본적인 신념 구조까지 다루기 때문에 어려운 작업이다.

### 인지적 왜곡

- 이분법적 사고
- 과잉일반화
- 편견
- 증거 없이 타인을 부정적으로 봄
- 긍정적인 점을 평가 절하
- 의미 축소
- 불행을 확실히 일어날 사실처럼 예견
- 정서, 감정을 사실로 추론
- 파멸로 생각
- 낙인 찍기
- 타인의 부정적 행동 및 감정을 자기 때문으로 주관적 해석

우리가 통제할 수 있는 것과 통제할 수 없는 것

〈사례 1〉

영희는 위탁가정에서 살고 있는 7세 된 여아이다. 영희는 주의가 산만하고 학습장애까지 겪고 있다. 지능지수는 매우 낮은 수준이다. 영희는 가정폭력이 심한 가정에서 자랐다. 아버지와 어머니는 알코올 중독자였고, 특히 아버지는 성적 폭력도 있었는데 포르노물을 제작하기도 했다. 영희가 어렸을 때, 아버지가 제작하는 포르노물 스튜디오에 놀러 갔다가 그곳에서 젊은 남성들에게 성추행을 당했는데, 아버지는 그것을 비디오로 제작하였다. 그 후 5세에 간신히 위탁가정에 맡겨진 영희는 여전히 끔찍한 환경에서 벗어나지 못하고 있다.

치료를 시작한지 1년이 지나 8세가 되어 학교에 입학하게 된 영희는 상담자를 찾아왔다. 상담자는 영희에게 실생활에서 일어날 수 있는 여러 상황에 적용할 수 있는 개념들을 가르쳤다. 영희에게 회복탄력성을 심어 주기 위해 노력했다.

상담자는 영희에게 이렇게 물었다.

"바다에서 해변으로 밀려오는 파도를 멈추게 할 수 있니?"

"아니요. 아무도 파도를 멈추게 할 수 없겠죠."

"소풍을 갔는데 비가 오는 거야… 그 비를 멈추게 할 수 있어?"

"아뇨, 멈추게 할 수 없을 거예요."

영희는 의아해서 상담자에게 물었다. "왜 그런 이상한 질문을 계속 하세요?"

상담자는 다시 물었다.

"그럼 영희는 학교에 등교할 때 무엇을 입고 갈지 스스로 결정할 수 있어?"

"그럼요."

"또 어떤 텔레비전 프로그램을 볼 지 결정할 수 있어?"

"예…자주는 아니지만요."

그 후 상담자는 영희와 함께 영희가 통제할 수 있는 것과 통제할 수 없는 것에 대해서 이야기를 나누었다. 그러고는 예전의 일에 대해서 조심스럽게 물었다. 포르노물을 제작하는 스튜디오에서 다른 남성에게 당했던 일들이 파도와 같이 통제할 수 없는 것인지, 아니면 등교할 때 옷을 결정하는 것인지 생각하도록 했다.

한참 지난 후 영희는 대답했다. "그 일은 파도와 같아요."

상담자는 영희가 통제할 수 있는 것과 통제할 수 없는 것의 차이를 이해하는 것이 영희가 정신외상을 극복하고 건강을 되찾는 데 도움이 된다고 판단했다. 영희는 더 이상 자신이 나쁜 아이라고 생각하지 않았다. 끔찍한 일을 당할 당시에 영희는 자신이 아버지와 젊은 남성을 통제할 수 없는 5세에 불과한 어린아이였다는 것을 이해했기 때문이다. 영희는 아버지의 나쁜 행동도 통제할 수 없었다. 그러나 지금은 이전의 일에 대해서 어떻게 생각할 지는 영희 스스로 통제할 수 있다. 영희는 현재 부모님과 같이 생활할 때와 같은 처지에서 벗어나기 시작했다. 학교에서의 성적이 오르고 지능지수를 다시 측정하자 정상치인 110이 나왔다. 상담자는 치료가 영희의 지능지수를 높여 준 게 아니라, 영희의 재능과 능력을 방해하고 있던 장애물을 없애 준 것이라고 생각했다. 그 후 영희는 모범생이 되었고, 고등학교를 나와서 대학에 진학했다. 그리고 직장을 잡았고, 최근에는 남자 친구도 사귀고 있다.

앞의 사례는 일어난 행동과 상황에 대해서 합리적으로 대처할 수 있는 기술을 가지고 있다는 것이 중요함을 보여준다. 영희는 처음에는 아버지의 행동에 대해 자신을 탓하고 있었다. 이를 극복하기 위해서는 그 상황이 어쩔 수 없는 것이었다는 사실을 받아들여야 했다. 영희는 당시에 그 상황을 통제할 수 있는 힘이 전혀 없었다. 그것은 영희의 잘못이 아니었다. 그러나 시간이 어느 정도 지난 후 그 일에 대해 어떻게 생각하고, 그 일로부터 어떻게 벗어날지는 영희가 통제할 수 있는 일이다. 주목해야 할 것은 바로 이 점이다.

〈사례 2〉

철수의 이야기이다. 철수는 36세이다. 늘 미소를 짓는 인상을 갖고 있는 철수의 어린 시절은 어머니가 심한 알코올중독으로 인한 정신질환을 앓았다. 그로 인해 어머니는 자신이 운영하던 미용실을 잃었고, 그 다음에는 집을 잃었고, 그 후 거의 모든 재산을 잃었다. 가족은 지방의 소도시로 이사를 갔다. 철수의 어머니와 양아버지는 환락가에서 생활하게 되었다.

철수는 비참하고 절망적인 환경에서 5년 넘게 살았다. 10대였던 그는 아무도 신경쓰거나 돌봐 주는 사람이 없었다. 그는 아무 곳에서나 먹고 잤다. 조직폭력배들이 득실거렸던 주변 환경에서 살인도 목격했다. 우연히 그곳에 있다가 칼로 찔린 적도 있었다. 또한 어머니와 양아버지가 처음 보는 사람과 따로 자는 것도 목격했다. 한 번 나가면 잘 돌아오지 않는 부모님을 하염없이 기다린 적도 있었다. 부모에게 철수는 늘 투명인간이었다. 그 후 대도시로 나갔지만 이미 부모님은 경제적 능력을 상실했고, 다시 일하려는 의욕도 가지고 있지 않았다. 철수는 아르바이트로 돈을 벌었다. 철수가 유일한 가정의 수입원이었다. 때로는 부모님의 보호자 노릇을 하기도 했다.

철수는 이렇게 말했다.

"나는 세상에 대해서 무척 화가 나 있었어요. 그래서 다른 청소년들과 몸싸움도 자주했고, 걸핏하면 파출소에 끌려가기도 했죠. 폭행혐의로 또는 절도혐의로 말입니다. 그래서 교도소에도 2번 갔어요. 참 아무 생각 없이 살았지만 그래도 내 앞날이 어떻게 될지 정도는 알았어요. 그 당시에는 20살이 넘어서는 죽거나 교도소에서 있을 거라고 생각했어요. 그러던 10대 후반 어느 날 이러한 생각이 불현듯 스쳤어요. 더 이상 이렇게는 못살겠다. 그 후 짐을 싸서 집을 나왔어요. 그리고 우연히 목사님 가정에서 생활하게 되었어요. 그곳에서 세상에 태어나 처음으로 안정된 생활을 하고 가정의 따뜻함을 경험할 수 있었어요. 그리고 자연스럽게 신앙을 갖게 되었고 신학을 공부한 후 전도사가 되었어요. 그러나 신앙에 회의를 느끼고 일반 대학으로 편입을 했어요."

철수는 자신의 인생에 결정적 계기를 만들어 준 책 중 마르쿠스 아우렐리우스의 『명상록』에서 한 문장을 제시했다.

"세상사에 대해서 짜증내지 마라. 세상사에 짜증내 봐야 소용없다."

이 문장을 보고 철수는 외부와 상황은 내가 받아들이지 않는 한 나를 통제할 수 없으며, 내가 통제할 수 있는 것은 유일하게 나 자신이라고 깨달았다.

지금 철수는 회사에 다니면서 결혼도 해서 행복하게 살고 있다. 양아버지는 죽고 어머니만 살아 있지만 별다른 교류를 하지 않고 살아간다.

"어느 날 어머니를 찾아갔어요. 나는 눈물을 흘리면서 어머니에게 왜 내 청소년기에 그런 상황 속에서 생활할 수밖에 없었는지 물었어요. 어머니는 이상하다는 표정을 지으며 다들 그렇게 사는 것이지 왜 유난을 떠는지 이해가 안 간다고 했어요. 여전히 어머니는 알코올에서 벗어나지 못하고 있었어요. 그러고는 어머니와 교류는 거의 안하고 있어요. 가끔 전화통화를 하지만 서로 무미건조하다고 느끼고 있어요."

이 사례에서 만일 철수가 자신의 끔찍한 어린 시절을 변명 삼아 삶이 망가지게 놔 둘 수도 있었을 것이고, 자신의 처지에 대해서 불평하며 피해 의식을 키웠을 수도 있다. 철수는 우리 삶에는 우리가 어찌할 수 없는 것들이 많다는 것을 알게 되었다. 우리의 과거가 그렇고 다른 사람들의 행동이 그렇다. 다른 사람들의 문제 때문에 자신을 비참하게 만드는 건 의미가 없는 일이다. 또한 다른 사람들의 행동을 구실로 자신의 생각, 행동, 삶에서 일어나는 중요한 선택에 대한 책임을 피할 수는 없다. 철수는 자신이 부모와는 다른 선택을 할 수 있는 힘이 있다는 걸 깨달았고, 실제로 그렇게 했다.

## (4) 경계 설정

> **문제**
>
> 인간은 관계적 동물이다. 태어나면서 죽을 때까지 인간은 수많은 관계를 맺으면서 살아간다. 이와 같이 관계는 인간의 삶에 있어서 필수불가결한 요소이다. 그러나 대인관계가 넓고 다양한 사람과 깊이 있는 만남을 한다고 좋은 것만은 아니다. 좋은 관계는 관계의 연속에서보다는 철저한 자기의 심리적 공간을 관리하는 데에서 나온다. 왜냐하면 인간은 관계적 동물인 동시에 자기만의 세계를 구축해 나가는 개성이 있는 존재이기 때문이다. 따라서 인간은 가족과 친구 그리고 이웃 등이 자신의 극히 사적인 영역에 들어가려면 거부한다. 정상적인 인간은 하나의 체계로서 자신과 타인 및 환경과의 적절한 경계를 설정하고 조절하며 살아가기 때문이다.

### ① 경계 설정의 필요성

사람 사이에 어떤 관계가 바람직할까? 부부나 가족 또는 친한 친구관계에서는 마음이나 신체적 거리가 가까울수록 편안함과 따뜻함을 느낀다. 하지만 낯선 사람과는 조금은 떨어져야 자신의 마음과 신체가 안락하고 보호받고 있다고 생각한다. 이렇듯 관계가 좋으면 가까운 거리감을 갖지만 관계가 좋지 않으면 먼 거리감을 느낀다.

그런데 사람은 관계의 존재이면서 또한 자신만의 영역을 소중히 여긴다. 아무리 친한 사이라도 항상 내 마음과 생각 그리고 행동을 낱낱이 보여 주기는 부담스러워한다. 사람마다 자신만의 갖고 있는 사적인 세계가 있고, 그 세계는 필요에 따라서 드러내야 편안하다. 그래서 옛날부터 부부간에도 서로 지켜야 할 관계, 예의와 도리가 있었다.

그러면 관계를 맺는 대상에 따라 갖는 바람직한 관계 설정은 어떻게 해야 할까? 그것은 내가 물리적·정서적·심리적 거리감의 기준이 되는 경계를 설정하는 것이다. 즉, 적절한 경계 설정을 한 후에 관계를 맺는 사람에게 그 경계의 중요성과 수준을 알려 주는 것이다. 사람에 따라서, 상황과 장소에 따라서 경계를 설정하고, 그에 따른 사회적 거리감(social distance)을 가져야 한다. 그럴 때 '나'를 지키고 '남'을 배려하며 서로 존중하는 관계를 맺을 수 있다.

② 경계 설정의 기술

- 경계나 제한은 화내거나 합리화하거나 사과하는 것이 없이 명확히 설정해야 한다. 자신의 경계를 설정하는 데 있어 머뭇거리거나 경계 설정으로 인해 다른 사람에게 미안해한다면 이미 경계는 위협받고 있는 것이다. 따라서 "내가 없는 동안에 당신이 내 방에 들어오지 않았으면 한다." 라고 명확하게 말해야 한다.
- 경계를 설정하고 동시에 다른 사람의 감정까지 돌본다는 것은 상호배타적이다. 경계는 나의 공간을 만드는 일이다. 이러한 상황에서 상대의 감정까지 돌보면서 경계를 설정하는 것은 곧 상대가 경계를 싫어하거나 거북해하면 무너뜨릴 수 있다는 신호를 준다.
- 수치심, 거절감 또는 두려움이 들더라도 경계를 설정하는 것은 중요하다. 사람들은 그들이 이용할 수 있는 사람은 이용하고 그럴 수 없는 사람은 존경한다.
- 화내고 분노하고 불평하는 이유는 경계가 침범되었기 때문이다. 내가 지금 다른 사람과의 관계에서 무엇인가 화나고 불만스러운 이유를 찾지 못한다면 '혹시 나의 경계가 침범당하고 있지는 않은가'를 확인해 보아야 한다.
- 경계는 한 번쯤 시험받을 것을 예상해야 하며, 이것에 대비하는 준비가 있어야 한다.
- 경계 설정은 자신이 좋아하는 것, 자신에게 좋게 느끼는 것, 자신에게 기쁨을 가져다주는 것이 무엇인지를 확실히 밝혀 내는 것을 포함한다.

우리는 클라이언트로 하여금 언제, 어떻게 그들의 경계가 침범되는지를 알게 하고, 이와 관련하여 다양한 경계의 중요성에 대해 명확히 알게 하며, 건강하고 만족스러운 경계 설정과 그것을 유지하는 방법을 발견함으로써 클라이언트의 경계 설정 노력을 도울 수 있다.

### (5) 자기주장 훈련: 나 전달법(I-Message)

> **문제**
>
> 자기주장 훈련은 효과적인 의사소통을 도모하는 데 있어 중요한 기술이다. 효과적인 의사소통은 서로 주고받는 메시지의 내용을 잘 이해할 뿐 아니라 인간관계를 개선하고 참여하는 당사자들의 성장을 촉진한다. 자기주장 훈련의 기본 개념은 사람들에게는 어느 정도의 대인 간의 권리가 있다는 생각이다. 이 권리에는 존경받을 권리, 자신의 감정과 의견을 표현할 권리, 진지하게 경청되고 수용될 권리, 죄책감 없이 '아니오'라고 말할 권리, 전문가로부터 정보를 구할 권리, 실수할 수 있는 권리 등이 포함된다. 자기주장 훈련의 중요한 측면은 물론 공격적인 것과 비공격적인 것의 차이를 이해하는 것이 포함된다.

자기주장 훈련의 주요한 방법 중 하나가 나–전달법(I-Message)이다. 나–전달법은 나 자신의 내적인 상태(자기 자신의 경청)에 대하여 스스로 책임을 지는 방법이다. 또한 상대방에게 자기 자신을 충분히 개방할 수 있는 책임을 질 뿐 아니라 상대방의 행동에 대해서 책임을 부여하기 때문에 책임 메시지라고 부른다.

나–전달법은 우선 상대방에게 평가나 판단이 포함되지 않게 상대방의 행동이나 상황에 대한 단순한 진술부터 시작한다. 상대방의 특정한 행동이나 상황이 일어난 특정 시기를 알리는 일이 중요하다. 보통 '~할(했을) 때'라는 말로 시작하는 것이 좋다.

'네가 문을 잠그지 않았을 때 ~' 등과 같이 묘사를 한 다음 그 행동이 나에 미치는 결과를 말하고 그리고 나의 느낌을 표현해야 한다.

예를 들어, 내가 과제를 하고 있는데 함께 있는 친구가 음악을 크게 틀어서 과제를 수행하는 데 방해가 되는 경우에 "네가 음악을 크게 틀었을 때(원인 행동) 몹시 시끄러워서 내가 하던 일에 집중하지 못했고(행동으로 인한 결과), 그래서 시간 안에 일을 끝내지 못할까 걱정되고 두려웠어(나의 느낌)."라고 말하는 것이다.

나-전달법과 대비되는 표현방법에는 너-전달법(You-Message)이 있다. 앞에 제시한 예에서 보면 흔히 너-전달법을 사용해서 "내가 중요한 과제를

**표 11-1**　과일을 먹고는 담겨져 있던 접시를 치우지 않는 딸에게 어머니가 말하는 '나-전달법'과 '너-전달법' 비교 예시

| 종류 | 나-전달법 | 너-전달법 |
|---|---|---|
| 표현 | 과일을 먹은 다음 식탁 위의 접시를 제대로 치우지 않는 것을 보니 엄마도 일하고 와서 피곤한데 집안일이 그렇게 쌓여 있어도 배려해 주지 않는다는 생각에 매우 섭섭한 느낌이 드는구나. 앞으로는 네가 먹은 음식이 담긴 그릇은 네 스스로 치워주었으면 좋겠다. | 너는 다 큰 여자가 자기가 먹은 과일 접시도 안 치우냐? 너는 엄마를 이 집안의 종으로 아냐! 도대체 너는 엄마를 무엇으로 아는 거냐? 참 나쁜 계집애. |
| 보기 | 상황-결과-느낌 | 비꼬기, 지시, 비판, 평가, 경고 |
| 상대 해석 | 내가 과일을 먹고 빈 접시를 치우지 않아서 엄마가 섭섭했구나. | 내가 왜 치우지 않았는지에 대한 사정은 전혀 생각해 주지 않는군. 나를 나쁜 사람으로 보고 있구나. |
| 개념 | '나'를 주어로 하는 진술 | '너'가 주어가 되거나 생략된 진술 |
| 효과 | 1. 느낌의 책임을 자신에게 돌린다.<br>2. 듣는 사람에 대해 부정적인 평가를 하지 않기 때문에 방어나 부적응이 일어날 가능성이 적다.<br>3. 관계를 저해하지 않는다.<br>4. 듣는 사람으로 하여금 자성적인 태도와 변화하려는 의지를 높일 가능성이 크다. | 1. 죄의식을 갖게 하거나 자존심을 상하게 한다.<br>2. 배려 받지 못하고 무시당한다는 생각을 갖기 쉽다.<br>3. 반항심, 공격성, 방어를 야기하여 자성적인 태도가 형성되기 어렵고, 행동 변화를 거부하도록 한다. |

하느라 집중하고 있는데 그렇게 음악을 크게 틀면 어떻게 하니? 너는 내가 과제하는 게 보이지 않니? 네가 내 과제를 망치려고 작정을 했구나. 참 무심한 사람 같으니…….”라고 말하는 경우가 많다. 이처럼 너-전달법은 나-전달법과는 상대의 행위로 인해 어려움을 겪는 자신의 생각과 불쾌한 감정 등을 모두 상대에게 전가하는 것이다.

　나-전달법은 자신의 내면을 표현할 때 주어를 ‘나’로 하여 그런 느낌을 가지게 된 책임이 상대방에게 있지 않고 표현자인 자신에게 있다는 것을 알려 주는 진술방식으로서, 이 메시지를 통한 자기노출은 실천과정의 상황뿐만 아니라 대인관계에서도 매우 필요한 의사소통방식이다. 불쾌한 감정을 지니거나 갈등상태에 있을 때 보통 사람들이 흔히 하는 표현이 너-메시지이다. 그러나 이러한 표현은 문제를 더 크게 하거나 관계를 해치는 경향이 있다.

---

**'나' 전달법의 또 다른 사례**

〈사례 1〉

　철수야, 네가 늦게 일어나는 것을 보니(상황) 나는 네가 오늘도 늦어서 밥을 먹지 못하고 학교에 가 배가 고파 공부가 잘 되지 않을 것이라는 생각이 들어(결과). 나는 매우 걱정스럽다(느낌).

〈사례 2〉

　당신이 신었던 양말을 내가 잘 모르는 곳에 벗어 놓으면(상황) 내가 양말을 일부러 찾아야 하고, 당신이 내가 힘들게 집안일을 하는 것을 몰라주는 듯해서(결과) 무척 섭섭하다(느낌).

제 12 장

# 사회복지실천의 핵심 요소: 기술(Ⅲ) – 과정론(3): 효과 측정 및 평가 그리고 종결

⋮

도움이 잘 이루어졌는지 판단하고 클라이언트와 잘 헤어지고
실천과정을 통해서 습득한 경험과 방법을 스스로 잘 찾아내는 능력 주기

Social Work Practice

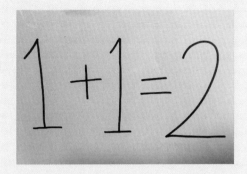

키가 큰 사람은 커서 문제, 키가 작은 사람은 작아서 문제.

생활하면서 부딪히는 수없이 많은 문제…….

문제는 무얼까? 내가 충족하지 못하는 욕구하고도 맞닿아 있을까? 국어사전에는 '해답을 요구하는 물음'으로 정의되어 있다.

1+1=2일에 일을 더하면 얼마인가? (문제). 2입니다(해답).

그러면 키가 커서 문제인 것을 해결하려면? (문제) 키를 줄입니다(정답).

키를 줄일 수 있을까? 나이가 들면 자연스럽게 키는 아주 조금 줄어들 수 있다. 어차피 세포 수가 줄어들고 활력도 없어지기 때문에 보편적으로 키는 조금 줄어든다. 그런데 키를 줄일 수 있는 묘수는 없다. 불가능하다는 말이 맞다. 키가 작은 것도 마찬가지이다.

문제에는 우리가 해결할 수 있는 문제와 해결할 수 없는 문제가 있다.

배가 고파서 속이 쓰리다. 무언가를 먹어야 한다. 이 문제는 키의 문제보다 훨씬 쉽게 해결이 가능하다.

문제를 만났을 때를 생각하자. 정말 내가 결코 해결할 수 없는 문제인가 아니면 내 의지와 노력 그리고 다른 사람의 도움을 조금 받으면 풀 수 있는 과제인가?

내가 해결할 수 있는 과제를 할 수 없다고 생각하고, 아니면 내가 전혀 해결할 수 없는 과제를 해결할 수 있다고 믿고…….

그런 불편하고 멍청한 행동은 하지 않으려고 배우고 익히고 생각한다.

그러니 죽음의 문제를 해결하기보다는 삶의 과제를 풀어 나가는 지혜를 문제를 통해 배울 수 있지 않을까?

그런데 '내' 문제는 뭘까? 문제조차 모르고 살아가는 행복을 여전히 나는 즐기고 있지 않은가?

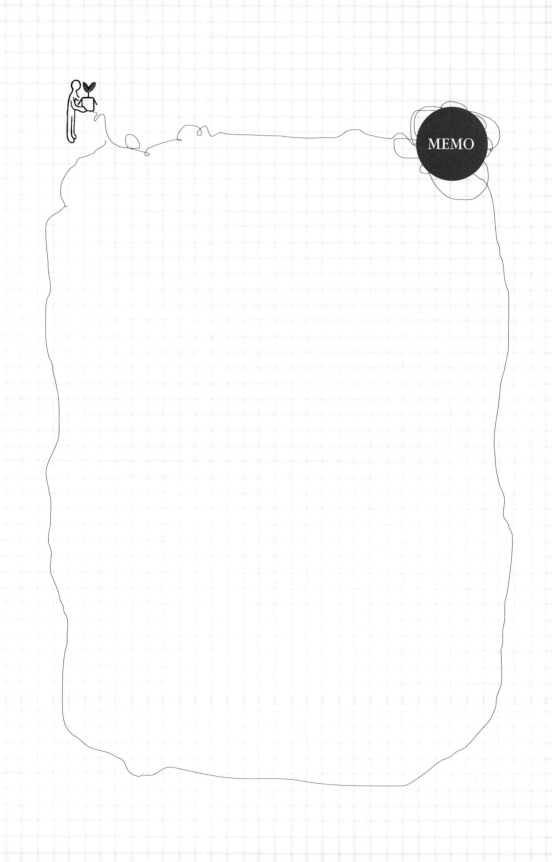

MEMO

# 1. 효과 측정 및 평가

## 1) 평가 목표

평가의 목표는 개입이 효과성(effectiveness)과 효율성(efficiency)이 있는지를 측정하는 데 있다. 효과성은 목표가 달성되었는지의 여부를 말하고, 효율성은 사용된 자원(시간, 노력, 비용 등)과 얻은 성과 간의 비율을 말한다. 예를 들어, 아동을 학대하는 부모에 대한 교육프로그램을 통해서 학대가 멈추어졌다면 목표한 효과성을 이루었다고 볼 수 있으며, 프로그램이 부모에 대한 개별상담보다 시간이나 비용 등이 적게 투입되어서 경제성이 있었다면 개별상담보다 효율적이었다고 말할 수 있을 것이다.

## 2) 평가 목적

일반적으로 평가를 하는 목적은 다음과 같다.

첫째, 프로그램(개입방법)의 효과성 여부를 판단하는 데 도움을 준다. 둘째, 프로그램(개입방법)을 재구성하거나 더욱 효과적으로 관리하기 위한 정보를 획득할 수 있다. 셋째, 문제에 대한 이론이나 접근방법에 대한 시험 및 분석을 할 수 있다. 넷째, 클라이언트의 관점에서 프로그램이 잘 시행되고 있는가 그리고 더욱 효과적이 될 수 있는가에 대한 확인이 필요한데, 이에 대하여 도움을 준다. 다섯째, 공공기관과의 관계 및 기금 마련 노력을 개선하는 데 유용하다(Johnson & Yanca, 2006).

## 3) 평가 유형

• 결과(outcome)평가

계획하고 설정한 목표들이 얼마나 달성되었는가를 측정하는 것이다. 주로 개입 전과 개입 후를 비교하는 방법이 있고, 통제와 실험 집단을 통한 평가방법 등이 있다.

• 과정(process)평가

클라이언트가 느끼고 인식하는 개입을 도움 여부와 개입과정에 대해 판단하고 평가하는 것이다. 이러한 과정평가는 주로 자기주장이 확고하고 정서적으로 혼란스럽지 않은 클라이언트에게는 유용한 기법이지만 우울하고 의기소침해 있는 클라이언트에 대해서는 부정적인 효과를 가져올 수도 있다.

• 실무자(practitioner)평가

클라이언트와 개입과정에 관련되는 사람들이 사회복지사에 대해서 평가하는 것이다. 사회복지사가 보이는 행동, 태도, 속성들이 개입과정에 어떻게 (긍정적이거나 부정적) 영향을 주었는가에 대해 알기 위해 환류(feedback)를 원한다면 사회복지사는 클라이언트에게 판단을 요청하게 되는데, 이 요청이 진실하다면 클라이언트도 솔직히 반응할 수 있다.

## 4) 효과 측정

### (1) 효과 측정의 의의

사회복지는 실천과학이다. 사회과학으로서의 위치와 존재 의의를 확인하고 실천과정이 사회 전체에 기여한다는 사실을 알리기 위한 방법 중의 하나가 과학적 검증이다. 이러한 검증과정으로서의 방법을 논의할 필요성이 1970년대 이후에 활발히 제기되었다.

유효성, 효율, 효과, 평가, 개입평가 등의 용어가 등장하면서 실증적 가치를 발견하는 데 몰두하였다. 이것은 아마도 행동수정모델의 영향도 상당 부분 작용한 듯하다.

그렇다면 어떤 수준의 효과를 측정할 것인가, 그 측정의 방법은 어떻게 해야 할 것인가 등에 대한 논의가 다양하게 이루어졌다.

이처럼 실천과정과 결과의 유효성에 대한 관심은 사회복지가 전문직으로서 체계화되는 당연한 과정이다. 이처럼 사회복지실천은 클라이언트(서비스 이용자)를 포함하는 문제를 지원하기 위한 과제로서 의도적인 전개과정을 거친다. 이 의도는 사회복지실천의 목적을 달성하는 데 중요한 수단이다. 사회복지는 클라이언트의 의도적 변화를 꾀하고 또한 실천모델로부터 전개되지만 그 의도의 목적이 실천의 과정에서 명확히 확인되어야 한다. 사회복지사와 클라이언트의 행동이 기대한 결과를 나타냈는가? 또한 다른 방향으로 발전했는가? 이러한 부분을 항상 파악하고 실천하는 자세가 필요하다.

### (2) 효과 측정의 방법

효과 측정의 가장 좋은 방법 중 하나는 실험이다. 원인과 결과를 가정하고 결과를 가져온 원인을 밝히는 것이다. 한편, 원인을 조작하고 결과를 변화하도록 하거나, 예를 들면 'A에다가 B를 더하면 또는 제외하면 C라는 결과가 생긴다' 라는 일련의 흐름을 검증하는 것이다.

결과로서 현재의 것과 차이를 검증하기 위해 효과 측정은 비교하는 것이 기본이다. 예를 들면, 서비스가 이루어지기 전후를 비교하고 차이가 있고 없음을 확인하거나 서비스를 계속하는 것에 있어서 지원 시기와 지원을 하지 않는 시기 간의 차이를 확인하거나 하는 것 등이다. 서비스가 결과에 얼마만큼 영향을 미치는가를 시험하는 것이기도 한다. 여기서 다음과 같은 의문이 생긴다. 확실히 서비스 전후에는 차이가 있다. 방법 선택이 가능하다는 것이다. 이 차이는 원래 서비스를 제공해서인가 아니면 다른 요인이 차이를 나타내지는 않았는가 하는 것이 주요한 의문이다. 이러한 의문에 답하기 위한 복수의 집단을 비교하고 서비스를 계속해서 결과에 영향을 끼치는 요인을 특정하고, 그 요인에 의해서 효과를 측정하는 것이 효과 측정이다.

### ① 집단 간 비교실험설계

집단 간 비교실험설계는 우선 실험집단과 통제집단으로 구분하여 시작한다. 두 개의 집단은 양과 질의 측면에서 동질적 집단이다. 실험집단은 독립변인이 조작되는 집단, 즉 필요한 서비스가 시행(개입)되는 집단이고, 통제집단은 실험집단과는 달리 아무런 서비스가 주어지지 않는 집단을 말한다. 실험집단과 통제집단으로 나눌 때에는 집단 성원의 성별과 연령, 조건 등을 고려하여 두 집단 성원의 특성을 비슷하게 구성하려고 최대한 노력해야 한다.

예를 들어, MMPI 검사 등을 통해서 정서와 행동에서 불안한 증상을 보이는 아동들을 대상으로 두 집단으로 구분하여 한 집단은 정서행동안정프로그램을 한 주에 2차례씩 한 달간 실시하고, 다른 집단은 아무런 프로그램을 실시하지 않은 후에 두 집단에게 다시 MMPI 검사를 실시했더니 정서행동안정프로그램을 실시한 집단이 프로그램을 하지 않은 집단보다 정서와 행동의 안정감이 높아졌다면 정서행동안정프로그램이 아동의 정서와 행동을 안정시키는 데 효과가 있다는 결과를 나타낼 수 있다.

| a. 사전 테스트 실시 | b. 실험 | c. 사후 테스트 실시 |
| --- | --- | --- |

이 실험방법은 자연과학의 방법을 사회과학의 방법으로서 응용하였고, 심리학 영역에서 응용·발전시켰다. 사회과학의 방법으로서 원리로는 합리적인 방법이지만 통제집단에게는 서비스를 제공하지 않는 등 윤리적 딜레마가 발생한다. 일련의 실험 다음에 같은 형태의 경험을 통제집단에도 실시하는 것이 가능하지만, 일시적으로나마 다른 집단(실험집단)을 위해서 이용당한

면이 있음을 부인하기는 어렵다. 또한 실험의 대상이 한정되거나 일상생활
에서 개인을 검증하는 데에는 한계를 보인다.

### ② 단일사례실험설계

단일사례실험설계는 집단 간 비교실험설계의 윤리적 딜레마를 해소하기
위해서 발달한 방법으로 볼 수 있다. 사회복지 서비스를 받지 않는 통제집단
이 없고, 개인의 사례에도 실험이 가능하기 때문이다. 한 사례의 클라이언트
를 개입 전과 개입과정 그리고 개입 후를 반복적으로 관찰하고 변화를 기록하
는 것으로서 목표가 달성되었는지, 일어난 변화가 개입의 결과인지를 알 수
있게 해 준다. 이는 사회복지실천에서 가장 보편적으로 활용되는 방법이다.

단일사례실험설계는 행동요법의 효과 측정으로서 발달했고, 일상의 사회
복지 활동에도 응용이 가능하다. 또한 '사례'로서 한 개인에게 적용하는 일도
가능하다. 개인, 부부, 가족, 집단, 조직, 지역에까지 응용이 가능하다. 사회
복지사가 해결하려는 클라이언트의 문제는 표적문제로서 서비스의 성과가
클라이언트의 결과에 의해서만 파악할 수 있다는 단점이 있지만, 이 방법도
문제해결을 위한 실험 구조로 포함할 수 있다.

단일사례실험설계는 다음의 세 가지 요소를 필요로 한다.

첫째, 목표가 분명해서 측정 가능한 것이어야 한다.

둘째, 목표 달성을 평가하는 결과 측정이 신뢰할 수 있는 효과적인 데이터
를 나타낼 수 있어야 한다.

셋째, 데이터가 적절하게 표시되어 있어야 한다.

단일사례실험설계는 서비스 및 개입 기간의 데이터를 두드러지게 하기 위
해서 몇 가지 디자인이 사용되거나 여러 가지의 특징을 이해한 선택이 필요
하다.

디자인의 기본이 되는 기초선(baseline)이라고 불리는 기준치를 측정하는
관찰 기간을 A기, 개입 및 서비스를 제공하는 기간을 B기로 해서 짜는 것이

단일사례실험설계 디자인의 일반적인 형태이다.


- B 설계

    사회복지사의 통상적인 서비스를 단일사례실험설계로서 취급하는 것에
    개입, 서비스 개시부터 종료까지의 효과를 기록하는 것이다.

- AB 설계

    관찰 기간에 있어 A기에 서비스 대상으로 행동 및 의식, 지식을 측정 및
    기록하고 개입, 서비스 개시 시기에서 B기와의 차이를 비교하는 것으로,
    B설계보다도 명확한 서비스 결과를 나타낼 수 있다. 즉, 사회복지사가
    클라이언트에게 개입하기 전에 클라이언트와 그의 문제에 관한 기본적
    인 자료를 기준으로 설정하고(A) 개입 후에 일어난 결과(B)를 측정하는
    것이다. 여기서 나타난 결과가 어떤 유의미한 변화로 해석된다면 그것
    은 개입의 효과로 보는 것이다.

    －표적행동(target behavior)

      개입을 통해서 변화시키려는 행동을 말한다.

    －기초선(baseline)

      계획한 개입(서비스)이 이루어지기 전에 개입 없는 상태를 관찰하는 단
      계이다.

      표적 행동의 빈도, 강도, 기간을 여러 날 또는 여러 주에 걸쳐 관찰함으
      로써 세울 수 있다. 만일 개입 이전에 관찰할 수 있는 시간이 없다면 과
      거 행동패턴에 초점을 둔 클라이언트와의 면접이나 그의 가족이나 중
      요한 타인들과의 면접 또는 기관, 경찰, 학교 기록 등에서 얻은 정보를
      가지고 소급해서 기초선을 수립할 수도 있다.

    －다수기초선(multiple baseline)

      변화 측정 수단으로 하나 이상의 기초선을 사용하는 것을 말한다. 예
      를 들면, 학교에서 문제가 있는 아동의 경우에 하나의 기초선은 출석

률, 또 하나의 기초선은 매주의 숙제 점수, 또 다른 하나의 기초선은 매주 교사가 매기는 학급활동 점수에 초점을 둘 수 있다.

• ABA 설계

개입의 영향을 시험하기 위해서 일정 기간 후에 개입(B)을 중단한다. 이때 처음의 기초선으로 다시 돌아간다면 변화가 개입 때문에 일어난 것이지 클라이언트의 생활의 다른 요인들 때문이 아니라는 것이 가정된다.

• ABAB 설계

한 단계 더 나아가 개입을 다시 시작함으로써 ABA 설계에 네 번째 단계를 추가시킨다. 만약 두 번째 기초선과 다른 변화가 다시 일어난다면 변화는 개입 때문이라는 것이 확실해진다.

③ 과업 성취 척도

클라이언트와 사회복지사가 합의한 개입 과업들을 완수한 정도를 확인하기 위한 것으로, 간단하고 융통성 있는 평가 도구로서 사회복지사의 개입이 기준선이나 단일사례실험설계를 사용하기에 적합하지 않을 때 유용하다. 클라이언트를 기관에 의뢰한다거나 클라이언트를 위해 필요한 정보를 얻는다거나 교통수단이나 주간보호센터를 마련한다거나 또는 주택을 확보하는 것

**표 12-1** 과업 성취 척도 예시

| 과업 | 성취도 | 평점 |
|---|---|---|
| 가. 요양보호서비스 조치 | 퇴원과 동시에 지속적으로 받음 | 4 |
| 나. 식사 배달 | 퇴원일로부터 식사 배달 확정 | 3 |
| 다. 치료용 침대 마련 | 빌린 치료용 침대를 퇴원 일에 배달 확정 | 2 |
| 라. 아들 가족과 접촉 | 가족이 한 달 간 집을 떠나 있음 | 1 |

* 점수의 예시

−4점: 완전 성취되었음

−3점: 상당히 성취되었지만 행동이 아직 필요함

−2점: 부분적으로 성취되었지만 해야 할 일이 상당히 남아 있음

−1점: 최소로 성취되었거나 성취되지 않았음

을 포함한다. 과업의 진척을 기록하기 위해 4점의 평가척도를 사용한다(Reid & Epstein, 1977).

④ 자기의존 척도와 개별화평점 척도

개입의 초점이 클라이언트의 문제에 있으나 이 문제 측정에 표준화된 도구의 사용이 어려울 경우에 사용할 수 있는 비교적 간단하고 융통성 있는 절차이다.

자기의존 척도는 클라이언트가 스스로 직접 기입하는 방식이고, 개별화평점 척도는 클라이언트가 아닌 다른 사람이 작성한다. 자기의존 척도는 감정의 강도와 내적 갈등을 측정하기 위해 사용될 수 있기 때문에 유용하며, 개별화평점 척도는 클라이언트가 아닌 다른 사람이 작성하기 때문에 더욱 행동적 성격이어야 한다.

## 2. 종결

종결단계는 사회복지사와 클라이언트 간의 개입과정의 종결을 말한다. 종결이란 원조관계의 해체를 위한 체계적 절차이다. 종결의 경험과 그 의미가 무시되거나 잘못 조정되면 지금까지 성취되었던 이득이 상실 또는 감소될 수 있고 장차 좋지 않은 결과를 가져올 수 있다. 한편, 종결단계가 잘 이루어지면 클라이언트에게 적응과 성장의 기회가 될 수도 있다(김기태 외, 2007).

### 1) 종결 유형

사회복지기관 또는 사회복지사가 서비스를 종결하는 유형은 크게 두 가지가 있다. 하나는 사전에 계획된 종결이고, 다른 하나는 예기치 못한 상황이 발생해서 불가피하게 서비스 도중에 종결되는 경우이다.

(1) 계획된 종결

① 기관의 기능 등과 관련해 계획된 종결

기관의 기능과 관련해 시간 제약에 의해 결정된 계획된 종결을 말한다. 예를 들면, 병원에서의 서비스는 주로 병원에 입원한 기간만 한정된다. 이처럼 종결일을 미리 아는 것은 이별에 대한 감정을 해결할 수 있는 충분한 시간을 준다. 그러나 시간 제약으로 결정되는 종결의 문제는 클라이언트의 문제가 정해진 기간 안에 적절하게 해결되지 않았거나 긍정적인 성과를 나타내지 못했을 수도 있다는 것이다.

② 시간 제한이 있는 양식과 관련된 계획적인 종결

시간을 정해 놓고 서비스를 제공하는 경우이다. 시간이 미리 정해져서 처음부터 종결 시간을 알고 시작한다. 이것은 정서적 집착과 의존성을 최소화할 수 있어 종결에 따르는 클라이언트의 상실감을 완화할 수 있다. 그러나 정해진 시간에 목표를 성취하기 위해 무리하게 과정을 이끌어 나갈 수 있어서 클라이언트의 자발적 능력을 제한할 수도 있다.

③ 시간 제한이 없는 양식을 수반하는 계획된 종결

시간 제한이 없는 서비스를 받는 경우이다. 보통 6개월 이상은 장기적인 서비스로 볼 수 있다. 이처럼 장기간 동안 서비스가 계속될 때에는 클라이언트의 의존심 문제를 심각하게 생각하여 종결 시기를 결정하는 것이 바람직하다. 서비스 과정에서 상당 부분 클라이언트가 사회복지사에게 의존하는 관계가 수립된 때에는 클라이언트들이 종결에 대한 생각을 표현하는 것을 꺼리기 때문에 사회복지사가 다양한 정보와 클라이언트의 반응에 근거해서 종결 시기를 결정할 필요가 있다. 이별에 관한 정서적 반응을 다루는 것은 시간 제한이 없는 서비스에서의 종결의 경우에 특히 중요하다. 사회복지사가 장기간에 걸쳐 클라이언트의 삶에서 중요한 역할을 수행해 왔기 때문에 클라이언트는 종결을 두려워하거나 슬퍼할 수 있다. 따라서 클라이언트가 종결과정에서 여러 가지 형태의 저항을 보일 수도 있다. 예를 들어, 새로운 문제가 생겼다고 말한다든가, 사회복지사에게 지속적으로 의존하고, 이전의 문제가 다시 발생했다고 이야기하는 등이다.

### (2) 계획되지 않은 종결

#### ① 클라이언트에 의한 조기 및 일방적 종결

일반적으로 선호하는 종결방법은 돕는 과정의 참여자들 서로가 목표를 달성했기 때문에 종결을 계획하는 것이다. 불행하게도 일부 클라이언트들은 약속시간에 나타나지 않거나, 피상적인 종결 이유를 제시하거나, 문제를 더 이상 논의하기를 거절함으로써 종결을 하게 된다.

- 시기상조의 일방적 종결은 종종 해소되지 않은 저항감의 표현일 때가 있는데, 이런 경우에는 저항감의 해소가 종결 전에 반드시 필요하다. 클라이언트가 사회복지사에 대해 부정적 감정을 느끼고 있다는 조짐이 있으면 사회복지사는 자신이 클라이언트의 감정을 상하게 했는지에 관심을 표명하면서 이 문제를 논의하기를 바란다고 말해 주는 것이 건설적이다.
- 집단 또한 어떤 한 성원의 시기상조의 종결로부터 역효과를 경험할 수 있다. 이 경우에 개별 성원은 집단을 포기함으로써 집단 경험의 가치를 떨어뜨리는 성원에 대해 분노를 경험할 수 있다.
- 집단에 잔류하도록 압력을 받는 것에 대한 분노, 집단을 떠나는 데 대한 죄의식, 상실감 등을 포괄함으로써 떠나는 성원도 잔류 성원과 비슷한 감정을 갖는다.

- 집단은 대개 한 성원의 종결의 충격을 흡수함으로써 집단 생존의 위협을 해소할 수 있지만, 한 성원의 조기종결이 특히 집단 내의 다른 성원들과 부정적인 만남 이후에 발생되면 집단의 사기가 황폐화될 수도 있다.

② 사회복지사의 사정에 의한 조기 종결

주로 사회복지사가 사례에 대한 부담이 크거나 또는 직책이 바뀌어서 다른 사회복지사에게 이첩하는 경우가 있다. 또한 사회복지사가 직장을 떠남으로써 불가피하게 종결되기도 한다.

## 2) 종결 반응

종결은 그 자체의 독특한 감정과 특성을 가지고 있다. 시작은 심리적으로 출생의 감정을 불어넣는 것처럼, 종결은 분리의 감정 또는 죽음의 감정을 불러일으킨다(Smalley, 1972). 따라서 종결은 불안과 부정, 저항, 분노, 애도나 비탄 등의 반응을 동반할 수 있다. 일반적으로 종결은 다음의 다섯 가지 심리적 반응 단계를 거친다(Shulman, 1984).

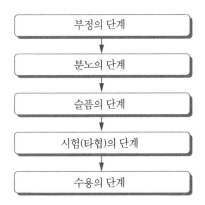

우선, 종결 사실에 대해 부인하는 것이다. 그런 다음에는 자신이 준비가 되어 있지 않은데 종결된다는 사실에 분노한 다음 시간이 지남에 따라서 슬픔으로 바뀐다. 그런 다음 직면한 현실을 자신이 바꿀 수 없다는 것을 인지하고 타협한다. 예를 들어, 한 번만 더 서비스를 받을 수 있다면 흔쾌히 종결을 받아들인다고 말하는 것이다. 이 단계가 지나면 마지막으로 종결단계를 수용하는 단계로 접어든다.

그리고 종결반응에 다음과 같은 현상도 나타날 수 있다.

- 사회복지사에게 매달림
- 과거 문제가 다시 발생했다고 말함
- 새로운 문제를 제기함
- 사회복지사를 대체할 사람을 찾음

## 3) 사회복지사의 역할

종결단계에서는 클라이언트가 실천과정을 통해 얻은 문제해결 및 해결능력을 극대화하고, 어떻게 하면 종결 후에도 자신의 문제해결 역량을 지속할 수 있는가를 고려한다. 따라서 종결과정에서는 클라이언트가 사회복지실천 과정에서 나와 현실에서 부딪히는 유사한 문제에 대처할 수 있는 능력까지 고려한다.

### (1) 종결 시기와 이별의 감정 다루기

물론 실천과정 시작부터 종결 시점을 정하는 경우가 있지만 사회복지실천 과정에서 종결 시기를 결정하는 일은 매우 중요하면서도 어려운 일이다. 당면한 문제가 해결되었을 때 종결할 것인가 아니면 지속적으로 제기될 수 있는 문제에 대한 클라이언트의 해결능력이 어느 정도 갖추어졌을 때 종결해야 하는가 등 판단이 쉽지 않다. 따라서 사회복지사는 관련 지식 및 사례연구 등 간접 경험과 직접 경험을 동원하여 종결의 시기를 신중하면서도 결단력 있게 판단해야 한다. 사회복지실천은 사회복지사와 클라이언트와의 독특한 도움 관계 속에서 이루어진다. 따라서 클라이언트는 사회복지사와 그간의 관계를 종결할 때 어려움을 겪을 수도 있다. 이미 예정된 종결이라도 특히 의존이 강한 클라이언트는 이별에 따른 분리불안이 클 수도 있다. 따라서 사회복지사는 이러한 클라이언트의 감정을 잘 다루어 클라이언트 스스로 정리할 수 있도록 도와야 한다. 그리고 종결 후에도 문제가 있으면 경우에 따라서 언제든지 다시 도움을 요청할 수 있는 권리를 갖고 있다는 사실을 알려 줌으로써 클라이언트에게 심리적 안정감을 주어야 한다.

### (2) 변화의 결과 공고화하기

실천과정에서 변화는 긍정적인 변화를 의미한다. 즉, 클라이언트와 관련한 욕구가 충족되거나 아니면 문제가 제거 또는 감소된 상황을 뜻한다. 종결과정에서 강조되어야 할 사항 중 하나는 이와 같은 긍정적 변화를 클라이언트가 일상으로 돌아가서도 그대로 유지하고, 나아가 더 긍정적이고 바람직한 방향으로 발전시켜 나가는 것이다. 이를 위해서 사회복지사는 클라이언트가 도움과정을 통해 목표를 달성하고 긍정적으로 변화한 부분이 무엇인지 탐색해야 한다. 이러한 긍정적 변화가 일상생활에서도 성과가 유지될 수 있는 방안도 강구해야 한다. 이와 함께 변화의 결과를 현실 상황에 따라서 효과적으로 적용해 나갈 수 있도록 도와야 한다.

### (3) 사후관리

도움과정을 종결한 후에는 필요에 따라서 지속적으로 모니터링을 할 수 있다. 모니터링은 클라이언트의 변화 결과의 지속 상태를 점검하고, 클라이언트가 스스로 역량을 강화했는지 살피고, 부족한 사항을 보완하는 데 있다. 또

한 해결한 문제와 관련한 새로운 문제 또는 사회복지사나 사회복지기관에서
발전적으로 도움을 주기 어려운 문제에 대해서는 다른 기관이나 관련 현장에
의뢰하는 일도 중요하다.

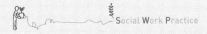
Social Work Practice

제 **13** 장

# 사례관리

:

다양한 사람과 상황 그리고 문제에 대한 꾸준한 보살핌

Social Work Practice

## 똑같은 케이스, 다른 상자!

우선 똑같은 케이스: 자세히 보면 다르다. 같은 색이라도 하나는 좀 더 진하고, 다른 하나는 연한 색감이 나고, 흠집이 약간 있는 것과 없는 것, 광택이 나는 것과 좀 덜 나는 것

다른 상자: 뭐 말할 것 없이 다르다.

마음과 몸이 아픈 사람,

자식 없고 힘 없는 노인,

부모 없고 가정 없는 아동.

모두 같은 케이스로 보았던 시절이 있다. 폐쇄된 공간에서 하나의 번호로 자신을 일깨우며 같은 음식, 같은 잠자리, 같은 활동과 생활을 하는……

그게 공평하고 그것이 효율적이었다.

시대가 변해서 그런가 사람과 환경이 다르다고 느끼나?

원래부터 그래야 하는데 그렇지 못한 우리, 사회, 모두 가슴 아픔을 느끼며 누구인지 모르는 그들에게 사죄해야 하는 것은 아닌가?

다시는 그러지 말자.

한 시인의 말처럼 "연탄재 함부로 차지 마라". 뜨거운 연탄으로 뜨겁게 달구고 밝힌 적이 있는 사람들일 게다. 누구나…….

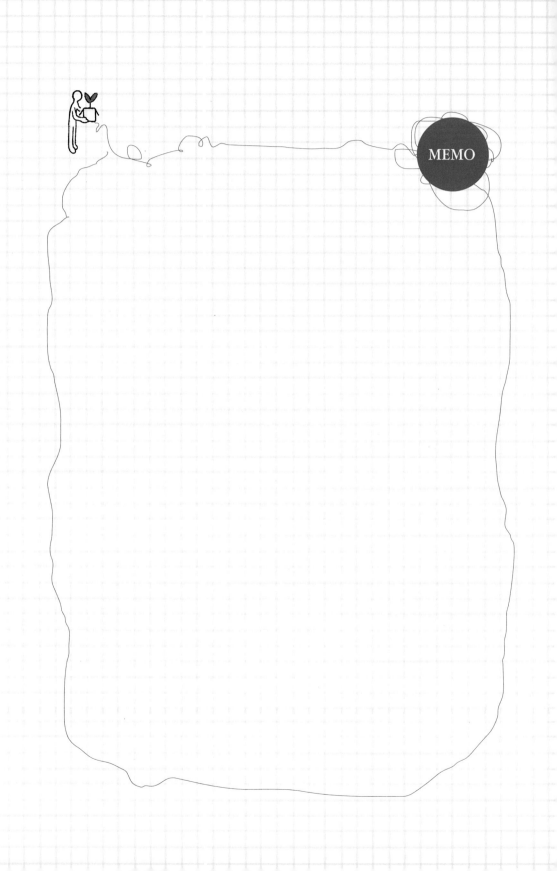

MEMO

# 1. 개요

문제는 단일해도 문제를 안고 있는 사람과 상황은 여러 가지 변수가 있다.

하나의 예를 들어보자. 건강한 노인이 욕실에서 쓰려져서 다리가 골절되고 머리를 다쳤다. 이 노인의 문제는 단순한 의료적인 문제이고 크게 다치지 않았다면 치료를 하면 회복될 수 있다. 하지만 실제 발생하는 문제는 그리 단순하지만은 않다. 만약에 쓰러진 노인이 배우자는 없고 장애가 있는 자녀와 함께 살고 있으며 가정의 수입원이 노인이 근근이 버는 일용소득이 전부여서 생활형편도 넉넉하지 못하고 주변에 도와줄 친지도 없다고 가정한다면 문제는 좀더 복잡해진다. 노인에게 당장 보이는 문제인 의료적 치료만 한다고 모든 상황이 노인이 쓰러지기 이전 상태로 회복되지는 않는다. 이 사례에서는 비록 의료문제가 핵심이지만 예기치 않은 사고로 인해 부차적으로 발생하는 경제와 정서 문제 그리고 자녀 보호 등의 다각적인 문제를 고려해야 한다.

사회복지실천 현장에서 발생하는 문제 중 적지 않은 부분이 원인은 한 가지부터 시작하고 있지만 대부분 결과는 매우 복합적으로 나타난다.

이러한 상황에 대한 사회복지의 적절한 실천적 접근과 개입방법 중의 하나가 사례관리(case management)이다.

사례관리는 복잡하고 다양한 문제나 욕구를 가진 클라이언트가 개별적으로 사회복지기관이나 관련 전문가 등 지역사회 내의 서비스 제공자들을 일일이 찾아다니지 않고 사회복지사(사례관리자)로부터 필요한 서비스를 보다 쉽게 효율적으로 그리고 지속적으로 받도록 짜인 통합적인 서비스 접근방법이다. 이것은 기존의 복지서비스가 갖고 있었던 공급자 중심의 서비스에서 수요자 중심의 서비스로의 전환을 의미한다. 이러한 사례관리의 장점은 사회복지서비스 공급자(국가나 복지단체) 측면에서는 서비스의 중복을 방지한다

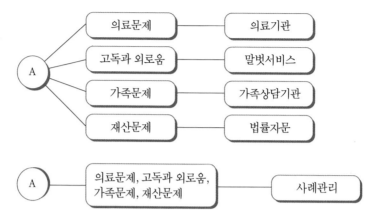

[그림 13-1] 단일접근법과 사례관리의 비교

는 면이 있고, 수요자(개인, 가족 등) 측면에서는 복합적인 문제를 포괄적이고 지속적으로 서비스를 받을 수 있다는 것이다.

## 2. 사례관리의 개념

### 1) 역사와 배경

19세기 후반부터 미국의 사례관리는 주로 정신보건, 발달장애, 재활, 아동복지, 재가복지 및 노인복지 등의 휴먼서비스 영역에서 서비스 조정과 책임성을 강조하는 과정으로 이용되어 왔다. 역사적으로 볼 때 사례관리는 질 좋은 서비스의 제공을 위해 서비스 조정을 하는 동시에 효율적이면서도 비용 절감의 방법으로서 휴먼서비스(사회복지서비스)를 전달하려는 두 가지 목표를 염두에 둔 것이다(김기태 외, 2007). 이러한 사례관리는 특히 휴먼서비스 영역 중 사회복지실천에서 주요한 전략으로 급속히 부각되고 있다(Miley et al., 2007).

사례관리는 실제로 1990년대에 들어서면서 주목받고 있는 사회복지실천 서비스 중 하나이다. 사례관리는 클라이언트에 대한 치료와 더불어 조정이라는 부분에 더 관심을 가진다. 사례관리가 이전부터 의미 있는 수단이 되었다 할지라도 실제 1990년대 중반이 되기 전까지는 사회복지 분야에서 그리 많은 기초적 과업은 아니었다. 그러나 비교적 짧은 시간 내에 사례관리로 전환되었다. 이렇게 빠르게 사례관리에 관심을 보인 것은 비용의 억제와 보호체계의 관리 필요성, 그리고 전통적인 접근방법이 너무 오랜 시간이 소요된다는 인식이 증대하면서부터이다.

최근에 사회복지실천에서 사례관리가 어떤 형태를 지녀야 하는가에 대한 논란은 많지만 사례관리는 클라이언트의 복합적인 문제에 대응할 수 있는 자원(resources)을 발굴하고 연계시켜 주며, 서비스의 조정을 통해서 지속적인 서비스를 제공받도록 돕는 조정자(coordinator)의 역할이 강조된다. 즉, 사례관리는 전문적이지만 세분화된 전문성을 요구하기보다는 포괄적인 전문성을 지향하는 듯 보인다.

이러한 사례관리가 자리매김을 하는 데에는 다음의 요소가 배경이 되었다.

### (1) 탈시설화

탈시설화(deinstitutionalization)는 사례관리의 필요성이 강조된 가장 중요한 배경이다. 대규모 수용시설에서의 서비스 제공은 모든 것이 구비되어 있는 한 시설 내에서 중앙집권적인 행정적 관료주의를 통해 이루어진다. 이와 같은 서비스는 시설수용자들을 그들의 가장 의미 있는 환경체계인 가족 및 지역사회와 격리시키는 결과를 초래하여 지역사회 환경과의 상호작용을 차단시켰으며, 점차 지역사회로의 복귀를 불가능하게 만드는 문제를 일으켰다. 이러한 문제를 해결하기 위해 탈시설화된 클라이언트를 지역사회 내에서 지속적으로 보호, 관리할 수 있는 방법으로 대두된 실천모델이 바로 사례관리이다(양옥경 외, 2011). 즉, 서비스를 통합적으로 제공하는 관리(manage)

체계가 필요했던 것이다.

### (2) 복잡하고 분산된 서비스 체계

사례관리는 점차 고도로 복잡하고 분산되는 복지 관련 서비스에 대한 조정의 필요성에서 등장하였다. 이러한 서비스는 중복될 뿐만 아니라 필요한 서비스를 받기 위한 각각의 연계성이 부족하였다. 이것은 서비스의 단편화(斷片化)를 가져왔고, 클라이언트는 각기 다른 기관을 방문해야 하는 문제가 생겼다. 더구나 클라이언트의 욕구가 차단되거나 방해받는 경우도 생겨났다. 따라서 이러한 복잡하고 분산된 서비스 체계에서 서비스의 연계성을 확보하여 클라이언트의 생활 전반을 다룰 수 있는 서비스의 기능이 필요했다.

### (3) 클라이언트와 가족에게 부과되는 과도한 책임

비공식적이지만 중요한 도움체계였던 이웃과 친지 등이 물리적, 심리적으로 거리가 생기면서 클라이언트와 그 가족은 지역사회 내의 적절한 환경 자원의 미비로 많은 책임을 떠맡게 되었다. 또한 이로 인해 과도한 스트레스가 발생하였다. 따라서 클라이언트와 그 가족이 환경 자원을 개발하고 연결할 수 있도록 돕는 서비스 기능이 필요했다.

### (4) 다양한 문제와 욕구를 가진 클라이언트의 증가

탈시설화 정책으로 점차 지역사회에 거주하는 정신 및 신체 장애인이 증가하게 되었다. 이들에게는 소득, 주택, 재활, 자립 등 복합적인 서비스가 요구된다. 이와 함께 급속한 사회 변화 등으로 인해 복합적인 문제를 가지고 살아가는 사람들이 늘고 있다. 특히 노령 인구와 장애인의 증가로 인해서 이들이 지역사회에 적응하는 데 따른 다양한 문제가 발생하였다. 따라서 이러한 사람들이 지역사회에서 살아가는 데 필요한 서비스를 조직하고 연계하며 조정하여 그 욕구를 충족시킬 수 있는 활동이 필요하였다. 이에 따라서 사례관리가 주목을 받기 시작했다.

### (5) 서비스 비용 억제
대인복지서비스는 제한된 자원 안에서 서비스 전달의 효과를 최대화하는 것이 목표이다. 이것은 가능하면 최소의 비용으로 자원을 효율적으로 사용함으로써 서비스 비용 효과를 높이고, 서비스 간의 중복을 피하는 전문기술을 요구하였다. 사례관리는 이러한 상황에서 클라이언트에 대해 서비스를 조정하고 관리하는 등 비용을 억제하는 수단으로 적합하다고 평가받게 되었다.

## 2) 사례관리의 기본 원칙

### (1) 지속성
사례관리를 받아야 하는 클라이언트는 만성적인 질환이나 장기적으로 해결해야 하는 문제를 갖고 있는 요보호 집단인 경우가 많다. 따라서 클라이언트를 지속적으로 보호해야 한다. 사례에 따라서는 생애를 통해 적절한 서비스를 통해서 문제나 질환과 그로 인해 파생되는 고통들을 관리해야 할 때도 많다. 이러한 지속성은 클라이언트의 다양한 요구를 충족시키기 위해 포괄적인 서비스를 제공하는 한편, 시간의 경과에 따라 변화하는 개인의 욕구에 반응하는 서비스를 계속해서 제공해 주어야 한다.

### (2) 포괄성
서비스의 포괄성은 클라이언트의 다양한 욕구에 반응해야 하는 것을 말한다. 클라이언트의 전반적인 생활의 질을 유지하고 향상하기 위해서는 다각적인 서비스가 제공되어야 한다. 즉, 의식주는 물론 보건의료, 경제 및 사회적 서비스 등 전반적인 복지욕구에 대응해야 한다.

### (3) 통합성

통합성은 사례관리서비스를 전달하는 다양한 서비스 체계(의료, 주택, 행정, 여가 등)를 클라이언트를 중심으로 서비스를 연결하는 것을 말한다. 사회복지사는 사례관리에서 클라이언트를 둘러싼 갖가지 서비스를 파악하고, 관련 기관의 서비스와 관련 전문가들의 기능을 적절히 통합하는 노력이 중요하다. 이처럼 서비스가 통합된다면 서비스 중복이나 누락을 예방할 수 있고, 기관 및 전문가들 사이에 서비스를 둘러싼 갈등을 줄일 수도 있다.

### (4) 개별성

클라이언트는 독특하다. 유사한 문제를 안고 있더라도 그 문제를 받아들이는 클라이언트의 수용능력과 성향은 다르다. 따라서 클라이언트의 문제를 개별적으로 이해하고, 클라이언트에게 맞는 구체적인 서비스를 제공해야 한다.

### (5) 자율성

클라이언트가 가능한 범위 내에서 스스로를 돕는 노력을 하도록 지원한다. 결국 자조의 역량을 갖출 때 더 큰 만족을 가질 수 있기 때문이다.

### (6) 접근성

클라이언트가 서비스에 쉽게 접근할 수 있도록 한다. 클라이언트가 해당되는 서비스에 접근할 때 부딪히는 장애물(자격 기준, 규제, 정책, 절차 등)을 제거하거나 조정하여 보다 쉽게 필요한 서비스에 접근할 수 있도록 돕는 것을 뜻한다. 사회복지사는 다양한 서비스 체계와 협상하고, 클라이언트를 옹호하는 등의 역할을 통하여 클라이언트의 서비스 접근성을 높여 주어야 한다.

## 3) 정의

사례관리에 관한 하나의 합의된 개념을 찾기란 어렵다. 사회복지실천의 역사에서 사례관리는 대상자의 욕구, 서비스의 목적 및 서비스 제공자의 역할에 따라 다양하고 포괄적으로 적용되어 왔기 때문이다. Moxley는 사례관리에 대하여 복합적인 욕구를 가진 사람들의 기능 향상과 복지를 위해 공식적·비공식적 자원과 사회 지지망의 활동을 조직, 조정, 유지하는 것이라고 정의했다. 사회복지실천에 있어서 사례관리는 요보호 집단(장애인, 노인, 만성질환자 등)에게 지역사회 차원에서 지속적이고 통합적인 서비스를 제공하기 위해 관련 복지서비스를 조직, 연결, 조정하는 실천방법이라고 정의할 수 있다.

이러한 사례관리는 클라이언트의 참여와 강점에 대한 이해를 전제로 한다. 만약 클라이언트의 역량과 관심 등을 외면한다면 자칫 클라이언트를 무능력하고 나약한 대상으로 취급하면서 단순히 '관리'하는 것에 그치는 것이기에 경계해야 한다. 사례관리에서 '관리'는 클라이언트에 대한 관리가 아니라 서비스를 관리한다는 의미로 받아들여야 한다(Kirst-Ashman & Hull, 1999; 김기태 외, 2007). 사례관리는 단순한 조정을 중심으로 한 간접서비스가 아니라 클라이언트에 대한 상담 등 직접서비스까지 포괄하는 통합서비스이다.

종합적으로 볼 때, 사례관리는 개별 클라이언트의 복합적인 욕구에 초점을 두고 기관의 기능과 목적에 한정하기보다는 클라이언트의 문제해결과 관리 및 조정에 초점을 맞추며, 이미 계획된 프로그램에 기반을 두기보다는 개별 서비스를 계획하여 실천하는 활동이다. 이것은 일반주의 사회복지실천에서 좀더 통합적으로 접근하는 실천모델로서 이해해도 될 것이다.

## 3. 사례관리의 이론적 기반

사례관리는 문제에 대한 제거 이전에 생애과정에서 문제를 잘 관리하고 처리할 수 있는 능력에 중점을 둔다. 따라서 클라이언트가 자기결정 권한을 충분히 활용할 수 있는 능력과 환경적 조정에 관심을 둔다.

스스로 힘을 가질 수 있도록 역량을 높이는 것은 물론 사회적 자원과 관계망을 적절히 활용하여 욕구를 충족할 수 있는 기회를 얻는 데까지 초점을 맞춘다.

이러한 관점에서 임파워먼트와 생태체계적 관점, 사회적 지지망은 사례관리의 관련 이론으로서 영향력을 갖는다.

### 1) 임파워먼트

사회복지실천에서 임파워먼트는 클라이언트에게 힘을 부여하여 스스로 삶의 통제력을 높이는 데 있다. 사례관리 실천에서는 이 개념의 바탕위에 사회복지사와 클라이언트의 동반자적 관계와 클라이언트의 강점 등을 주목한다. 클라이언트의 문제를 확인하고 치료하는 것보다는 해결을 위한 클라이언트의 능력 향상을 모색하고, 사회복지사의 전문가로서의 능력보다는 클라이언트와 협력적 동반자 관계를 강조한다.

따라서 사례관리에서 임파워먼트는 클라이언트가 강점을 갖고 있다는 기본 전제 아래 클라이언트가 사회 환경에서 잠재적 자원을 찾아낼 수 있도록 함께한다는 데 있다. 이러한 클라이언트의 문제해결 및 긍정적 변화의 과정에서 클라이언트는 완벽히 동반자로서 과정에 참여하여 함께 활동해야 한다는 전제가 내재되어 있다.

사실 사회복지사와 클라이언트가 동반자 관계가 된다는 것은 클라이언트를 동반자적 지위로 만드는 과정을 통해 전문적 관계에서의 전문성과 능력을 확산시키는 데 있다. 따라서 자신의 문제를 가장 잘 알고 이해하는 클라이언트를 상황의 전문가로서, 문제해결을 함께하는 사람으로서 역할을 규정하는 것이다. 나아가 클라이언트에 대한 옹호의 주요한 사례관리의 기법도 클라이언트의 참여가 전제되지 않고서는 수동적 입장으로 전락할 수밖에 없다. 결국 스스로 옹호할 수 있는 힘이 있을 때 변화할 수 있다. 클라이언트에게 자신의 변화에 대한 책임을 갖게 함으로써 미래 방향을 설정하는 문제의 주도자로서의 역할을 부여한다.

### 2) 생태체계적 관점

사회복지는 오랫동안 개인을 변화시키는 방법 및 기술 개발에 집중해 왔으나, 환경을 변화시키는 문제는 간과해 왔다. 이에 따라 환경을 변화시키는 방법은 실천에서 상대적으로 관심을 덜 받았다. 비록 사회복지실천의 초점이 '환경 속의 인간'에 있었다 할지라도 인간과 환경 두 가지의 다른 기술과 기법뿐만 아니라 다른 사회복지사를 요구하는 것으로 이해되었다. 실제 사회복지실천 도움방법에서 방법의 분리가 불가능한데도 불구하고 이러한 흐름으로 진행되었다.

생태체계적 관점은 사회복지실천이 가진 이러한 문제점을 극복하는 데 도움을 주었다. 인간과 환경은 별개로 분리된 것이 아니라 서로 지속적으로 상호교류하면서 존재한다는 사실에 대한 인식을 줌으로써 인간과 환경은 둘 중의 하나가 아닌 '관계' 속에서만 이해될 수 있다는 것이 이해되었다. 이것은 오랫동안 '환경 속의 인간' 또는 '심리사회적'이라는 사회복지의 관점을 설명하는 데 적합한 개념으로 등장하였다(장인협, 우국희, 2001).

특히 인간의 다양성 및 인간과 환경 간의 상호관계를 이해하는 방법을 제공하는 생태체계적 관점은 사례관리실천에서 인간과 인간을 둘러싼 환경이 어떻게 작동되는가에 대한 내용에서 사회복지사들이 클라이언트와 함께 클라이언트의 잠재적 역량을 개발하고 욕구 충족에 필요한 다양한 자원을 조정하고 발굴하는 데 중요한 개념틀을 제공한다.

### 3) 사회적 지지망

사회의 복지 수요가 증가함에 따라 사회복지에서 공공부문의 역할도 점차 커질 수밖에 없다. 따라서 공공 서비스 기관이 증가하고 다양해지지만, 내용 면에서 관료제적 성격과 전문성이 강하게 나타난다. 이에 따라 클라이언트의 일상적인 보호 및 서비스 욕구는 오히려 충족이 어려워진 측면이 있다.

원래 복지의 일차적 지원은 한 개인을 둘러싼 가족, 친지, 이웃 등의 자원이었다. 새삼 비공식적 자원 또는 지지체계의 역할을 재조명하게 된다. 그렇다고 해서 개인적 수준에서의 비공식적 자원과 서비스를 접근하기에는 복잡한 시대가 되었다. 따라서 전문적인 수준에서 새롭게 조명되는 비공식적 지지 체계를 통해 개인(클라이언트)의 일상적이고 통상적인 생활 속에 문제해결 및 적응능력을 향상시키려는 집합체에 대한 관심이 높아졌다. 즉, 사회적 지지 망(social supports network)은 이렇듯 개인이 사회 속에서 주로 비공식적이고 다양한 자원과 서비스를 통해서 정서적 · 물질적 · 심리적 · 정신적 지지를 얻을 수 있는 기회를 줄 수 있는 사회적 관계의 연결고리 또는 집합체이다.

사회복지실천의 기본적 목표는 클라이언트의 삶의 질을 높이는 일이다. 이를 위해서는 사회적 지원체계와 지지망의 영향이 크다. 사례관리는 공식적이고 전문적인 서비스와 비공식적인 사회적 지지망을 조정하고 통합한다. 즉, 클라이언트를 '상황 속의 인간'으로서 환경과의 상호작용을 강조하고, 함께 살아가는 새로운 사회적 지지 기반을 확보함으로써 생애과정에 일어나는 다양한 생활상의 문제에 도움을 주는 데 부합한 방법이다. 이러한 사회적 지지망은 실천분야에서 비공식적 지지망, 비공식적 지지망과 전문적 개입에 의

해 형성된 비공식적 지지망의 통합적 개념, 비공식적 지지망과 공식적 지지
망의 통합적 개념 등 세 가지 개념으로 사용되어 왔다. 사회복지실천의 주요
개입 대상은 사회적 지지망에 의해 제공되는 사회적 지지 욕구를 충족시키지
못하는 개인, 집단 및 지역사회이다. 특히 이용 가능한 자원을 가지고 있는
개인이 이러한 것들을 적절하게 활용하지 못할 경우 사회적 지지망의 활용을
돕는 데 있다. 그러나 사회적 지지망이 지지할 수 있는 사회적 자원을 결여하
고 있는 경우에 개입의 목적은 비공식적 지지망을 형성시키거나 공식적 지지
서비스를 제공하는 데 있다.

## 4. 사례관리의 유형

### 1) 기능에 따른 분류

#### (1) Rose

Rose(1992)는 주요 기능에 따라 〈표 13-1〉과 같은 세 가지 모델을 제시
하였다. 첫째, 아웃리치, 클라이언트 사정, 계획, 의뢰라는 최소한의 기능만
을 수행하는 최소한의 모델(minimal model), 둘째, 최소한의 모델에서 수행
되는 모든 기능에 더해서 옹호, 직접적 케이스워크, 지지체계 개발, 재사정
의 기능을 포함하는 조정모델(coordination model), 셋째, 조정모델의 모든 기
능에 더하여 모니터링, 공공교육, 위기개입 등의 기능을 갖는 포괄적 모델
(comprehensive model)로 분류하였다(장인협, 우국희, 2001에서 재인용).

**표 13-1** 기능에 따른 사례관리의 세 가지 모델 비교

| 최소한의 모델 | 조정모델 | 포괄적 모델 |
|---|---|---|
| • 아웃리치<br>• 클라이언트 사정<br>• 케이스 계획<br>• 서비스 제공자에게 의뢰 | • 아웃리치<br>• 클라이언트 사정<br>• 케이스 계획<br>• 서비스 제공자에게 의뢰<br>• 클라이언트 옹호<br>• 직접적 케이스워크<br>• 자연적 지지 체계개발<br>• 재사정 | • 아웃리치<br>• 클라이언트 사정<br>• 케이스 계획<br>• 서비스 제공자에게 의뢰<br>• 클라이언트 옹호<br>• 직접적 케이스 워크<br>• 자연적 지지체계 개발<br>• 재사정<br>• 자원 개발 옹호<br>• 서비스 질 모니터링<br>• 공공교육<br>• 위기 개입 |

### (2) Moore의 분류

Moore(1992)는 지역사회의 자원 보유 정도와 지역사회 내의 서비스 통합 정도에 따라 케어 매니지먼트의 기능이 달라짐을 제안했다. 또한 이 두 가지 차원을 중심으로 케어 매니지먼트의 기능을 구분했는데, 복합적인 욕구를 지역사회 내에 분산되어 있는 다양한 자원과 연결시키는 것이 케어 매니지먼트의 핵심적인 특징인 만큼 자원이 풍부할 때와 빈약할 때, 그리고 서비스 전달체계가 통합되어 있을 때와 통합되어 있지 않을 때 케어 매니지먼트의 기능이 달라질 수밖에 없다.

첫째, 자원도 많고 서비스의 통합 정도가 높은 경우이다. 케어 매니지먼트는 클라이언트의 욕구에 어떤 자원이 가장 적절한지를 찾아 연결하는 역할이 중심이 된다. 이때 마케팅(marketing)의 기능이 중시되는데, 마케팅은 시장 경제적 의미에서 서비스를 판매한다는 뜻이 아니라 욕구에 맞는 서비스를 선택해서 연결시킨다는 의미를 함축한다.

둘째, 자원은 희소하지만 서비스의 통합 정도가 높은 경우이다. 이때 자원

을 가장 효율적으로 할당하는 역할이 중요시된다. 즉, 배분(rationing)의 역할
이 중요하게 대두된다.

셋째, 자원은 충분한데 서비스의 통합 정도가 낮은 경우이다. 이때 다양한
서비스 제공자로부터 서비스를 클라이언트에게 중개(brokering)하는 역할이
부각된다. 최근 지역사회에 기반을 둔 장기적 보호사업들은 대개 이 접근을
반영하고 있다.

넷째, 자원과 서비스 통합의 수준이 모두 낮은 경우이다. 이때 자원을 개발
해서 조정하는 기능이 중시된다. 이러한 기능은 현실적으로 많은 어려움이
뒤따르지만 빈민을 표적으로 하는 대부분의 실천 영역이 직면하고 있는 문제
이기도 하다. 개발(developing)의 기능이 요구된다.

## 2) 사례관리 매니저 유형에 따른 분류

사례관리는 사회복지실천만의 고유한 영역이 아니다. 경영학에서부터 간
호학까지 다양한 학문과 실천분야에서 활용되고 있는 실천적 모델이다. 따
라서 그 속에서 일하는 사람은 전문가도 있고, 준전문가나 자원봉사자도 있
다. 그러나 기본적으로 사례관리가 발전적인 모델로서 실천적 활용이 활발
하기 위해서는 전문가의 필요성이 강조되어야 한다. 흔히 사회복지실천모델
에서 말하는 일반주의 실천, 전문 실천과 유사한 형태인 사례관리의 실천 전
문가의 두 가지 모델을 다음에서 제시한다.

### (1) 일반주의 실천가 모델(generalist case manager model)

이 모델은 한 명의 전문가가 클라이언트에게 제공되는 모든 서비스를 묶는
하나의 창구가 된다. 한 명의 클라이언트가 모든 서비스 관련 기능을 수행하
는 책임을 진다. 이러한 일반주의 실천가는 사례를 돕기 위해서 공식 및 비공
식적 자원을 활용하는 광범위한 과업 수행능력을 갖추어야 한다. 이 접근은

**표 13-2** 일반주의 실천가 모델의 장점과 단점

| 구분 | 장점 | 단점 |
|---|---|---|
| 클라이언트 | • 반응의 신속성<br>• 분명한 책임 소재<br>• 총체적인 접근 가능<br>• 서비스의 지속성 및 조정 | • 한 명에게 과도한 의존<br>• 전문적 역할의 남용 위험 |
| 실천가 | • 자율적 실천<br>• 다양한 기술을 수행할 기회의 극대화 | • 책임 부담이 큼<br>• 직원의 소진 |
| 기관 | • 역할, 책임의 명확성<br>• 자원의 비용 효과적인 이용<br>• 조직 변화가 거의 요구되지 않음 | • 다른 기관의 자원에 접근하기 어려움<br>• 타 기관과의 자원 관리에 대한 동의 필요 |

장기적 보호를 필요로 하는 사람들에게 중요하다. 많은 장점에도 불구하고 이 모델은 사례관리자에게 너무 많은 기술과 지식을 기대하며 장기적 보호에 대한 정서적 부담이 높다는 단점이 있다. 클라이언트, 실천가, 기관의 입장에서 이 모델이 갖는 장점 및 단점은 〈표 13-2〉와 같다(장인협, 우국희, 2001 참조).

### (2) 전문 실천가 모델(specialist case manager model)

다른 기능을 갖고 있는 다른 전문직 실천가들이 하나의 클라이언트를 담당한다. 이처럼 공동으로 과업을 수행하는 일은 팀(team)이 상호 간에 소통과 협력 및 업무 분담이 잘 이루어지면 클라이언트를 돕는 일에 많은 효과를 볼 수 있다. 또한 전문가들은 관련된 과업만을 담당함으로써 소진(burn-out)을 덜 경험하게 된다. 그러나 팀 접근방법이 사정 및 계획 단계 이후에도 계속되면 전반적으로 비용 부담이 커질 위험이 있고, 전문가 간의 경쟁이나 갈등이 부정적으로 표출될 수 있다(장인협, 우국희, 2001 참조).

**표 13-3** 전문 실천가 모델의 장점과 단점

| 구분 | 장점 | 단점 |
|---|---|---|
| 클라이언트 | • 한 명의 실천가에 대한 의존 약화 | • 비연속성, 서비스 불일치, 관계 형성 저하, 신체적 · 심리적 욕구를 분리시키는 경향 |
| 실천가 | • 특정 영역에서의 심도 높은 능력 개발<br>• 직원 소진 최소화, 소외감 방지 | • 팀 성원 간의 부조화 |
| 기관 | • 직원의 비용 효과적인 이용<br>• 상이한 기술 이용의 최대화<br>• 지식, 기술의 공유 증대 | • 팀 성원 간 조정의 어려움 |

## 5. 개입과정

### 1) 접수

접수(intake)는 사례관리실천에 적절한 클라이언트를 발견하고 발굴하는 첫 활동이다. 접수는 주로 세 가지 형태로 전개된다. 첫째, 클라이언트가 자발적으로 사회복지기관에 찾아오는 경우이다. 둘째, 가족이나 친지 또는 친구를 비롯하여 사회복지 관련 기관(행정기관, 보건소) 및 자원봉사자 등으로부터 의뢰하는 경우이다. 셋째, 사례관리의 필요성을 느끼는 사람이나 가족과의 직접적인 접촉, 즉 아웃리치 등의 방법이다.

접수과정에서는 자발적이든 비자발적이든 클라이언트의 저항과 무력감 등 심리적 역동성을 이해하여 편안한 상황에서 참여를 통한 변화의 동기를 가지도록 하는 일이 중요하다. 또한 발견된 사례에 대한 스크리닝(screening) 단계가 필요하다. 스크리닝은 서비스 이용에 해당되는 특성을 가진 사람에 대하여 사례인지를 파악하여 사례관리실천방법의 효과성을 판단하는 일이다. 성공적인 스크리닝은 시간의 낭비와 적절하지 않은 조치를 최소화함으로써 사례관리실천의 효과성을 향상시킨다.

## 2) 사정

접수과정을 통해서 클라이언트가 사례관리실천의 대상이라고 판단되면 클라이언트의 욕구(need)와 자원을 파악하고 상호관계성을 전체적인 맥락에서 파악하는 사정(assessment)이 진행된다. 사례관리에 있어서의 사정은 전통적인 사회사업실천의 과정에서의 사정과 동일한 용어를 사용하고 있으나 사정의 내용접근에 있어서는 차원을 달리한다. 실제 최근의 사례관리는 직접 사정부터 시작하는 경우도 많다.

사회사업실천모델에 있어서의 사정은 일반적으로 클라이언트의 심리사회적인 문제에 초점을 두고 문제의 성격, 문제의 근본적 원인을 역학적으로 분석하는 접근방법을 사용한다(문인숙 외, 1976). 이에 반하여 사례관리실천에서는 클라이언트의 문제와 그것의 원인 분석보다는 클라이언트의 욕구에 초점을 맞추고 욕구에 대응하는 본인, 가족의 역량(competence)과 강점(strength), 파워링(powering)과 제한점 그리고 공식적·비공식적 지지망의 역량 등을 동시에 명확히 하고 분석하는 사정이라고 할 수 있다.

따라서 사례관리실천에 있어서 사정은 다음의 다섯 가지를 포함한다. 첫째, 클라이언트의 욕구를 사정한다. 둘째, 욕구에 대응하고 반응하는 클라이언트의 능력을 사정한다. 셋째, 클라이언트를 둘러싼 사회적 지원체계를 사정한다. 넷째, 공식적 지원체계에 대한 사정을 한다. 다섯째, 자원에 접근하는데 있어 장애물이 무엇인가를 사정한다.

이러한 사정과정을 Moxley는 다음의 일곱 가지로 제시하였다. 첫째, 욕구에 기반한 사정이다. 둘째, 클라이언트 욕구의 일부가 아닌 전반적인 영역의 욕구에 포괄적으로 사정한다. 셋째, 클라이언트의 욕구를 이해하고 분석하

기 위해 다양한 분야의 전문가들과 학제적 사정을 한다. 넷째, 클라이언트의
자기결정을 존중하고 참여시키는 참여적 사정을 한다. 다섯째, 지속적이고
유동적이며 점진적인 유형의 일련의 과정으로서 사정을 한다. 여섯째, 체계
적으로 사정한다. 일곱째, 사정이 끝났을 때 다시 계획 수립과 개입을 도출하
는 사정이 되도록 한다(Moxley, 1989).

## 3) 계획

클라이언트의 욕구와 자원에 대한 사정이 이루어지면 욕구와 이용 가능한
자원들을 연결시키는 계획을 수립한다. 계획은 클라이언트의 확인된 욕구,
목표 달성을 위한 필요한 자원 및 서비스, 클라이언트의 사회적 지지망, 관련
전문가 등과 합의를 발전시켜 나가는 일련의 과정이다. Moxley는 계획단계
에서 다음의 주요한 여섯 가지 사항을 제시하였다(김만두, 1993).

- 욕구영역을 우선순위화
- 클라이언트 목표의 명확화
- 목표를 달성하기 위해 클라이언트에게 필요한 서비스와 자원을 연결
- 목표에 따른 서비스 지원에 참여할 전문가와 사회적 지지망의 구성원을
  결정하고 역할과 행동을 구체화
- 각각의 목표와 관련한 시간 배분
- 일련의 활동 속에서 클라이언트의 삶의 변화를 파악하고, 기대되는 변
  화를 계획 속에 포함

## 4) 실행

클라이언트의 욕구를 사정하고 계획을 수립한 다음에는 크게 직접적 서비스 개입과 간접적 서비스 개입으로 구분하여 실행한다.

직접적 서비스 개입은 클라이언트의 임파워먼트를 강화하는 데 초점을 맞추고, 간접적 서비스 개입은 클라이언트를 대신하여 서비스나 자원 체계와 연계하여 공급체계를 변화시키거나 클라이언트를 필요한 자원체계와 연계하거나 중개하거나 중재·옹호하는 활동이다.

### (1) 직접적 서비스 개입

사례관리자로서 사회복지사는 자주 무기력하고 스스로 자신의 능력을 평가절하하는 클라이언트를 만나게 된다. 이들은 사회복지서비스에 대해 쉽지 않은 접근을 경험했거나 잘못된 처우를 받았던 사람들이다. 이러한 경험은 자칫 무력감을 학습하게 된다.

따라서 사회복지사는 클라이언트가 갖는 약점과 무기력, 한계 등에 초점을 두지 않고 클라이언트의 강점, 잠재적 힘에 관심을 둔다. 제한성에 초점을 두는 것이 아니고 그의 강점, 할 수 있는 힘, 잠재적으로 내재하고 있는 역량과 엠파워링을 강화하는 것으로 초점을 둔다. 직접적인 개입에 있어서 사례관리자는 클라이언트의 문제해결능력, 상황 대처에 있어서 자기능력 지향의 수준에 맞추어 점진적으로 클라이언트의 역량을 강화하는 기술을 적용해 간다.

### (2) 간접적 서비스 개입

간접적 서비스 개입은 사회복지사가 클라이언트를 대신해서 서비스 체계가 클라이언트에게 긍정적으로 작용하도록 변화시키는 노력이다. 이러한 간접적 서비스 개입은 주로 다음과 같은 상황에서 이루어질 수 있다. 첫째, 클라이언트 개인적 관점에서의 개입이다. 즉, 클라이언트에게 알맞은 서비스가 없거나 새로운 자원이나 서비스가 필요할 때 클라이언트를 위한 서비스나 자원을 만드는 일이다. 둘째, 조직적 수준의 변화이다. 클라이언트가 이전에 받은 서비스가 적절하지 않았다고 판단될 경우 또는 클라이언트를 위한 정책에 변화를 도모할 때 관련 기관들과 함께 이러한 변화 노력을 이루는 것이다. 셋째, 환경적 개입이다. 이것은 주로 클라이언트와 함께하기보다는 사회복지사가 클라이언트의 욕구 충족의 목표를 달성하기 위해서 환경을 사정하고 개입방법을 찾아내는 일이다. 넷째, 지역사회 역량 강화이다. 클라이언트뿐만 아니라 클라이언트와 유사한 사례를 갖고 있는 사람들을 위해서 지역사회의 서비스 체계를 이해하고 강화하는 일이다.

한편, Moxley(1989)는 사례관리자의 간접적 서비스 개입의 전략을 여섯 가지로 구분하여 다음과 같이 상세하게 설명했다.

- 중개(brokering)적인 개입전략
- 연결(linking)적인 개입전략
- 조정(coordinating)적인 개입전략
- 옹호(advocating)적인 개입전략
- 사회적 네트워크(social network) 수립을 위한 전략
- 기술적 지원(technical assistance)과 협상(consultation)을 제공하는 개입전략

중개와 연결은 공식적으로 대인 서비스를 얻는 전략이고, 조정은 서비스가 효과적으로 클라이언트의 욕구에 반응하도록 유도하는 전략이다. 또한 옹호는 서비스의 이용성과 접근성을 높이고 서비스를 얻도록 하는 데 유용한 전략이다. 사회적 네트워크는 클라이언트의 사회적 지원체계에 의한 자원의 급부를 증가시키기 위해 이용되는 전략이다. 그리고 기술적 지원과 협상은 공식적인 대인 서비스 제공자나 사회적 네트워크 구성원 중 어느 하나와 함께 직접적으로 일할 경우에 사례관리자인 사회복지사들에 의해서 이용되는

전략이다. 이러한 전략의 목적은 클라이언트의 욕구에 대응하는 다양한 자원과 서비스를 갖는 사람들의 책임성을 향상시키려는 데 있다.

## 5) 점검

일반적인 사회복지실천과는 다르게 사례관리는 점검(monitoring)이 매우 중요한 과정이다. 점검은 서비스 계획이 적절하게 이루어지고 있는가를 검토하는 일이다. 점검을 통해서 클라이언트에 대한 서비스 목표 성취 정도를 검토하고, 서비스 자원의 산출을 파악한다. 또한 클라이언트가 서비스를 받는 중간에 새로운 욕구가 생겼다면 계획의 변화가 이루어졌는가도 검토한다.

사례관리는 단순히 클라이언트가 요구한 정신적·물리적 욕구를 충족하도록 사회 자원과 연결시키는 데에서 한걸음 더 나아가 서비스 계획이 클라이언트의 욕구에 따라 적절히 제공되고 있느냐 하는 측면을 지속적으로 점검해 나가야 한다. 사례관리실천에 있어서 점검에는 크게 두 가지 측면을 명백히 하는 것이어야 한다.

첫째, 실질적인 점검이다. 실질적인 점검은 계획이 적절히 진행된 정도와 목표 달성이 이루어졌는가를 확인한다. 또한 서비스와 지원 내용의 적절성 그리고 계획이 수정될 만한 새로운 욕구와 자원체계와의 불일치 등을 점검하는 데 있다.

둘째, 계획의 효과성에 대한 질적인 점검이다. 실질적인 지원계획이 얼마나 잘 이행되고 있는가를 점검하는 것도 중요하나 사례관리실천의 모든 단계에서 계획의 질을 점검하는 것은 더욱 중요한 부분이다. 서비스 공급의 질을 확인하는 과정에는 여러 가지 사항이 포함되고 광범한 기술과 적절한 정보에의 접근도 필요하다. 사례관리 질의 점검에서는 확인된 욕구가 클라이언트에 대해서, 또 질과 양에 대해 서비스 공급 기관이 인정하고 있는 기준에 합치된 서비스가 제공되고 있는가를 확인하는 것이다. 이것을 효과적으로 수행하기 위해서는 관련된 다양한 장(settings)으로부터의 피드백이 필요하다.

## 6) 평가 및 재사정

평가는 사례관리자에 의해 형성되고 조정되는 서비스 계획, 구성 요소, 활동 등이 과연 시간을 투자할 만한 가치가 있는지 여부를 측정하는 과정이다. 사례관리의 평가는 첫째, 클라이언트에 관한 서비스와 개입 계획에 관한 평가, 둘째, 목표 달성에 관한 평가, 셋째, 사례관리 서비스의 전반적인 효과성에 관한 평가, 넷째, 클라이언트의 만족도에 관한 평가 등이 있다.

재사정(reassessment)은 평가에 의해서 욕구 변화와 자원체계상에 부적절성이 보이는 경우에 다시 사정하는 활동이다. 클라이언트의 사회생활상의 욕구가 충족되지 않고 생활상의 곤란이 생겨나고 있는 것이 명백한 경우에는 케이스 목표의 설정과 계획으로 돌아가 사례관리과정을 순환적으로 반복한다.

## 7) 결과 평가

결과 평가(Outcome evaluation)는 목표가 얼마나 달성되었는지를 결정하는 것에 초점을 둔다. 초기 사정 기간 중에 현재의 상태를 평가하고 개입 후의 상태를 평가하여 비교한다. 장기간의 서비스를 필요로 하는 대상자에게는 생활 상태나 능력의 향상 정도를 적절한 기간을 두고 평가할 수 있다.

# 6. 사례관리의 의의와 적용

사례관리가 치료적 기능을 갖는가 혹은 자원 연결 및 제공의 기능만을 갖는가 또는 어떤 전문직이 사례관리에 가장 적합한가는 아직도 논란이 계속되고 있다. 그러나 사례관리는 사회적 서비스 측면의 다양한 문제를 다루고 장기보호를 필요로 하는 집단과 다양한 욕구를 가진 클라이언트에게 적합하다.

따라서 사례관리는 '사회기능상의 문제를 가진 개인이 기능을 회복하고 발전하도록 개인과 주변 환경을 변화시키기 위해 지속적, 통합적으로 개입하는 방법'이라고 정의할 수 있다.

사례관리는 특히 재가중심적 보호영역, 정신보건영역, 직업재활영역, 노인복지서비스영역, 발달장애영역 등에서 활발히 활용된다. 또한 2010년에 개통한 사회복지통합관리망을 통해서 사회복지 급여와 서비스를 지원받는 대상자의 자격, 지원 내역을 통합적으로 관리하는 정보시스템을 활용하여 사회복지전담공무원이 신청 · 접수, 자산 조사, 지원 여부 결정, 급여 지급, 사후관리, 사례관리 등의 업무를 수행하고 있다.

이러한 사회복지통합관리망의 추진배경은 그동안 사회복지 분야에 투입되는 예산이 지속적으로 증가하고 복지서비스도 다양해졌지만 이를 관리하는 관리시스템과 복지서비스를 전달하는 전달체계가 선진화되지 못했다는 반성에서 시작되었다. 그래서 많은 국민에게 복지서비스의 효과를 체감하게 하는 한편, 복지 재정을 효율적으로 운영하도록 전달체계 개선을 목표로 하였다. 또한 사회복지전담공무원의 과다한 업무와 각각의 복지서비스도 선정 기준이 복잡하고 달라서 자산 조사 등 대상자 선정을 위한 행정 업무를 처리하느라 사각지대 발굴, 사례관리, 찾아가는 서비스 등 본연의 복지서비스를 제공하기 어려운 실정이었다는데도 사회복지통합관리망 확립의 배경이 있다.

그러나 이러한 취지에도 불구하고 사회복지전담공무원의 절대적인 수의 부족과 사례관리에 초점을 맞추기보다는 서비스의 중복성을 파악하여 복지 재정의 효율성을 꾀하는 데 중점을 두고 있어 사례관리의 활성화에 도움이 되는가에 대한 평가는 유보적이다.

한편, 재가복지센터에서 사례관리는 많은 도움이 된다. 지역사회 복지 차원에서 클라이언트의 다양한 욕구에 반응하는 재택서비스를 통하여 클라이언트의 일상을 지속적으로 점검한다는 차원에서 사례관리는 중요하다. 우리나라 재가복지서비스에서 자원봉사자의 활용은 서구 사회와 비교하여 독특한 측면이 될 수 있기 때문에 자원봉사자를 활용 범위와 역할 설정 등에 대한 숙련된 조정이 필요하다. 특히 재가노인복지서비스에서 사례관리의 비중이 점차 증가하고, 아울러 지역사회 자원을 동원하고 연결하며 조정할 수 있는 사례관리자의 역할이 중요하다.


## 7. 단기사례관리

사회복지실천 현장에서 사례관리에 대한 관심이 증가하고 있다. 이는 지역 중심의 복지서비스 전환의 추세와 맞물려 노인 및 장애인 인구의 급증도 주요한 이유라 할 수 있다. 더욱이 최근 보건복지부에서 위기가정에 대한 관리를 각 지자체에 권유하면서 사례관리를 통한 사회복지서비스에 대한 관심은 확산될 것으로 예측된다.

이러한 사례관리(case management)의 전통적인 모델은 장기모델이다. 주로 만성질환자를 치료적 개념보다는 지속적으로 관리한다는 차원에서 제시된 모델로 볼 수 있다. 그러나 사회복지실천 현장의 특성상 장기적인 관리를 필요로 하는 사례관리는 비효율성이 크다. 이와 관련하여 단기사례관리 모델을 주목해야 할 것이다.

단기사례관리모델은 상호의존적 경향에서 서로 다른 지원을 위해 자원과 연계하고 조정하는 데 초점을 맞춘다. 이 모델은 치료개입이지만 광범위한 맥락에서 현재의 문제를 분석하는 데 초점을 맞춘다. 그리고 그러한 문제를 조직적인 행동의 계획 아래서 사회, 정서, 재정, 의료 그리고 치료적 자원을 조정함으로써 문제를 효율적으로 해결하고자 한다. 이러한 단기사례관리모델은 적극적이며 상대적으로 간편하고 간결하다.

## 1) 단기사례관리모델

세 가지 전형적인 예를 통하여 본 단기사례관리모델은 다음과 같다.

---

**사례 1. 가출청소년 철수**

철수는 17세의 남성 청소년이다. 학교를 중퇴한 철수는 어머니인 혜숙의 유일한 자녀이다. 혜숙은 미혼모로서 철수를 혼자 길러 왔으며, 3년 전부터 남성을 사귀었는데 최근 그는 혜숙과 철수를 떠났다. 그래서 혜숙은 심한 우울증에 빠졌고 술을 마시기 시작했다. 혜숙은 철수의 방에 들어갔다가 그가 본드(유사 마약류)를 흡입하는 것을 알았지만 직접 야단치면 철수가 가출할까 봐 그에게 이야기할 수 없었다. 철수는 농구를 좋아했고, 학교에 다닐 때에는 농구팀 코치가 가정방문을 하여 농구부에 들어오라고 권유하고는 했다.

---

세 가지 사례는 복합적인 원인을 가지고 있다. 하지만 지속적인 치료와 오랜 기간 관리를 필요로 하지 않을 수 있다.

단기사례는 시간제한적이고 집중적이다. 예전 같으면 이들 사례는 사회복지기관에서 사례관리의 대상으로 인식하지 않았다. 그러나 오늘날 적어도 사례관리의 측면에서 이 세 가지 사례는 전형적이라고 볼 수 있다.

---

**사례 2. 미혼모 미영의 생활문제**

미영은 대학에 재학 중인 여학생이다. 이미 10대에 미혼모가 되어 장애가 있는 3세의 딸이 있다. 그런데 미영은 한 남자를 사귀면서 임신을 하게 되었고, 그로 인해 최근에 극도의 두려움을 갖게 되어 불면에 시달리고 있다. 미영은 이유 없이 종종 울고 불안감을 느끼고 있다고 고백했다. 그녀의 남자 친구는 아이를 낙태할 것을 요구하고 있다. 미영 또한 지금 키우고 있는 딸이 장애를 가졌기 때문에 다음에 태어날 아이도 마찬가지일 거라 믿고 있다. 정기적으로 하고 있는 아르바이트 가게의 사장님은 그녀에게 많은 도움을 주고 있지만, 아이 문제를 해결하지 못하면 일자리를 계속 유지하기 어려울 것 같다.

---

> **사례 3. 숙자의 이성과 경제생활 문제**
>
> 　숙자는 최근에 이혼한 43세 여성이다. 12세부터 20세까지 걸쳐 있는 삼남매의 어머니인 그녀는 경제적으로 어려워 차상위 계층으로 선정되어 정부의 보조를 약간 받고 있다. 내연의 남성이 있지만 이 사실은 숨기고 있다. 내연의 남성은 교도소를 들락거리며 특별한 직업 없이 살고 있으며, 종종 숙자와 아이들에게 신체적이고 정신적인 학대를 가한다. 내연의 남성은 비교적 오랫동안 숙자와 아이들과 관계를 맺고 있는데, 숙자는 그가 두려우면서도 그가 그들을 떠나는 것에 대해 힘들어한다. 그녀는 남성 없이 살기 어렵다는 것을 알기 때문에 양가감정을 갖게 된 것이다. 숙자는 외롭고 경제적인 도움을 필요로 한다.

## (1) 복잡한 원인

우선 이들 사례가 전형적인 이유는 복합적인 원인을 갖고 있다는 점이다.

- 철수는 학교 출석의 문제가 있고 그의 엄마인 혜숙은 우울하다. 그리고 알코올중독의 가능성이 있으며, 철수 또한 약물문제를 갖고 있다. 그리고 그의 어머니는 그를 어떻게 도와야 할지 모른다.
- 미영에게는 장애를 가진 딸이 있다. 그리고 그녀는 임신으로 인한 남성 친구와의 관계와 우울증에 대해 상담을 필요로 한다.
- 숙자는 사회, 재정적으로 압박받고 있다. 내연의 남성에게는 절망감을 느끼고 있다.

## (2) 일치된 관리(보호)의 필요성

　일사불란한 사례관리는 보호의 명백한 요구와 자원의 연계가 있기 때문에 적절하게 개입할 수 있다.

- 철수에게는 자신이 좋아하는 코치라는 좋은 자원이 있다. 미영에게는

그녀를 격려하고 도와주는 아르바이트 업체의 사장이 있다.
- 숙자의 지원체계 중 중요한 것은 학대 경력의 내연 남성의 문제를 도울 수 있는 사회복지사가 있다. 사회복지사는 숙자에게 적어도 지원의 주요 자원으로 도와줄 수 있을 것이다.

## (3) 시간제한적

단기사례관리모델은 전통적인 모델과 차이가 있다. 다른 모델, 즉 불확실한 예후와 장기간을 요구하는 장기모델과는 달리 시간제한적이다. 이 모델에서 초점은 복잡한 원인을 사정하여 자원과 연계하고 조정하며, 시간제한적인 경향을 갖는다는 것이다.

세 사례의 주인공은 몇 차례의 회기 동안에 사례관리 인터뷰를 할 수 있다. 비록 그들의 문제가 생애기간 동안 심각한 것일 수 있지만, 또한 그것은 즉각적이고 효과적인 개입의 가능성을 갖는다. 즉, 그들이 장차 유사한 상황에 부딪혔을 때 스스로 처리할 수 있는 생애에 중요한 대처기술을 새롭게 제공할 수 있다.

## (4) 집중적

사례관리모델은 관련 자원을 광범위하게 확보하여 목록화함으로써 집중적인 개입방법으로 또한 개입의 시작과 동시에 적극적으로 활용해야 한다.

이 모델에서 신념은 광범위하고 전체적으로 그러한 다양한 욕구에 맞닥뜨

철수와 미영 그리고 숙자는 사례관리 개입을 지난 몇 차례의 회기 동안에 받았다고 이야기한다. 그들의 문제가 심각하고 생애 전반에 관련된 한편, 효과적이고 즉각적인 케어가 새롭게 제공되어야 한다. 또한 장차 스스로 비슷한 문제를 처리할 수 있는 생애기술을 제공해야 한다. 이러한 일은 계획적으로 진행될 필요가 있다. 단기사례관리에서 시간제한적 기대는

클라이언트가 그들의 문제를 극복하는 데 유용한 기술을 가르침으로써 개인적 강점을 강화시킨다. 특별히 심리적 관점에서는 교육적이고 지시적인 접근이 필요하다. 철수, 미영, 숙자에 대한 사례관리의 기본 시각은 다음과 같다.

"우리는 미래와 현재를 위해 수많은 발전적인 대처기술과 학습 목표를 가지고 상담회기를 진행해 왔다. 당신은 변화와 성장의 역량을 가지고 있다. 또한 장차 새롭게 이와 같은 문제를 처리할 수 있는 역량도 갖고 있다."

려야 한다는 믿음을 갖는 것이다. 즉, 건강문제, 양육과 임신, 사회와 대인관계의 어려움, 경제적인 쟁점 모두가 한꺼번에 조정되어야 한다. 그러나 이들 문제는 집중적이고 시간구조적인 관점에서 개입하지만, 클라이언트는 단기 사례관리 이후에도 지속적으로 자신의 문제에 독립적으로 해결할 수 있도록 고려해야 한다.

- 철수와 어머니는 약물과 알코올 문제를 갖고 있다. 마찬가지로 우울과 사회적 낙오, 그리고 저조한 학업에 관심이 혼재되어 있다. 이러한 문제들은 부정적으로 상호작용한다. 그로 인해 더 많은 약물의 사용과 더 많은 사회적 고립 그리고 학업 부진으로 점차 더 우울하게 된다. 물론 모든 문제가 동시에 다루어져야 한다. 상호관련성이 있는 문제가 서로 영향력 있고 효율적이며 효과적으로 해결될 수 있도록 노력해야 한다.
- 미영 또한 현재의 임신과 그녀의 딸에 대한 관심과 연관해서 그녀의 불면증과 공포심을 볼 수 있도록 도와야 한다. 그녀는 사회복지사에 의해서 경제와 사회적 지원이 이루어지는 동안, 자신의 잠재적인 강점이 강화되도록 다양한 스트레스 요인을 감소시켜야 한다.
- 숙자의 여러 문제 또한 상호관련성이 있다. 그녀의 낮은 자존감, 신뢰할 수 없는 폭력적인 파트너에 대한 의존성이 있다. 숙자는 자기주장을 확

실히 할 수 있는 도움이 필요하다. 이와 함께 아이에 대한 지원과 보호가 있어야 한다. 그녀의 경제적 그리고 사회적 조건을 개선함으로써 그녀의 불안정과 외로움은 사라질 수 있을 것이다. 그리고 그녀가 원하지 않는 사람에게 의존함으로써 생기는 스트레스를 원천적으로 방지할 수 있도록 부정적 관계를 피하도록 도와야 한다.

## 2) 단기사례 관리의 단계

### (1) 초기 사정단계

클라이언트와의 관계 기초를 형성하는 동안 개입의 분위기를 가늠한다. 이 단계에서는 클라이언트의 생태적인 범위와 사회적 환경을 사정해야 한다. 여기에는 생활의 정리(조정), 회복 기능, 일, 관계 등이 포함된다. 또한 개인의 강점인 열정, 역량, 신뢰, 자원 그리고 사회적 지지망도 강점관점에서 사정해야 한다.

### (2) 계획단계

이 단계에서는 클라이언트의 목표와 소망이 보다 명백하고 솔직하며 개방되어 토론되어야 한다. 이는 자원의 접근 전략을 실제적으로 탐색하는 일이다. 이 단계에서는 특히 클라이언트와 사회복지사가 하나의 동반자가 되어야 한다. 클라이언트를 환자나 무력한 사람, 낙오자로 보아서는 안 된다.

### (3) 연계 및 조정 단계

이 단계는 활동단계이다. 문제와 클라이언트의 강점 그리고 자원을 구체적으로 제시한 후에 활동을 시작한다. 사회복지사와 클라이언트의 계획은 기본적으로 연계와 조정되는 자원, 지지로 구성되어 있다. 그리고 통합적이고 효율적이며 건설적인 체계 안에서도 도움을 받아야 한다. 즉, 클라이언트가 스스로 문제를 풀어 나가도록 그들을 도와야 한다. 클라이언트의 문제는 일반적으로 복합적이다. 마찬가지로 그가 갖고 있는 강점 또한 많다. 그래서 계획은 다면적인 부분에서의 발전이 필요하다.

### (4) 모니터링과 지지 단계

어떤 계획이라도 중간에 조정과 개선이 요구된다. 점검이 없는 진전은 사례관리의 성공을 보장하지 못한다. 사례관리 개입은 미세한 조정이 요구된다. 또한 목표에 도달할 수 있도록 지속적으로 수정, 조정되어야 한다. 클라이언트의 성장과 변화 그리고 발전을 지지하는 것도 본질적인 것이다.

### (5) 요약 · 평가 · 강화 · 보증 · 종결 단계

사례관리에서 종결은 큰 의미가 없다. 종결은 서비스의 중단을 뜻하지도 않을 수도 있다. 단지 시간제약과 최초 목표 설정 및 중간단계에서 개입 계획의 수정 등에 따른 성취 또는 결과가 평가되어야 하며, 그와 함께 긍정적인 변화를 지속화할 수 있도록 강화되고 보증되어야 한다. 이 전반적인 과정이 재탐색됨으로써 종결과정을 이루게 된다.

참고문헌

고미영(2007). 사회복지실천에서의 임파워먼트 접근에 대한 구성주의적 이해와 적용. 상황과 복지, 23, 131-161.

구자헌(1984). 한국사회복지사. 서울: 홍익제.

김기태, 김수환, 김명호, 박지영(2007). 사회복지실천론. 경기: 공동체.

나동석, 서혜석(2008). 사회복지실천론. 경기: 학현사.

백은령, 김선아, 양숙미, 엄미선, 윤철수(2008). 사회복지실천론. 서울: 대왕사.

양옥경, 김미원, 김정자, 김현숙, 박영희, 박인선, 서명선, 신혜량, 안혜영, 윤현숙, 이은주, 최인숙(1993). 사회복지실천과 윤리. 서울: 한울아카데미.

양옥경, 김정진, 서미경, 김미옥, 김소희(2011). 사회복지실천론. 서울: 나남출판사.

엄명용, 오혜경, 윤혜미, 김성천(2010). 사회복지실천의 이해. 서울: 학지사.

이원숙(2008). 사회복지실천론. 서울: 학지사.

장인협(1987). 케이스워어크: 이론과 실제(개정판). 경기: 수문사.

장인협(1989). 사회사업실천방법론(상). 서울: 서울대학교출판부.

장인협(1989). 사회사업실천방법론(하). 서울: 서울대학교출판부.

장인협(1999). 사회사업실천방법론(중). 서울: 서울대학교출판부.

장인협, 우국희(2001). 케어 · 케이스 매니지먼트. 서울: 서울대학교출판부.

한국브리태니커 편(2012). 브리태니커 백과사전.

황성철(2002). 임파워먼트(Empowerment)모델과 사회복지조직 관리. 한국사회복지행정, 6, 65-90.

홍현미라, 장수미, 최정숙, 박형원, 김주현, 이혜경, 이영선, 한인영(2016). 사회복지실천기술론. 서울: 학지사.

한국사회복지사협회. http://www.wealfare.net


得律愼子(2012). ソーシャルワークー相談援助の理論と方法の基礎ー. 東京: ふくろ
　　う出版.

北島英治(2011). ソーシャルワーク論. 東京: ミネルヴァ書房.

太全義弘, 秋山薊二 編(1999). ジェネラルソーシャルワーク. 東京: 光生館.

平岡公一, 平野隆之, 副田あけみ編(1999). 社會福祉 キーワード. 東京: 有斐閣.

平山尙, 平山佳須美, 黑木博, 宮岡京子(1998). 社會福祉實踐の新潮流. 東京: ミネルヴ
　　ァ 書房.

保田井 進, 鬼崎信好(2002) 社會福祉の理論と實際——21世紀, 福祉社會の構築にむけ
　　て. 東京: 中央法規.

三浦文夫(2008). 社會福祉エッセンス. 東京: 自由國民社.


Bandura, A. (1982). Self-efficacy mechanism in human agency. *American psychlolgist*,
　　*37*(2), 122-147.

Bartlett, H. M. (1970). *The common base of social work practice*. New York:
　　National Association of Social Workers.

Bartlett, H. M. (2003). Working definition of social work practice. *Research on
　　Social Work, 13*(3), 267-270.

Bateson, G. (1972). *Steps to an ecology of mind*. Chicago, IL: University of Chicago
　　Press.

Biestek, F. P. (1957). *The casework relationship*. Chicago: Loyola University Press.

Boyle, S. W., Hull, G. H., Mather, J. H., Smith, L. L., & Farley, W. O. (2006). *Direct
　　practice in social work*. Boston: Allyn & Bacon.

Compton, B. R., & Galaway, B. (1995). *Social work processes*. Homewood, III:
　　Dorsey Press.

Compton, B. R., Galaway, B., & Cournoyer, B. (2005). *Social work processes* (7th
　　ed.). Pacific Grove: Brooks/Cole Publishing.

Egan, G. (2006). 유능한 상담자 *(The skilled helper: A problem Management approach to helping)*. (제석봉 역). 서울: 학지사. (원저는 1988년에 출판).

Germain, C. B. , & Gitterman, A. (1980). *The life model of social work practice*. New York: Columbia University Press.

Germain, C. B. , & Gitterman, A. (1987). Ecological perspective. In A. Minahan (ed.), *Encyclopedia of social work*(18th ed., pp. 488–499). Silver Spring, MD: National Association of Social Workers.

Germain, C. B., & Gitterman, A. (1996). *The life model of social work practice: Advances in theory and practice* (7th ed.). New York: Columbia University Press.

Germain, C. B. (1979). Ecology and social work. In C. B. Germain (Ed.), *Social work practice: People and environments (pp.1-22)*. New York: Columbia University Press.

Gutiérrez, L. M. (1994). Beyond coping: Anempowerment perspective in stressful life events. *Journal of sociology and social welfare, 21*(3), 201-219.

Hepworth, D. H., & Larsen, J. A (2006). *Direct social work practice: Theory and skills*. Belmont, CA: Wadsworth Publishing Company.

James, W. (1990). *The principles of Psychology*. Vol. 1. New York: Holt.

Johnson. L. C. (1983). *Social work practice: A generalist approach*. Baston, MA: Allyn and Bacon.

Johnson, L. C., & Yanca, S. J.(2006). 사회복지실천론-일반주의 관점-[*Social work practice-A generalist approach* (8th ed.)]. (한인영, 장수미, 최정숙, 박형원 공역). 서울: 하나의학사. (원저는 2004년에 출판).

Johnson, L. C., & Yanca, S. J.(2007). *Social work practice: A generalist approach* (9th ed.). Boston, MA: Pearson Allyn and Bacon.

Kamerman, S. B. (1999). Child welfare and the under-threes: An overview. *Zero To Three, 19*(3), 1-7.

Kirst-Ashman, K. K., & Hull, G. H., Jr. (1999). *Understanding generalist practice* (2th ed.). Chicago: Nelson-Hall Publishers.

Kirst-Ashman, K. K., & Hull, G. H., Jr. (2009). *Understanding generalist practice* (5th ed.). Belmont, CA: Brooks/Cole, Cengage Learning.

Lineberry, R. L. (1986). *Government in america: People, politics, and policy*. Boston: Little, Brown and Company.

Loewenerg, F. M., Dolgoff, R., & Harrington, D. (2009). *Ethical decision for social work practice*. Belmont, CA: Brooks/Cole.

McMahon, M. O'Neil. (1996). *The general method of social work practice: A generalist perspective* (3rd ed.). Boston: Allyn and Bacon.

Mehrabian, A. (1981). Silent messages implicit communication of emotion and attitudes (2nd ed.). Belmont, CA: Wadsworth

Miley, K. K., O'Melia, M., & DuBois, B. L. (2007). *Generalist social work pracitce: An empowering approach*. Boston: Allyn and Bacon.

Miley, K. K. & DuBois, B. L. (1999). Empowering processes for social work practice. In W. Shera & L. M. Wells (Eds.), *Empowerment practice in social work*: Developing richer conceptual foundations (pp. 2-13). Toronto: Canadian Scholars Press.

DuBois, B. L., & Miley, K. K. (2002). *Social work: An empowering profession*. Boston: Allyn and Bacon.

Moore, S. T. (1992). Case management and the integration of services: How service delivery systems shape case management. *Social Work, 37*(5), 418-423.

Moxley, D. (1993). 효과적인 복지서비스를 위한 사례관리 실천론 (*The practice of case management*). (김만두 역). 서울: 홍익제. (원저는 1989년에 출판)

Munro, L. (2005). *Information warfare in business: Strategies of control and resistance in the network society*. London: Routledge.

NASW(1999). The *code of ethics of the national association of social workers*. Washington, DC: NASW Delegate Assembly.

Perlman, H. H. (1957). *Social casework: A problem-solving process*. Chicago, IL: University of Chicago Press.

Perlman, H. H. (1979). *Relationship: The hear of helping people*. Chicago, IL:

University of Chicago Press.

Pincus, A., & Minahan, A. (1973). *Social work practice: Model and method.* Itasca, IL: F. E. Peacock.

Pincus, A., & Minahan, A. (1976). 사회사업방법론 : 통합적 접근 (*Social work practice*). (문인숙 외 공역). 서울: 보진제. (원저는 1973년에 출판)

Popple, P. R., & Leighninger, L. (1996). *Social work, social welfare, and American society* (3rd ed.). Baston, MA: Allyn and Bacon.

Reamer, F. G. (1994). Social work values and ethics. In F. G. Reamer (Ed.), *Foundations of social work knowledge* (pp. 195-230). New York: Columbia University Press.

Reamer, F. G. (1995). *Social work values and ethics.* New York: Columbia University Press.

Reid, W. J., & Epstein, L. (Eds.). (1977). *Task-Centered Practice.* New York: Columbia University Press.

Richmond, M. E. (1917). *Social diagnosis.* New York: Russell Sage Foundation.

Rose, S. (1992). *Case management and social work practice.* New York: Longman.

Schweinitz, K. (1943). *England's road to social security.* Philadelphia: University of Pennsylvania Press.

Sheafor, B. W., & Horejsi, C. R. (2006). *Techniques and guidelines for social work practice* (7th ed). Boston: Allyn and Bacon.

Sheafor, B. W., Horejsi, C. R., & Horejsi, G. A. (1997). *Techniques and guidelines for social work practice* (4th ed). Boston: Allyn and Bacon.

Shulman, L. (1984). *The skills of helping individuals and groups.* Itasca, IL: F. E. Peacock Publishers.

Siporin, M. (1980). Ecological systems theory in social work. *Journal of Sociology and Social Welfare, 7,* 507-532.

Skidmore, R. A. (1994). *Introduction to social work* (6th ed.). Englewood Cliffs, N. J.: Prentice-Hall.

Skidmore, R. A., Thackeray, M. G., Farley, O. W., Smith, L. L., & Boyle, S. W.

(2000). *Introduction to social work* (8th ed.). Boston: Allyn and Bacon.

Smalley, R. E. (1972). *Theory for social work practice*. New York: Columbia University Press.

Specht, H., & Vickery, A. (1977). *Integrating social work methods*. London: Allen and Unwin.

Todd, L. P., & Curti, M. (1972). *Rise of the american nation* (3rd ed.). New York: Harcourt Brace Jovanovich.

Trattner, W. I. (1989). *From poor law to welfare state: A history of social welfare in America* (3rd ed.). New York: The Free Press.

Walz, G. R., & Bleuer, J. C. (1992). Student self-esteem : A vital element of school success. VA: American school counselor association.

Wilensky H. L., & Lebeaux, C. N. (1965). *Industrial society and social welfare*. New York: Free Press.

Wolpe, J. (1969). *Psychotherapy by reciprocal inhibition*. California: Stanford University Press.

Zastrow, C. H. (1995). *The practice of social work* (5th ed.). Pacific Grove: Brooks/Cole.

Zastrow, C. H. (1999). *The Practice of Social Work* (6th ed.). Pacific Grove: Brooks/Cole.

Zastrow, C. H. (2007). *Social work and social welfare* (11th ed.). Pacific Grove: Brooks/Cole.

# 찾아보기

## 인명

ㅈ
장자 254

A
Addams, J. 41

B
Barnett, S. 40
Bartlett, H. M. 51
Biestek, F. P. 206
Booth, C. 38

C
Compton, B. R. 104

D
DuBois, B. L. 183

E
Ellis, A. 320, 321

F
Freud, S. 171
Friedlander, W. 48

G
Galaway, B. 104
Germain, C. B. 189

Gitterman, A. 189

H
Hepworth, D. H. 290
Hull, G. H. 114, 290, 303

J
Johnson, L. C. 50

K
Kamerman, S. B. 68
Kirst-Ashman, K. K. 114, 290, 303

L
Larsen, J. A. 290
Lebeaux, C. N. 48
Lineberry, R. L. 148

M
Mehrabian, A. 237
Miley, K. K. 183
Moore, S. T. 364
Moxley, D. 359

O
O'Melia, M. 183

P
Perlman, H. H. 178

Q
Queen Elizabeth 37

R
Rank, O. 175
Richmond, M. 40, 44, 47
Rogers, C. R. 253
Rose, S. 363
Rowntree, S. 38

S
Shuts 199
Skidmore, R. A. 27
Smalley, R. E. 176, 345
Specht, H. 50
Starr, E. G. 41

V
Vickery, A. 50

W
Wilensky, H. L. 48

## 내용

4체계 모델 100

**A**
AB 설계 340
ABA 설계 341
ABAB 설계 341

**C**
client 88

**I**
Intake worker 279
Toynbee Hall 41

**N**
NASW 112

**ㄱ**
가계도 294
가족복지 관련 시설 76
가치 24, 131, 141, 150, 152
강점관점 105
개방적 질문 258
개별사회사업 44, 47
개별성 358
개별화 146, 207
개별화평점 척도 342
경계 설정 326
경청 249
계약 240, 307
계획 303, 369
공감 252, 253
공식 자원체계 101
과업 성취 척도 341
과정기록 268
관계 200

관계 형성 280
관심 202, 248
구빈법 37
권위 204
기능주의 46
기능주의 모델 174
기술 24, 131
기초선 340
깊은 수준의 공감 257

**ㄴ**
나-전달법 328
너-전달법 329
노인복지시설 73

**ㄷ**
다수기초선 340
단기사례관리 375, 376
단일사례실험설계 339
대결 263
더 깊은 수준의 공감 257
도움관계 201

**ㅁ**
말을 바꾸어서 설명하는 기법 262
면담 244
면담 기록 266
목적 304
목표 304
문제중심기록 270
문제해결 모델 178
미러링 249
민주적 사상 144

**ㅂ**
반영 261

변화매개체계 102
불신 216
비공식 자원체계 101
비밀보장 215
비심판적 태도 211
비언어적 커뮤니케이션 237
비윤리적 사안 158
비자발적 클라이언트 219, 222

**ㅅ**
사람과 상황의 상호작용에 대한
　　반성적 고찰 317
사례관리 353, 374
사정 287, 289, 290, 368
사정의 특성 291
사회 자원체계 101
사회 정의 145
사회구성주의 185
사회복지 17, 19, 28
사회복지관 77
사회복지실천 21, 28
사회복지실천 현장 67
사회복지전담공무원 85
사회복지학 21
사회사업 27, 28
사회적 거리 243
사회적 지지망 362
사회정의 148
사회진단 45
사후관리 347
상담 245
생태체계관점 99
생활모델 187
생활시설 71
서비스의 본질 201
서비스의 완전성 201

수용 211
신구빈법 37
실행 370
심리사회모델 172, 314

ㅇ
아동복지시설 72
언어적 커뮤니케이션 236
에코맵 297
역전이 265
역할관계 240
연대 145
온정주의 155
요약 262
요약기록 270
욕구 129
우애방문자 39
유도질문 260
윤리 150, 152
윤리 딜레마 155
의도적인 감정표현 208
의도적인 변화 158
의뢰 280
의뢰-응답체계 104
이용시설 71
이중적 관계 159
이중질문 260
이차현장 71
인간관계 198
인보관 운동 40
일반주의 사회복지실천 51, 108, 110
일반주의 실천가 모델 365
일반체계이론 97
일차현장 71
일치성 205
임파워먼트 106, 318, 360

임파워먼트 모델 181

ㅈ
자기개방 220
자기결정권 146
자기의존 척도 342
자선 35
자선조직협회 38
자아존중감 318
자율성 146, 358
장애인복지시설 75
재가복지서비스 77
재사정 373
저항 217
전문 실천가 모델 366
전문체계 104
전이 264
점검 372
접근성 358
접수 367
정신요법 245
정화법 174, 317
조정모델 363
존중 203
종결 342
주저 218
지속성 357
지시기법 174, 316
지식 24, 131
지역사회조직사업 47
지지기법 173, 316
진단 290
진단주의 46
진실성 205
질문 257
집단 간 비교실험설계 338
집단사회사업 47

ㅊ
청소년복지 관련 시설 75
체계 95
최소한의 모델 363

ㅋ
커뮤니케이션 229, 230
클라이언트 307
클라이언트의 자기결정 213
클라이언트체계 102

ㅌ
탈시설화 355
통제된 정서적 관여 210
통합성 358

ㅍ
퍼스낼리티의 반성적 토의 174
평가 335
평등사상 144
폐쇄적 질문 258
포괄성 357
포괄적 모델 363
표면적 공감 256
표적체계 103
표적행동 340
필요 128

ㅎ
합리적 정서행동 319
행동체계 103
환경 조정 174, 317
효과 측정 336, 337
효과성 335
효율성 335

## 저자 소개

### 노혁(Roh, Hyouk)

사회복지법인 사랑의전화복지재단 상담간사
한국청소년정책연구원 연구원, 선임연구원, 연구위원, 원장
한국사회복지학회 이사
한국청소년복지학회장
현) 나사렛대학교 사회복지학부 교수

## 사회복지실천의 이해
Social Work Practice

2019년 7월 25일 1판 1쇄 인쇄
2019년 7월 30일 1판 1쇄 발행

지은이 • 노혁
펴낸이 • 김진환
펴낸곳 • ㈜ **학지사**

       04031 서울특별시 마포구 양화로 15길 20 마인드월드빌딩
대표전화 • 02-330-5114    팩스 • 02-324-2345
등록번호 • 제313-2006-000265호

홈페이지 • http://www.hakjisa.co.kr
페이스북 • https://www.facebook.com/hakjisa

ISBN 978-89-997-1926-4 93330

정가 20,000원

이 도서의 국립중앙도서관 출판시도서목록(CIP)은 서지정보유통지
원시스템 홈페이지(http://seoji.nl.go.kr)와 국가자료공동목록시스템
(http://www.nl.go.kr/kolisnet)에서 이용하실 수 있습니다.
(CIP 제어번호: CIP2019027617)

### 출판 · 교육 · 미디어기업 **학지사**

간호보건의학출판 **학지사메디컬** www.hakjisamd.co.kr
심리검사연구소 **인싸이트** www.inpsyt.co.kr
학술논문서비스 **뉴논문** www.newnonmun.com
원격교육연수원 **카운피아** www.counpia.com